영어 단어 그림 사전

영어 단어 그림사전 2nd Edition

저자 케빈 강
개정판 1쇄 발행 2023년 5월 1일 **개정판 2쇄 발행** 2023년 12월 12일

발행인 박효상 **편집장** 김현 **기획 · 편집** 장경희, 김효정 **디자인** 임정현
마케팅 이태호, 이전희 **관리** 김태옥 **종이** 월드페이퍼 **인쇄 · 제본** 예림인쇄 · 바인딩 **녹음** 믹스캠프스튜디오

출판등록 제10-1835호 **발행처** 사람in **주소** 04034 서울시 마포구 양화로11길 14-10(서교동) 3층
전화 02) 338-3555(代) **팩스** 02) 338-3545 **E-mail** saramin@netsgo.com
Website www.saramin.com
책값은 뒤표지에 있습니다. 파본은 바꾸어 드립니다.

ISBN 978-89-6049-799-3 13740

우아한 지적만보 기민한 실사구시 사람in

어린이제품안전특별법에 의한 제품표시	
제조자명 사람in **제조국명** 대한민국 **사용연령** 5세 이상 어린이 제품	**전화번호** 02-338-3555 **주 소** 서울시 마포구 양화로 11길 14-10 3층

생활 속 사물들의 영어 이름 총정리

영어 단어 그림 사전

케빈 강 지음

디테일한 일상 사물들의 미국식, 영국식 영어 이름을 그림으로 익히는 책

- 미국 · 영국에서 서로 다르게 쓰는 표현 표기로 어휘력 UP!
- QR코드로 확인하는 미국식 · 영국식 발음으로 청취력 UP!
- 발음 전문가 케빈 강의 '발음기호 읽는 법' 동영상 강의는 덤!

사람in

머리말

글로벌 시대, 영어는 선택이 아니라 필수인 세상이 되었습니다.
영어를 잘하기 위해서는 기본적으로 일상생활에서 자주 쓰이는
'단어'를 많이 알고 있어야 다양한 표현으로 말하고, 듣고, 읽고 쓸 수 있습니다.
다시 말해 풍부한 어휘력이 영어 실력의 기본이라고 할 수 있죠.
그럼, 영어 어휘력을 늘리려면 어떻게 하는 것이 좋을까요?

Seeing is believing!

백문이 불여일견(百聞不如一見)!

백 번 듣는 것이 한 번 보는 것만 못한 것처럼
구체적인 사물을 나타내는 단어들의 경우에는
직접 보는 것만큼 확실하고 효율적인 공부가 없습니다.

이 책은 우리 실생활에서 자주 접하고 쉽게 볼 수 있는
2,000여 개의 사물을 주제별로 분류해서
그림을 보며 쉽게 이해할 수 있도록 구성하였습니다.
또, 영어 단어를 정확하게 말하고 듣는 연습을 할 수 있도록
모든 단어마다 발음기호를 표기했고,
책의 앞부분에는 발음기호를 읽는 방법도 정리해 놓았습니다.

책과 함께 제공되는 MP3 파일은 각 단어의
'미국식 영어발음→영국식 영어발음→우리말 뜻' 순서로 녹음을 하여
단어의 소리와 의미를 보다 쉽고 효율적으로 학습할 수 있도록 하였습니다.

저자와 스피킹핏 팀원들이 4년간 들인 노력의 결실인 이 책을 통해
모든 독자 여러분이 영어 기본기를 탄탄하게 다질 수 있기를 바랍니다.

저자 케빈강

이 책의 활용

Who?
누구에게 필요할까요?

초등학생 시중에 나온 '초등학생용 영어 단어책'에는 말 그대로 '어린이용'이라고 분류되는 단어만 수록되어 있습니다. 하지만 어린이용 단어와 어른용 단어를 과연 명확히 구분 지을 수 있을까요? 이 책에는 주변 환경과 일상생활에서 볼 수 있는 어휘를 그대로 담아서, 아이들이 알아야 할 우리말 어휘력까지 크게 향상할 수 있게 하였습니다. 본 적은 있지만 정확한 명칭은 몰랐던 채소나 가전제품의 명칭을 한글과 영어로 동시에 익힐 수가 있답니다!

중 · 고등학생, 성인 학습용 영어책에는 잘 등장하지 않지만 실생활과 밀접한 구체적인 사물 이름을 영어로 익힐 수 있는 기회입니다. 흔한 물건인데 '이게 영어로 뭐더라?' 궁금한 적이 있었다면 이 책을 가까이 두고 자주 들춰보세요. 어휘력이 확 느는 걸 느낄 수 있게 됩니다.

What?
어떤 단어가 담겨 있을까요?

나(사람)로부터 시작해서 삶에서 가장 중요한 의 · 식 · 주 관련 단어, 길거리나 상가에 나가면 볼 수 있는 것들, 동식물과 세계 국기까지 우리의 생활과 밀접한 단어들을 그 장소와 관련된 것들끼리 모아놓았습니다. 생생한 그림으로 표현해서 직관적으로 이해할 수 있고 기억하기 쉽습니다.

How?
어떻게 활용해야 좋을까요?

관심 가는 부분부터! 이 책은 학습 순서가 따로 없이 궁금한 것부터 찾아볼 수 있는 '사전'입니다. 평소 알고 싶고 궁금했던 단어가 포함된 챕터부터 펼쳐서 관련 단어를 정복해 보세요! 가까이 두고 자주 들춰보면 자기도 모르는 새에 아는 단어가 늘어날 것입니다.

QR코드로 정확한 발음 듣기 단어를 눈으로만 읽으면 안 돼요! MP3를 다운받거나 QR코드를 찍어서 해당 단어의 원어민 발음과 단어의 강세를 꼭 귀로도 확인해 보세요. 이 책은 특별히 미국식 발음과 영국식 발음을 이어서 같이 녹음했답니다. 간혹 같은 사물인데 미국과 영국에서 서로 다르게 쓰는 단어가 있는데요, 미국식 표현 기준으로 영국식 표현까지 본문에 적어 놓았습니다.(이 경우 발음기호는 미국식 표현만 표기했습니다. 영국식 표현의 발음은 녹음에서 확인할 수 있습니다.) 모든 단어가 '미국식 발음–영국식 발음–한글 뜻' 순서로 녹음되어 있어서, 책 없이 음성 파일만 들어도 단어 복습이 가능하게 구성하였습니다.

발음기호 특강(10~13쪽)으로 발음기호 완전정복하기 우리말에 쓰이는 소리와 영어에 쓰이는 소리는 비슷해 보이지만 엄연히 다릅니다. 발음기호와 강세를 정확히 익혀둬야 합니다. 이제까지 어렵고 복잡하게만 생각하고 등한시했던 발음기호, 이번 기회에 정리해 보세요! 발음 전문가인 케빈 강 선생님이 원어민과 함께 직접 강의한 〈47개 발음기호 읽는 법〉 동영상 강의를 통해(책 10~13쪽, 10쪽 상단 QR코드로 연동) 발음기호만 보고도 정확히 발음하는 방법을 익힐 수 있습니다.

색인(Index) 활용하기 이 책에 실린 2,115개의 영어 단어를 알파벳 순서대로 정리해 놓은 색인이 한글 뜻과 함께 책 뒤쪽에 수록되어 있습니다. 찾고 싶은 단어가 몇 페이지 몇 번 단어인지 한눈에 확인할 수 있고, 한글 뜻을 가리고 테스트해 볼 수 있게 정리했습니다.

차례

4 Food 음식

5 Areas around Us 우리 주변

6 Transportation 교통

7 Jobs and Office 직업과 사무실

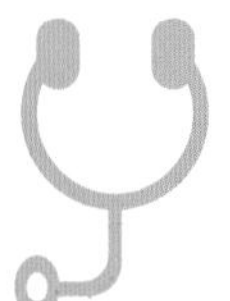

8
Hospital and Pharmacy
병원과 약품

9
School and Study
학교와 공부

10
World
세계

11
Plants and Animals
식물과 동물

12 Sports and Outdoor Activities 스포츠와 야외 활동

13 Hobbies and Entertainment 취미와 여가

14 Basic Words 기본 단어

47개 발음기호 읽는 법

발음기호특강

발음기호를 처음 접하는 초등학생 독자들, 그리고 체계적으로 발음기호 읽는 법을 정리해 본 적이 아직 한 번도 없는 일반 독자들을 위해 본격적인 단어 학습에 앞서 영어 발음기호 읽는 법을 간단하게 정리해 보았습니다. 이번 기회에 발음기호를 확실하게 알아두시기 바랍니다!

사전마다 발음기호 표기는 조금씩 다를 수 있으나 약속된 기호 표기만 다를 뿐 발음은 동일합니다. 이 책에서는 다음 표에 정리한 발음기호를 사용하였고, 발음기호를 총 47개 항목으로 나누어 이해하기 쉽게 간략히 설명해 놓았습니다. 해당 발음을 포함한 대표 예시 단어들은 이 책에 수록된 단어와 수록되지는 않았지만 쉽고 익숙한 단어 위주로 뽑았습니다.

발음기호가 이미 익숙한 분도 훑어본다는 느낌으로 한번 확인하시면 큰 도움이 될 것입니다. 특히 발음기호를 처음 접하는 독자라면, 이 페이지 상단의 QR코드를 찍어서 저자가 직접 강의한 '발음기호 읽는 법' 동영상 강의를 꼭 봐주시기 바랍니다. 발음 전문가인 저자 케빈 강 선생님이 원어민과 함께 찍은 알찬 동영상 강의로, 어렵고 귀찮게만 느껴졌던 영어 발음기호를 단박에 정리할 수 있습니다.

정확히 발음할 줄 알면 정확히 들을 수 있습니다. 단어마다 정확한 강세와 발음법을 익혀두면, 비록 원어민처럼 자연스러운 발음은 흉내내지 못하더라도 원어민이 내 말을 못 알아듣는 일은 생기지 않을 것입니다. 〈영어 단어 그림 사전〉을 공부하시면서 영어 단어 실력은 물론 발음 실력까지 일취월장하시기를 바랍니다!

1. 단모음 발음법

순서	발음기호	발음법	대표 단어로 발음 연습				
1	[iː]	'이이'처럼 길게 발음	eat [íːt] 먹다	teen [tíːn] 십대의	even [íːvən] ~조차	piece [píːs] 조각	receive [rɪsíːv] 받다
2	[i]	'이'로 발음	happy [hǽpi] 행복한	money [mʌ́ni] 돈	video [vídioʊ] 비디오	stereo [stérioʊ] 스테레오	studio [stúːdioʊ] 스튜디오
3	[ɪ]	'이에'를 하나의 소리처럼 짧게 이어서 발음	it [ít] 그것	tin [tín] 주석	gym [dʒím] 체육관	build [bíld] 짓다	exam [ɪgzǽm] 시험
4	[e]	'애'를 크고 정확하게 발음	exit [éksɪt] 출구	check [tʃék] 점검하다	head [héd] 머리	said [séd] 말했다	many [méni] 많은
5	[æ]	'애아'처럼 앞소리를 더 크고 길게 발음	alpha [ǽlfə] 알파	mask [mǽsk] 마스크	banana [bənǽnə] 바나나	wax [wǽks] 왁스	laugh [lǽf] 웃다

6	[u:]	'우우'처럼 길게 발음	zoo [zú:] 동물원	rule [rú:l] 규칙	new [nú:] 새로운	blue [blú:] 푸른	suit [sú:t] 정장
7	[ʊ]	'우으어'를 하나의 소리처럼 짧게 이어서 발음	book [bʊ́k] 책	push [pʊ́ʃ] 밀다	pull [pʊ́l] 당기다	woman [wʊ́mən] 여성	could [kʊ́d] 할 수 있었다
8	[ɔ:]	입술을 오므린 상태에서 '어아'를 하나의 소리처럼 이어서 발음	auto [ɔ́:toʊ] 자동차	law [lɔ́:] 법	ball [bɔ́:l] 공	bought [bɔ́:t] 샀다	daughter [dɔ́:tər] 딸
9	[ɑ:]	입을 크게 벌리고 '아아' 처럼 발음	body [bɑ́:di] 몸	hot [hɑ́:t] 뜨거운	pocket [pɑ́:kɪt] 주머니	massage [məsɑ́:ʒ] 마사지	watch [wɑ́:tʃ] 보다
10	[ə]	'으어'를 하나의 소리처럼 짧게 이어서 발음	about [əbáʊt] ~에 대한	movement [mú:vmənt] 움직임	recipe [résəpi] 요리법	occur [əkɜ́:r] 발생하다	unhappy [ənhǽpi] 불행한
11	[ʌ]	'으아'를 하나의 소리처럼 짧게 이어서 발음	ultra- [ʌ́ltrə] 극도로	but [bʌ́t] 그러나	onion [ʌ́njən] 양파	none [nʌ́n] 아무도	enough [ɪnʌ́f] 충분한

2. 이중모음 발음법

순서	발음기호	발음법	대표 단어로 발음 연습				
12	[eɪ]	'에이'처럼 앞소리를 더 크고 길게 발음	name [néɪm] 이름	say [séɪ] 말하다	aid [éɪd] 도움	café [kæféɪ] 카페	eight [éɪt] 여덟
13	[oʊ]	입술을 오므린 상태에서 '어우'처럼 앞소리를 더 크고 길게 발음	cold [kóʊld] 추운	bowl [bóʊl] 그릇	toast [tóʊst] 토스트	soul [sóʊl] 영혼	aloe [ǽloʊ] 알로에
14	[aɪ]	'아이'처럼 앞소리를 더 크고 길게 발음	ice [áɪs] 얼음	find [fáɪnd] 찾다	by [báɪ] ~ 옆에	high [háɪ] 높은	lie [láɪ] 거짓말하다
15	[aʊ]	'아우'처럼 앞소리를 더 크고 길게 발음	out [áʊt] 밖으로	sound [sáʊnd] 소리	shout [ʃáʊt] 소리치다	flower [fláʊər] 꽃	down [dáʊn] 아래에
16	[ɔɪ]	입술을 오므린 상태에서 '어이'처럼 앞소리를 더 크고 길게 발음	coin [kɔ́ɪn] 동전	point [pɔ́ɪnt] 요점	boy [bɔ́ɪ] 소년	toy [tɔ́ɪ] 장난감	enjoy [ɪndʒɔ́ɪ] 즐기다

3. 모음+r 발음법

순서	발음기호	발음법	대표 단어로 발음 연습				
17	[ər]	'으어'를 짧게 이어서 발음하고 r을 발음	teacher [tí:tʃər] 선생님	doctor [dɑ́:ktər] 의사	future [fjú:tʃər] 미래	solar [sóʊlər] 태양의	director [dɪréktər] 감독, 임원
18	[ɜ:r]	'어r'처럼 앞 소리를 더 크고 길게 발음	bird [bɜ́:rd] 새	turkey [tɜ́:rki] 칠면조	word [wɜ́:rd] 단어	term [tɜ́:rm] 기간	earth [ɜ́:rθ] 지구
18	[ɪr]	'이r'처럼 앞 소리를 더 크고 길게 발음	ear [ír] 귀	deer [dír] 사슴	here [hír] 여기	weird [wírd] 이상한	zero [zíroʊ] 숫자 0

20	[er]	‘애r’처럼 앞 소리를 더 크고 길게 발음	air [ér] 공기	bear [bér] 곰	there [ðér] 저기	rare [rér] 희귀한	their [ðér] 그들의
21	[ʊr]	‘우r’처럼 앞 소리를 더 크고 길게 발음	poor [pʊ́r] 가난한	sure [ʃʊ́r] 확실히	jury [dʒʊ́ri] 배심원	tour [tʊ́r] 관광	your [jʊ́r] 너의
22	[ɔ:r]	입술을 오므린 상태에서 ‘어r’처럼 앞 소리를 더 크고 길게 발음	orange [ɔ́:rɪndʒ] 오렌지	core [kɔ́:r] 핵심	course [kɔ́:rs] 과정	door [dɔ́:r] 문	war [wɔ́:r] 전쟁
23	[ɑ:r]	입을 크게 벌리고 ‘아아r’처럼 앞 소리를 더 크고 길게 발음	bar [bɑ́:r] 막대	star [stɑ́:r] 별	park [pɑ́:rk] 공원	card [kɑ́:rd] 카드	jar [dʒɑ́:r] (담는) 병

4. 자음 발음법

순서	발음기호	발음법	대표 단어로 발음 연습					
24	[p]	‘ㅍ’보다 입술을 좀 더 세게 다물고 발음	piece [pí:s] 조각	spy [spáɪ] 스파이	copy [kɑ́:pi] 복사하다	apple [ǽpl] 사과	captain [kǽptən] 붙잡다	sleep [slí:p] 잠자다
25	[b]	‘ㅂ’보다 입술을 좀 더 세게 다물고 발음	beach [bí:tʃ] 해변	barbeque [bɑ́:rbɪkju:] 바베큐	hobby [hɑ́:bi] 취미	number [nʌ́mbər] 숫자	grab [grǽb] 붙잡다	rib [ríb] 갈비
26	[t]	‘ㅌ’보다 잇몸을 좀 더 세게 누르고 발음	tape [téɪp] 테이프	steak [stéɪk] 스테이크	center [séntər] 중앙	football [fʊ́tbɔ:l] 축구	water [wɔ́:tər] 물	mountain [máʊntən] 산
27	[d]	‘ㄷ’보다 잇몸을 좀 더 세게 누르고 발음	dog [dɔ́:g] 개	today [tədéɪ] 오늘	advance [ədvǽns] 나아가다	body [bɑ́:di] 몸	sudden [sʌ́dən] 갑작스러운	food [fú:d] 음식
28	[k]	‘ㅋ’보다 뒤쪽 입천장을 좀 더 세게 누르고 발음	cop [kɑ́:p] 경찰관	key [kí:] 열쇠	chord [kɔ́:rd] 화음	ticket [tíkɪt] 승차권	taxi [tǽksi] 택시	question [kwéstʃən] 질문
29	[g]	‘ㄱ’보다 뒤쪽 입천장을 좀 더 세게 누르고 발음	go [góʊ] 가다	ghost [góʊst] 유령	begin [bɪgín] 시작하다	exact [ɪgzǽkt] 정확한	luggage [lʌ́gɪdʒ] 짐	penguin [péŋgwɪn] 펭귄
30	[f]	윗니와 아랫입술을 살포시 포개고 그 사이로 길게 발음	fan [fǽn] 부채	photo [fóʊtoʊ] 사진	offer [ɑ́:fər] 제안하다	dolphin [dɑ́:lfɪn] 돌고래	roof [rú:f] 지붕	staff [stǽf] 직원
31	[v]	윗니와 아랫입술을 살포시 포개고 목을 울리면서 그 사이로 길게 발음	vote [vóʊt] 투표	vitamin [váɪtəmɪn] 비타민	invite [ɪnváɪt] 초대하다	level [lévəl] 레벨	save [séɪv] 구하다	love [lʌ́v] 사랑하다
32	[s]	‘ㅆ’를 길게 발음	see [sí:] 보다	city [síti] 도시	basic [béɪsɪk] 기본적인	expert [ékspɜ:rt] 전문가	box [bɑ́:ks] 상자	class [klǽs] 수업
33	[z]	목을 울리면서 ‘ㅆ’를 길게 발음	zoo [zú:] 동물원	xylophone [záɪləfoʊn] 실로폰	busy [bízi] 바쁜	exam [ɪgzǽm] 시험	is [íz] ~이다	jazz [dʒǽz] 재즈
34	[θ]	윗니와 앞쪽 혀를 살포시 포개고 그 사이로 길게 발음	theme [θí:m] 주제	therapy [θérəpi] 치료, 요법	Catholic [kǽθəlik] 천주교의	Athens [ǽθinz] 아테네	both [bóʊθ] 양쪽의	bath [bǽθ] 목욕
35	[ð]	목을 울리면서 윗니와 앞쪽 혀를 살포시 포개고 그 사이로 길게 발음	this [ðís] 이것	that [ðǽt] 저것	father [fɑ́:ðər] 아버지	mother [mʌ́ðər] 어머니	breathe [brí:ð] 호흡하다	smooth [smú:ð] 부드러운

36	[ʃ]	입술을 동그랗게 오므리고 혀 앞 1/3 부분을 앞쪽 입천장 쪽으로 올리고 길게 발음	sheep [ʃí:p] 양	chic [ʃí:k] 세련된	tissue [tíʃu:] 화장지	machine [məʃí:n] 기계	luxury [lʌ́kʃəri] 호화로움, 사치	fish [fíʃ] 물고기
37	[ʒ]	목을 울리면서 입술을 동그랗게 오므리고 혀 앞 1/3 부분을 앞쪽 입천장 쪽으로 올리고 길게 발음	genre [ʒɑ́:nrə] 장르	fusion [fjú:ʒən] 융합, 결합	usual [jú:ʒuəl] 보통의	pleasure [pléʒər] 기쁨	massage [məsɑ́:ʒ] 마사지	beige [béɪʒ] 베이지색의
38	[h]	'ㅎ'를 길게 발음	hello [həlóʊ] 안녕	help [hélp] 돕다	humor [hjú:mər] 유머	who [hú:] 누구	alcohol [ǽlkəhɔ:l] 술	unhappy [ənhǽpi] 불행한
39	[tʃ]	입술을 동그랗게 오므리고 '취'를 속삭이듯 발음	cheese [tʃí:z] 치즈	channel [tʃǽnəl] 채널	future [fjú:tʃər] 미래	question [kwéstʃən] 질문	catch [kǽtʃ] 잡다	church [tʃə́:rtʃ] 교회
40	[dʒ]	입술을 동그랗게 오므리고 목을 울리면서 '쥐'를 발음	jail [dʒéɪl] 감옥	giant [dʒáɪənt] 거대한, 거인	graduate [grǽdʒueɪt] 졸업하다	adjust [ədʒʌ́st] 조절하다	page [péɪdʒ] 쪽, 페이지	image [ímɪdʒ] 이미지
41	[w]	입술을 많이 오므렸다가 펴면서 발음	win [wín] 이기다	one [wʌ́n] 하나	quit [kwít] 그만두다	penguin [péŋgwɪn] 펭귄	twins [twíns] 쌍둥이	persuade [pərswéɪd] 설득하다
42	[j]	입술을 양 옆으로 찢고 혀 1/3 부분을 앞쪽 입천장 쪽으로 올리고 발음	you [jú:] 너	yes [jés] 네, 응	Europe [júrəp] 유럽	use [jú:z] 이용하다	few [fjú:] 거의 없는	excuse [ɪkskjú:z] 변명하다, 용서하다
43	[m]	'ㅁ'보다 입술을 좀 더 세게 다물고 발음	me [mí] 나를	mouse [máʊs] 쥐	smart [smɑ́:rt] 똑똑한	summer [sʌ́mə(r)] 여름	time [táɪm] 시간	climb [kláɪm] 오르다
44	[n]	'ㄴ'보다 잇몸을 좀 더 세게 누르고 발음	no [nóʊ] 아니다	knee [ní:] 무릎	sunny [sʌ́ni] 날이 화창한	snow [snóʊ] 눈	sign [sáɪn] 서명하다	son [sʌ́n] 아들
45	[ŋ]	'ㅇ'보다 뒤쪽 입천장을 좀 더 세게 누르고 발음	monkey [mʌ́ŋki] 원숭이	ink [íŋk] 잉크	thank [θǽŋk] 감사하다	sing [síŋ] 노래하다	single [síŋgl] 단일의	tongue [tʌ́ŋ] 혀
46	[l]	'ㄹ'보다 잇몸을 좀 더 세게 누르고 발음	lead [lí:d] 이끌다	glass [glǽs] 유리	collect [kəlékt] 수집하다	allow [əláʊ] 허용하다	call [kɔ́:l] 부르다	file [fáɪl] 파일
47	[r]	혀끝을 윗잇몸 뒤쪽으로 올리고 힘을 주면서 발음	read [rí:d] 읽다	grass [grǽs] 풀	correct [kərékt] 수정하다	arrow [ǽroʊ] 화살	core [kɔ́:r] 핵심	fire [fáɪər] 불, 화재

age

weight

height

hairstyle

feeling, character and condition

parts of face

face

human body

organs

muscles and bones

family

1

PEOPLE

사람

1-1 age 나이

01-01

young
[jʌ́ŋ]
어린 ❶

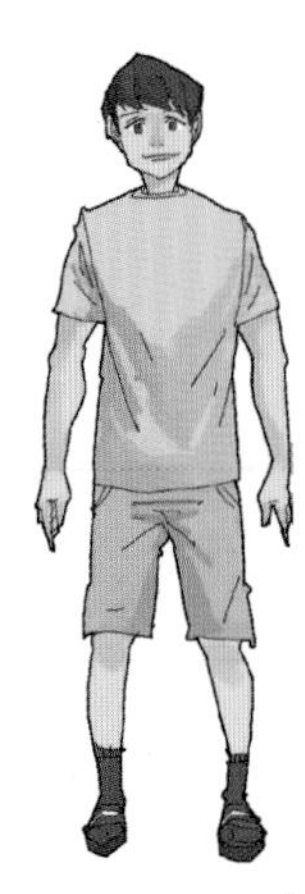

teenaged
[tíːneɪdʒd]
십대의 ❷

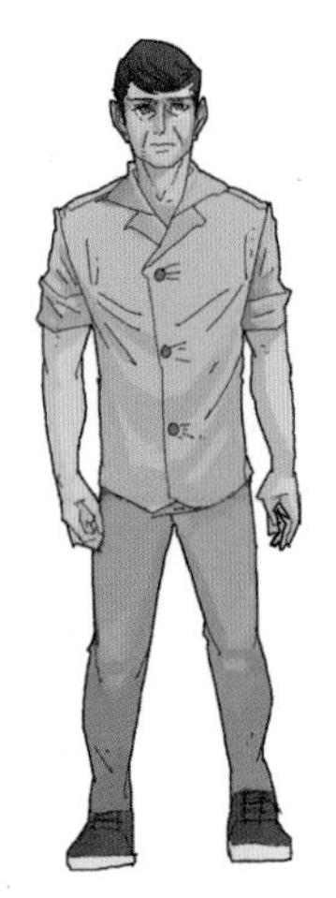

middle-aged
[mídl èɪdʒd]
중년의 ❸

elderly
[éldərli]
나이든 ❹

1-2 weight 몸무게

01-02

average, normal
[ǽvərɪdʒ], [nɔ́ːrməl]
보통 체격의 ❶

chubby, pudgy
[tʃʌ́bi], [pʌ́dʒi]
통통한 ❷

heavy, overweight
[hévi], [òʊvərwéɪt]
과체중의 ❸

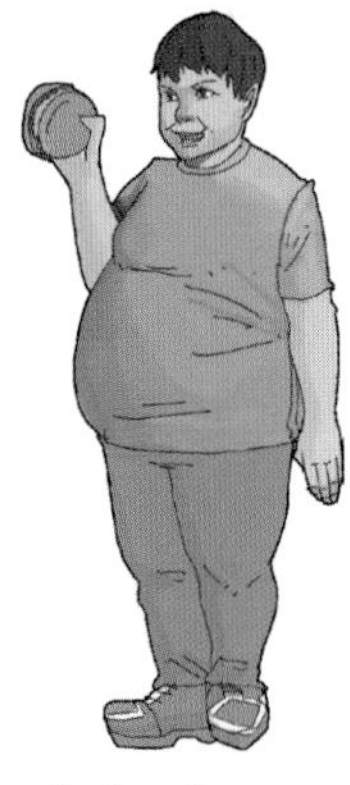

fat, obese
[fǽt], [oʊbíːs]
뚱뚱한, 비만의 ❹

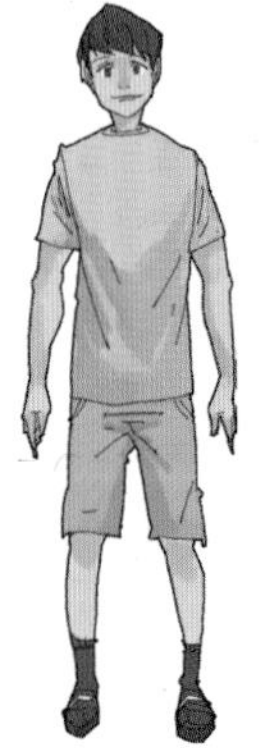

skinny
[skíni]
비쩍 마른 ❺

thin, slim
[θín], [slím]
마른 체격의 ❻

stocky
[stɑ́ːki]
다부진 ❼

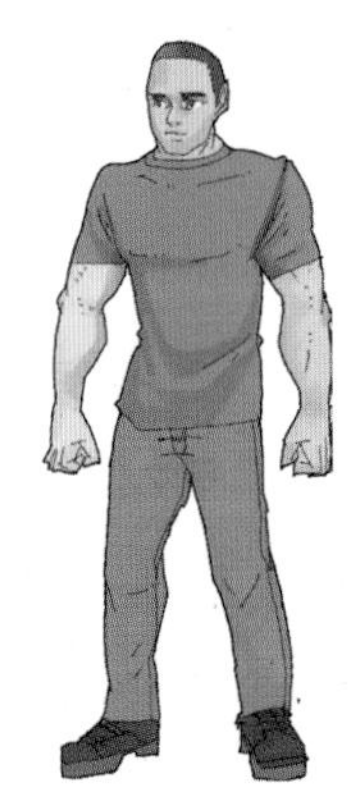

well-built
[wél bìlt]
체격이 아주 좋은 ❽

1-3 height 키

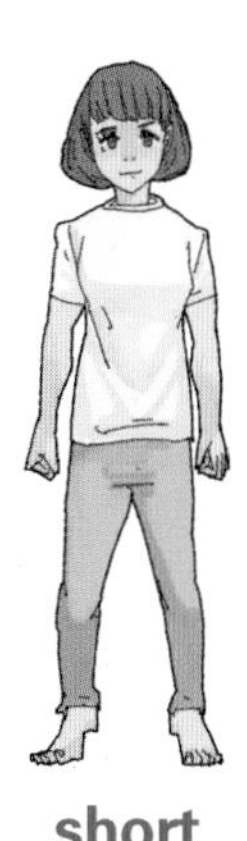

short
[ʃɔ́:rt]
키가 작은 ❶

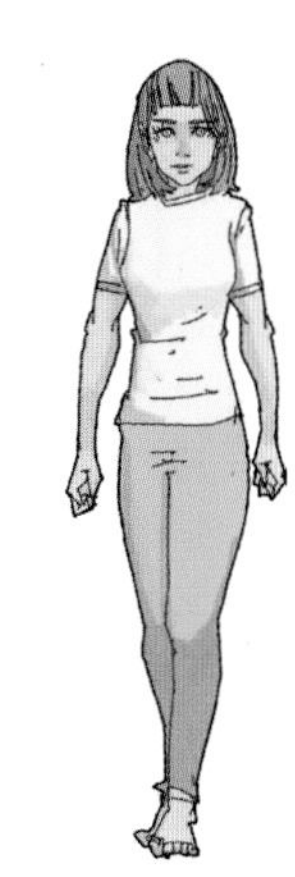

average height
[ǽvərɪdʒ hàɪt]
보통 키 ❷

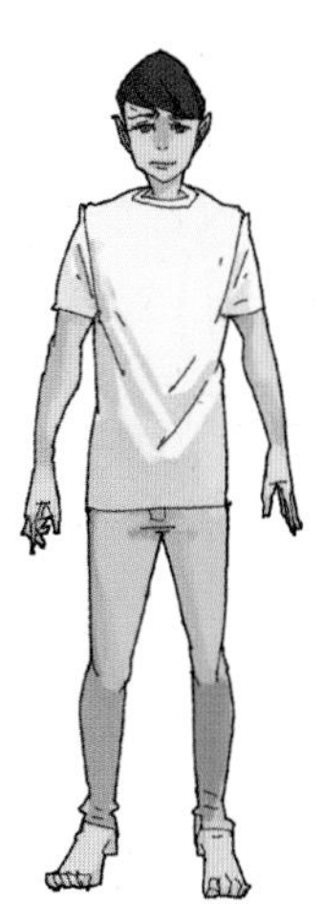

tall
[tɔ́:l]
키가 큰 ❸

1-4 hairstyle 머리 모양

beard
[bírd]
턱수염 ❶
sideburns
[sáɪdbərnz]
구레나룻 ❷

mustache
[məstǽʃ]
콧수염 ❸
bald
[bɔ́:ld]
대머리인 ❹

straight hair
[stréɪt hèr]
곧은 머리카락 ❺
short hair
[ʃɔ́:rt hèr]
짧은 머리 ❻

wavy hair
[wéɪvi hèr]
웨이브가 있는 머리 ❼

curly hair
[kɜ́:rli hèr]
곱슬머리 ❽
shoulder-length hair
[ʃóʊldər léŋθ hèr]
어깨길이 머리 ❾

ponytail
[póʊniteɪl]
뒤로 하나로 묶은 머리 ❿

pigtails
[pígteɪlz]
양 갈래로 묶은 머리 ⓫

braids
[bréɪdz]
땋은 머리 ⓬

cornrows
[kɔ́:rnroʊz]
레게 머리 ⓭

bun
[bʌ́n]
올림머리 ⓮
bangs(미), **fringe**(영)
[bǽŋz]
가지런히 자른 앞머리 ⓯

feeling, character and condition 감정, 성격과 상태

amused
[əmjú:zd]
즐거운 ❶

apologetic
[əpɑ̀:lədʒétɪk]
미안해하는 ❷

blissful
[blísfəl]
더없이 행복한 ❸

disappointed
[dìsəpɔ́ɪntɪd]
실망스러운 ❹

disgusted
[dɪsɡʌ́stɪd]
혐오감을 느끼는 ❺

doubtful
[dáʊtfəl]
의심을 품는 ❻

ecstatic
[ɪkstǽtɪk]
황홀해하는 ❼

envious
[énviəs]
부러워하는 ❽

frustrated
[frʌ́streɪtɪd]
좌절하는 ❾

grieved
[grí:vd]
비통해하는 ❿

guilty
[gílti]
죄책감이 드는 ⓫

happy
[hǽpi]
행복한 ⓬

jealous
[dʒéləs]
질투하는 ⓭

lovestruck
[lʌ́vstrʌ̀k]
상사병에 걸린 ⓮

miserable
[mízərəbl]
비참한 ⓯

offensive
[əfénsɪv]
불쾌한 ⓰

pensive
[pénsɪv]
고뇌에 찬 ⓱

puzzled
[pʌ́zld]
어리둥절한 ⓲

rageful
[réɪdʒfəl]
격분한 ⓳

regretful
[rɪgrétfəl]
유감스러워하는 ⓴

relieved
[rɪlí:vd]
안도하는 ㉑

sad
[sǽd]
슬픈 ㉒

shocked
[ʃɑ́:kt]
충격을 받은 ㉓

shy
[ʃáɪ]
수줍어하는 ㉔

surprised
[sərpráɪzd]
놀란 ㉕

terrified
[térɪfaɪd]
무서워하는 26

uneasy
[əníːzi]
불안해하는 27

apathetic
[æ̀pəθétɪk]
무관심한 28

arrogant
[ǽrəgənt]
오만한 29

cautious
[kɔ́ːʃəs]
조심스러운 30

concentrated
[kɑ́ːnsəntreɪtɪd]
집중하는 31

confident
[kɑ́ːnfɪdənt]
자신감 있는 32

contemplative
[kə́ntempleɪtɪv]
사색하는 33

curious
[kjúriəs]
궁금해하는 34

guileful
[gáɪlfəl]
교활한, 음험한 35

negative
[négətɪv]
부정적인 36

obstinate
[ɑ́ːbstɪnət]
완강한 37

optimistic
[ɑ̀ːptɪmístɪk]
낙관적인 38

thoughtful
[θɔ́ːtfəl]
사려깊은 39

timid, diffident
[tímɪd], [dífɪdənt]
내성적인 40

bored
[bɔ́ːrd]
지루해하는 41

cold
[kóʊld]
추운 42

determined
[dɪtɜ́ːrmɪnd]
단단히 결심한 43

drunk
[drʌ́ŋk]
술 취한 44

hot
[hɑ́ːt]
더운 45

innocent
[ínəsənt]
결백한 46

painful
[péɪnfəl]
고통스러운 47

responsive
[rɪspɑ́ːnsɪv]
즉각 반응하는 48

tired
[táɪərd]
피곤한 49

undecided
[əndɪsáɪdɪd]
결정하지 못하는 50

parts of face 얼굴의 각 부분

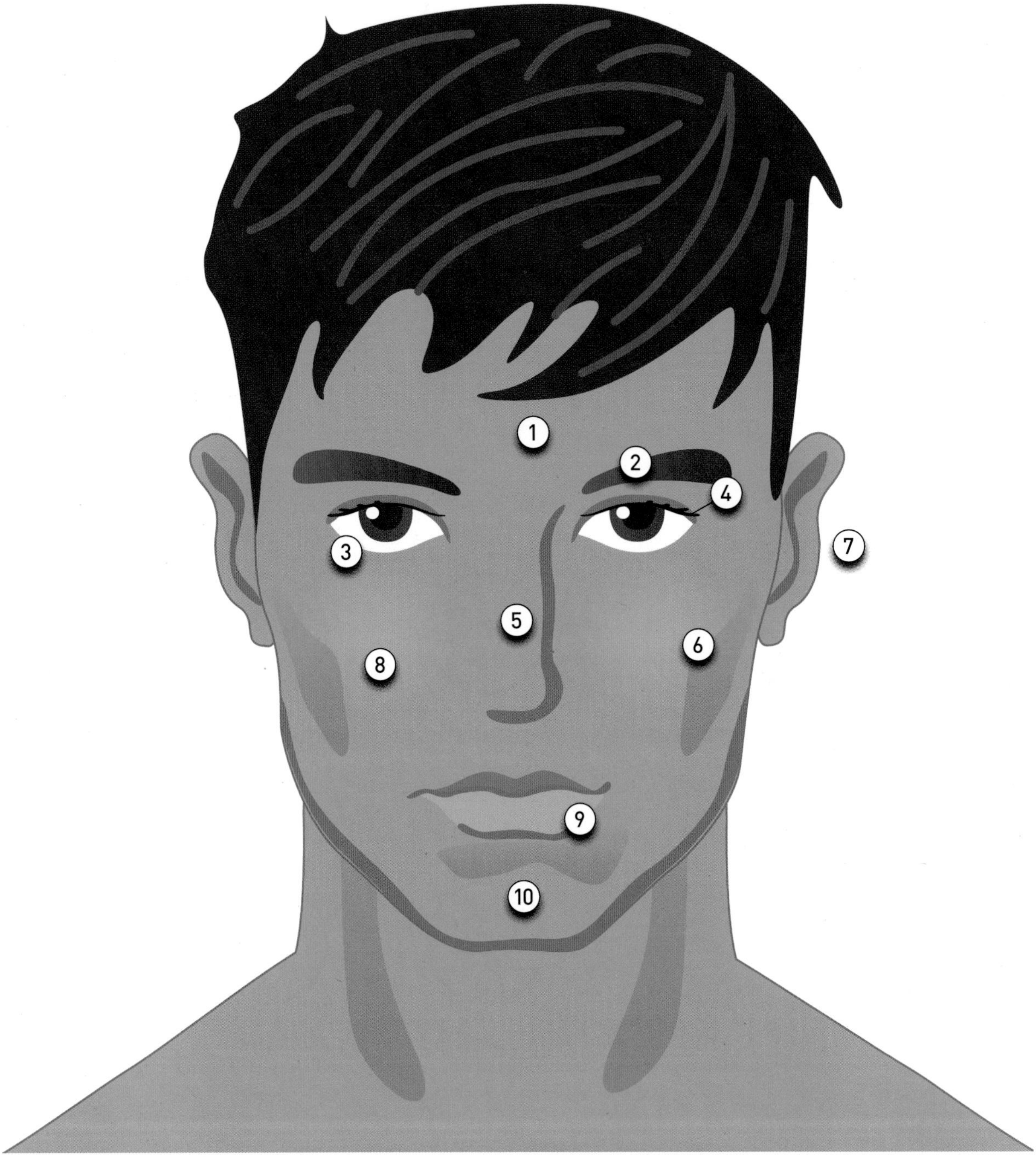

1. **forehead** [fɔ́:rhed] 이마
2. **eyebrow** [áɪbraʊ] 눈썹
3. **eye** [áɪ] 눈
4. **eyelashes** [áɪlæʃɪz] 속눈썹
5. **nose** [nóʊz] 코
6. **cheekbone** [tʃí:kboʊn] 광대뼈
7. **ear** [ír] 귀
8. **cheek** [tʃí:k] 볼
9. **mouth** [máʊθ] 입
10. **jaw** [dʒɔ́:] 턱

face 얼굴

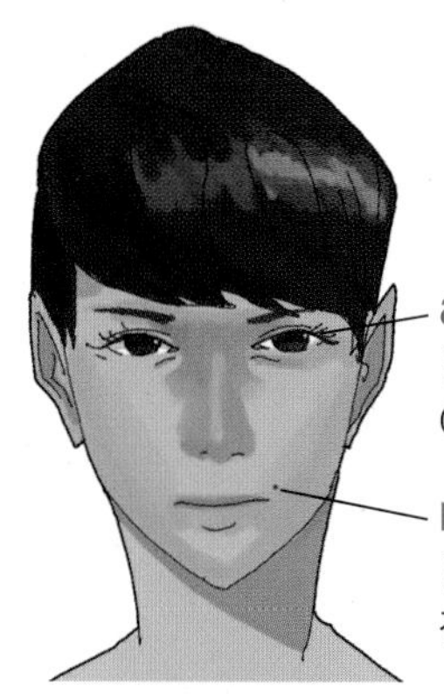

almond-shaped eyes
[ɑ́:mənd ʃéɪpt áɪz]
아몬드 모양 눈 ❷

mole
[móʊl]
점 ❸

heart-shaped face
[hɑ́:rt ʃéɪpt féɪs]
V자형 얼굴 ❶

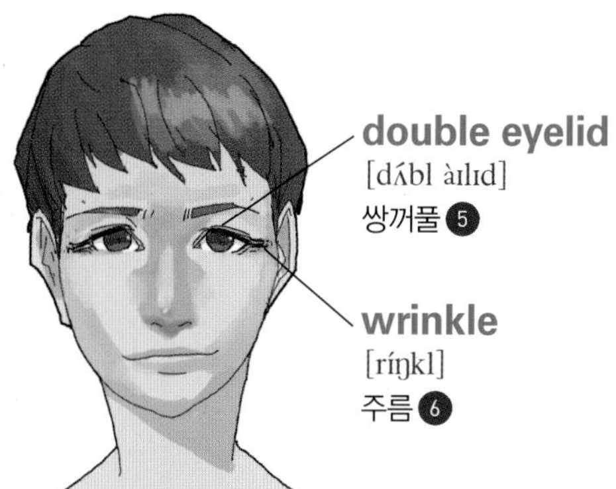

double eyelid
[dʌ́bl àɪlɪd]
쌍꺼풀 ❺

wrinkle
[ríŋkl]
주름 ❻

round-shaped face
[ráʊnd ʃéɪpt féɪs]
둥근 얼굴 ❹

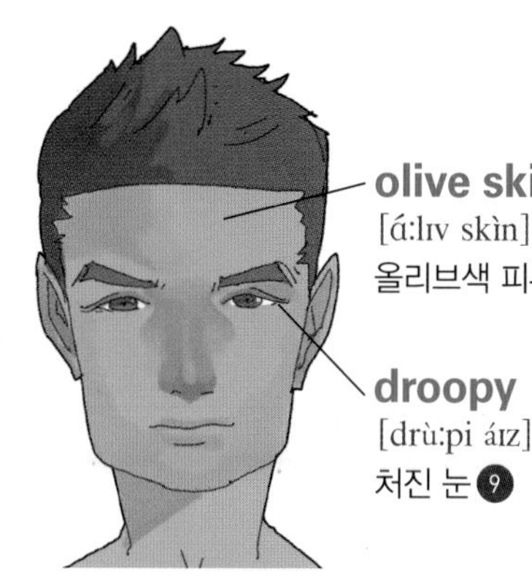

olive skin
[ɑ́:lɪv skìn]
올리브색 피부 ❽

droopy eyes
[drù:pi áɪz]
처진 눈 ❾

square-shaped face
[skwér ʃéɪpt féɪs]
사각형 얼굴 ❼

sharp eyes
[ʃɑ̀:rp áɪz]
날카롭고 긴 눈 ❿

freckles
[fréklz]
주근깨 ⓫

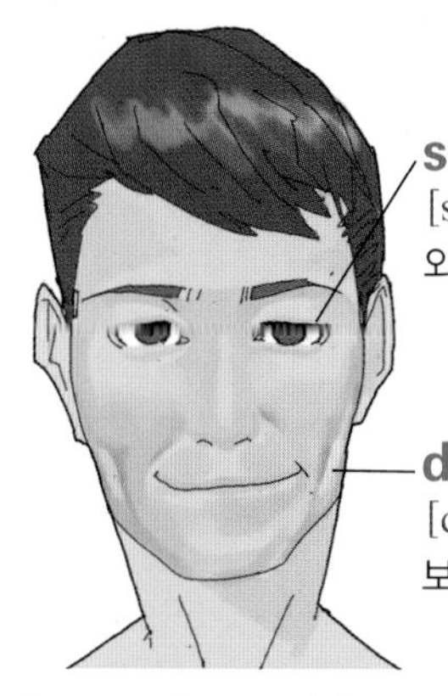

single eyelid
[síŋgl àɪlɪd]
외꺼풀 ⓭

dimple
[dímpl]
보조개 ⓮

long-shaped face
[lɔ́:ŋ ʃéɪpt féɪs]
긴 얼굴 ⓬

slanted eyes
[slǽntɪd áɪz]
위로 찢어진 눈 ⓯

tanned skin
[tæ̀nd skín]
햇볕에 탄 피부 ⓰

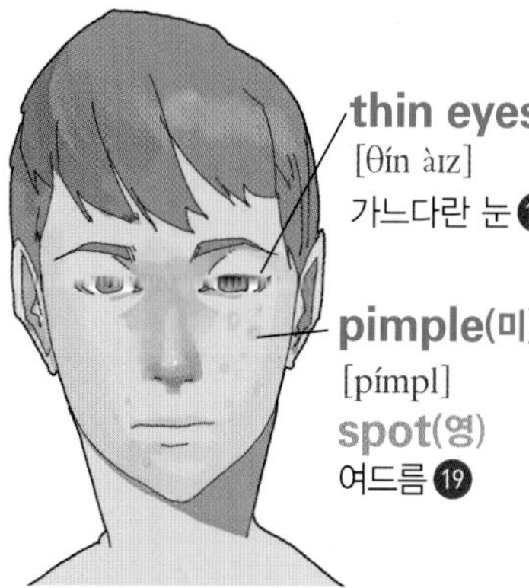

thin eyes
[θín àɪz]
가느다란 눈 ⓲

pimple(미)
[pímpl]
spot(영)
여드름 ⓳

egg-shaped face
[ég ʃéɪpt féɪs]
계란형 얼굴 ⓱

1-8 human body 인체

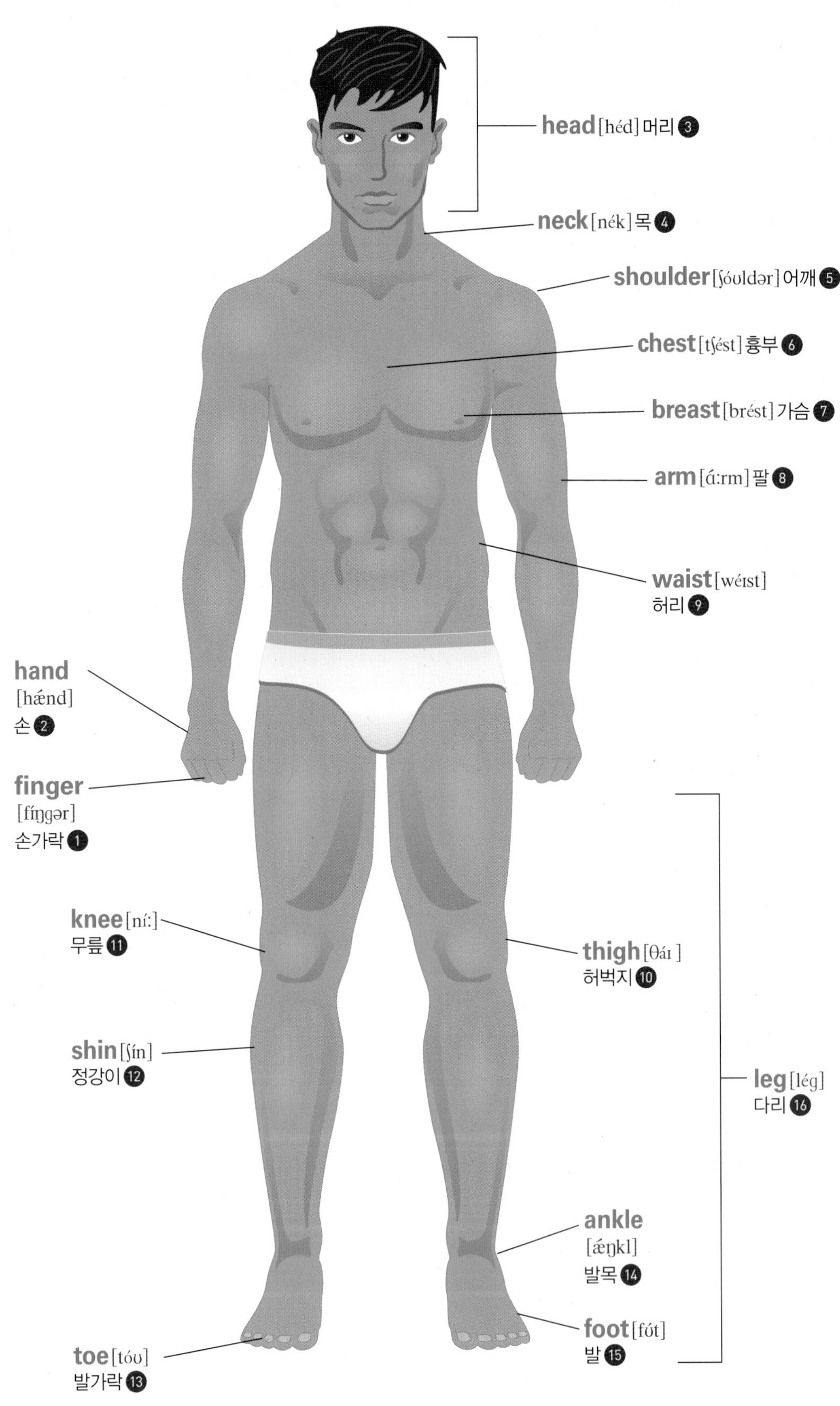

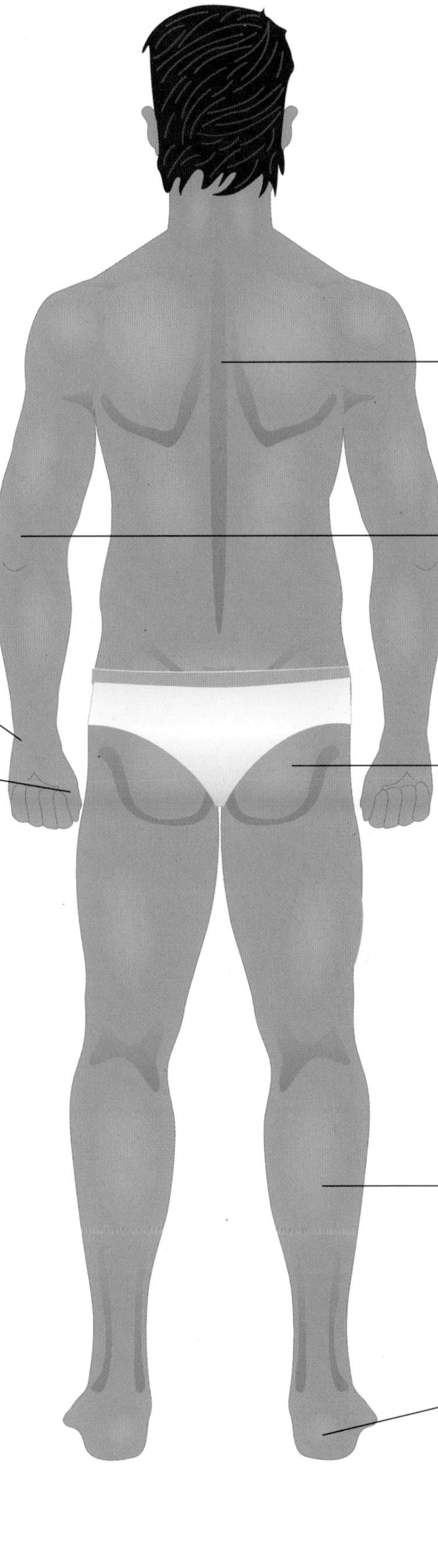

back [bǽk]
등 19

elbow [élboʊ]
팔꿈치 20

wrist [ríst]
손목 18

thumb [θʌ́m]
엄지손가락 17

hip [híp]
엉덩이 21

calf [kǽf]
종아리 22

heel [híːl]
발꿈치 23

organs장기

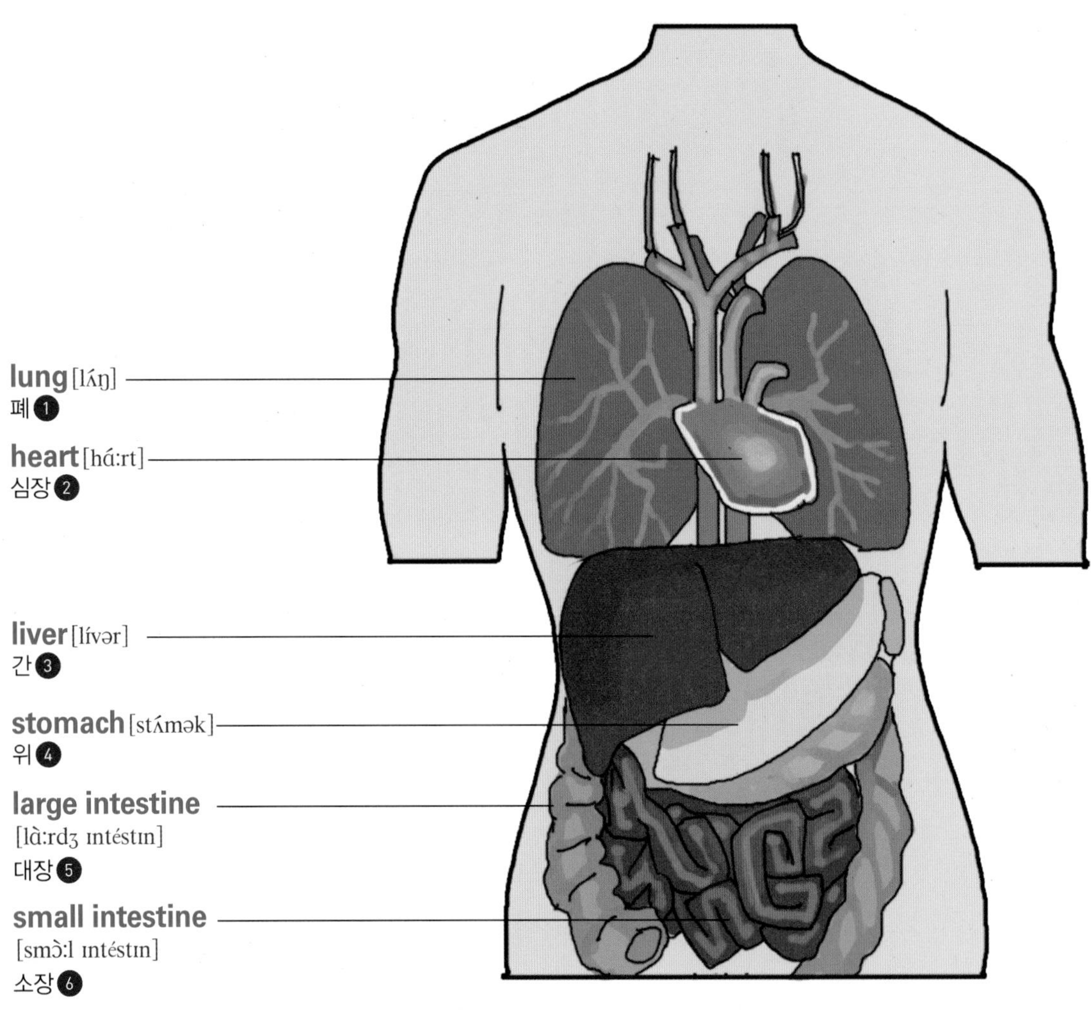

lung [lʌ́ŋ]
폐 ❶
heart [hɑ́ːrt]
심장 ❷
liver [lívər]
간 ❸
stomach [stʌ́mək]
위 ❹
large intestine
[lɑ̀ːrdʒ ɪntéstɪn]
대장 ❺
small intestine
[smɔ̀ːl ɪntéstɪn]
소장 ❻

1-10 muscles and bones 근육과 뼈

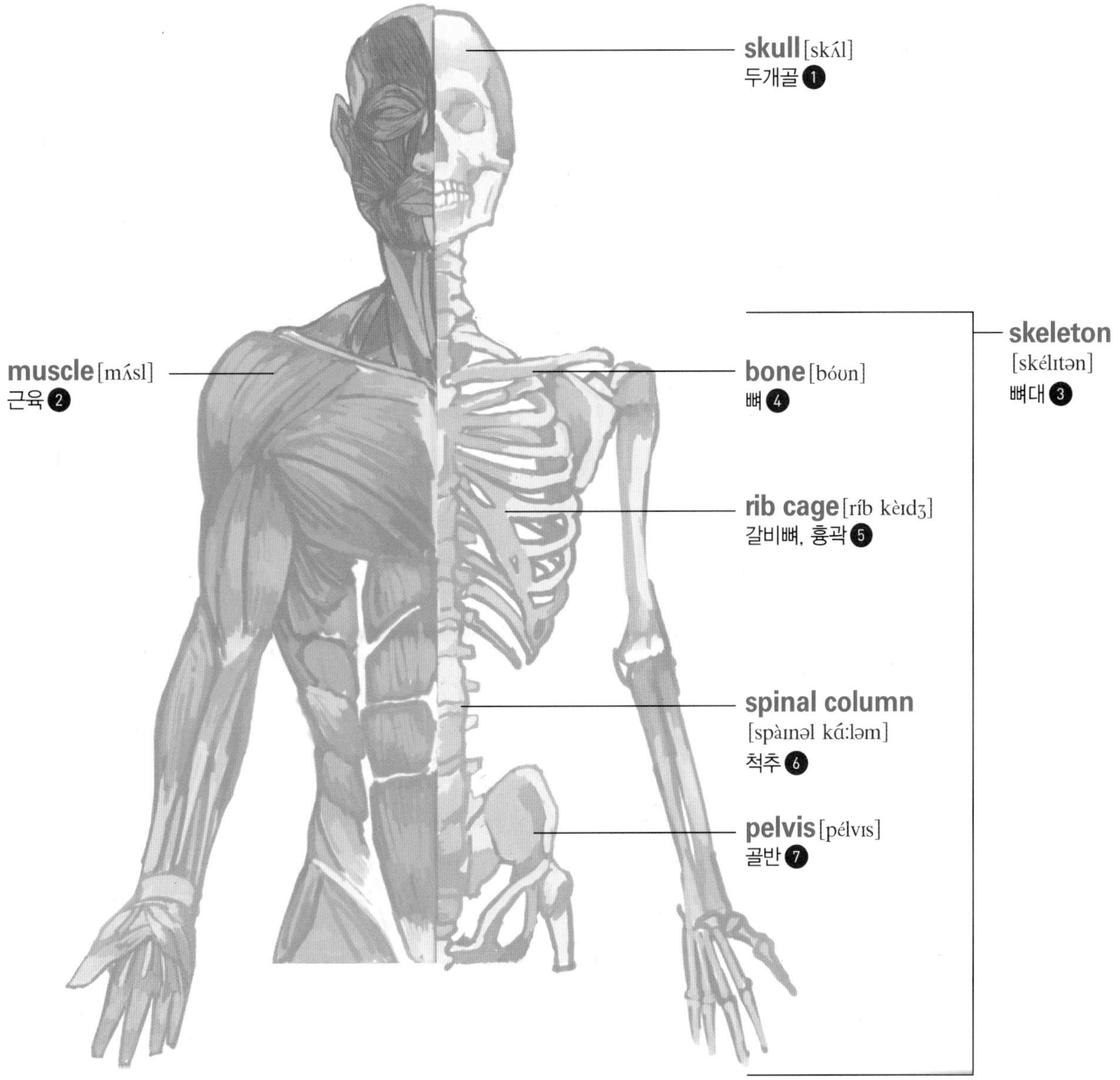

01-10 

skull [skʌ́l]
두개골 ❶

muscle [mʌ́sl]
근육 ❷

bone [bóʊn]
뼈 ❹

skeleton [skélɪtən]
뼈대 ❸

rib cage [ríb kèɪdʒ]
갈비뼈, 흉곽 ❺

spinal column [spàɪnəl kɑ́:ləm]
척추 ❻

pelvis [pélvɪs]
골반 ❼

family 가족

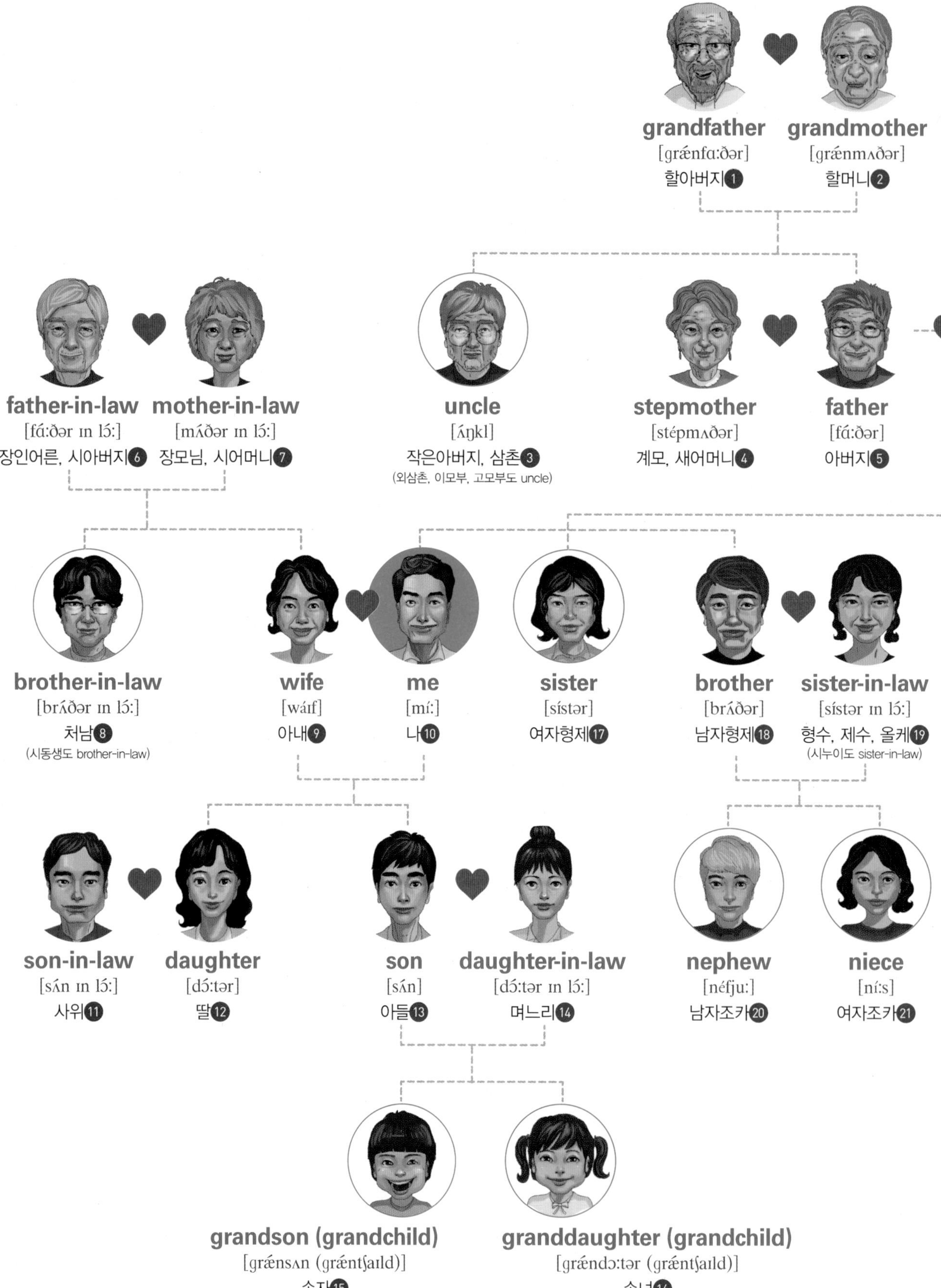
grandfather
[grǽnfɑːðər]
할아버지 1
grandmother
[grǽnmʌðər]
할머니 2
father-in-law
[fɑ́ːðər ɪn lɔ́ː]
장인어른, 시아버지 6
mother-in-law
[mʌ́ðər ɪn lɔ́ː]
장모님, 시어머니 7
uncle
[ʌ́ŋkl]
작은아버지, 삼촌 3
(외삼촌, 이모부, 고모부도 uncle)
stepmother
[stépmʌðər]
계모, 새어머니 4
father
[fɑ́ːðər]
아버지 5
brother-in-law
[brʌ́ðər ɪn lɔ́ː]
처남 8
(시동생도 brother-in-law)
wife
[wáɪf]
아내 9
me
[míː]
나 10
sister
[sístər]
여자형제 17
brother
[brʌ́ðər]
남자형제 18
sister-in-law
[sístər ɪn lɔ́ː]
형수, 제수, 올케 19
(시누이도 sister-in-law)
son-in-law
[sʌ́n ɪn lɔ́ː]
사위 11
daughter
[dɔ́ːtər]
딸 12
son
[sʌ́n]
아들 13
daughter-in-law
[dɔ́ːtər ɪn lɔ́ː]
며느리 14
nephew
[néfjuː]
남자조카 20
niece
[níːs]
여자조카 21
grandson (grandchild)
[grǽnsʌn (grǽntʃaɪld)]
손자 15
granddaughter (grandchild)
[grǽndɔːtər (grǽntʃaɪld)]
손녀 16

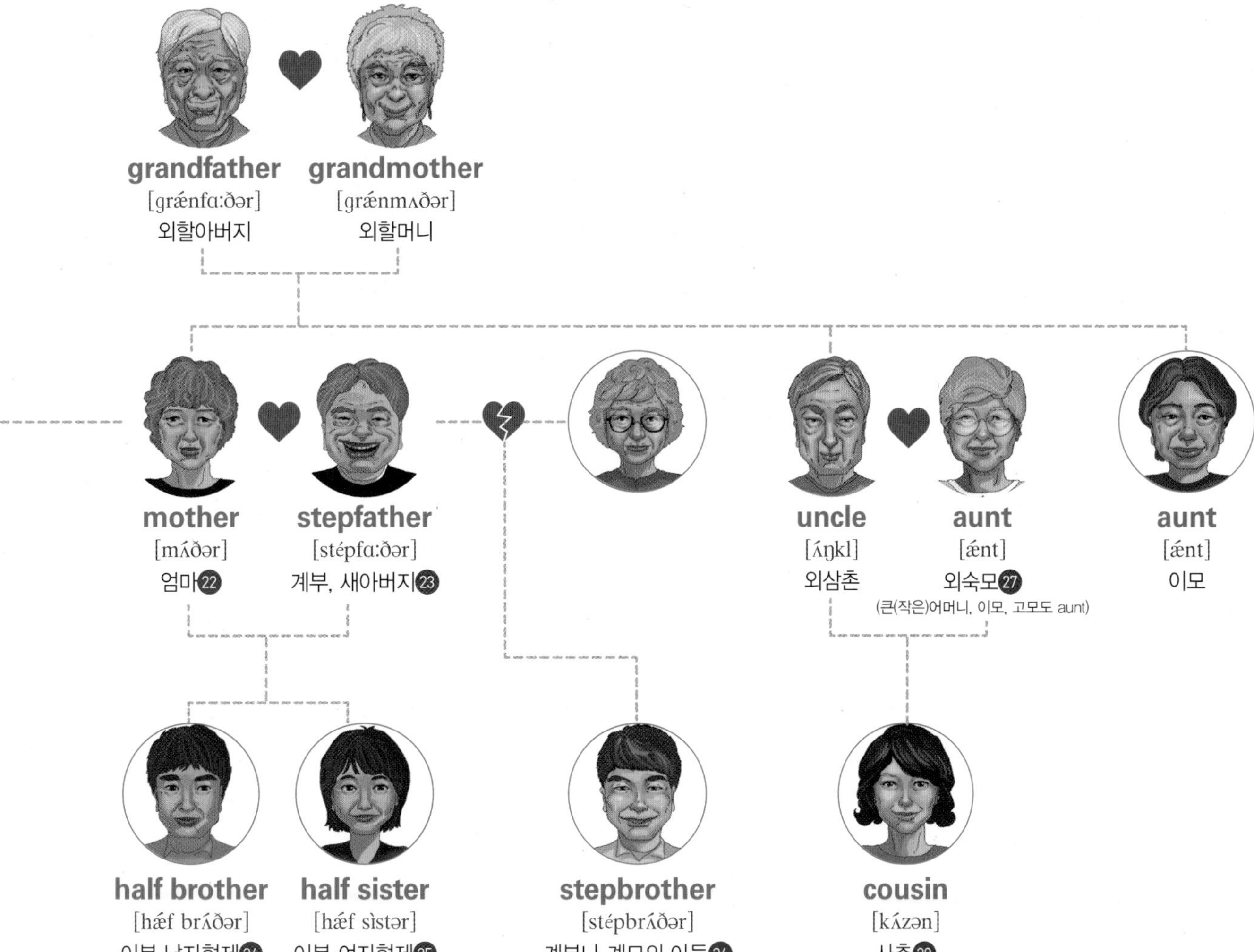
grandfather
[grǽnfɑːðər]
외할아버지
grandmother
[grǽnmʌðər]
외할머니
mother
[mʌ́ðər]
엄마㉒
stepfather
[stépfɑːðər]
계부, 새아버지㉓
uncle
[ʌ́ŋkl]
외삼촌
aunt
[ǽnt]
외숙모㉗
(큰(작은)어머니, 이모, 고모도 aunt)
aunt
[ǽnt]
이모
half brother
[hǽf brʌ́ðər]
이복 남자형제㉔
half sister
[hǽf sìstər]
이복 여자형제㉕
stepbrother
[stépbrʌ́ðər]
계부나 계모의 아들㉖
cousin
[kʌ́zən]
사촌㉘

types of houses

exterior of a house

interior of a house

living room items

kitchen appliances

bathroom items

bedroom items

utility room items

tools

2

HOUSING

집

types of houses 집의 종류

duplex(미), **two-family house**(미), **semidetached house**(영)
[dú:pleks], [tú: fǽməli háus]
두 독립 가구가 거주하는 집 9

mobile home
[móubəl hòum]
이동주택 10

tent
[tént]
텐트 11

villa
[vílə]
별장 12

dormitory
[dɔ́:rmətɔ:ri]
기숙사 13

nursing home
[nə́:rsiŋ hòum]
양로원, 요양원 14

senior housing, retirement home
[sí:niər hàuziŋ], [ritáiərmənt hòum]
실버타운 15

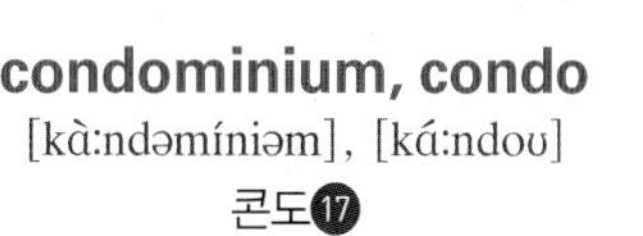

apartment(미)
[əpá:rtmənt]
flat(영)
아파트 18

igloo [íglu:]
이글루, 얼음집 16

condominium, condo
[kɑ̀:ndəmíniəm], [ká:ndou]
콘도 17

exterior of a house 집 외부

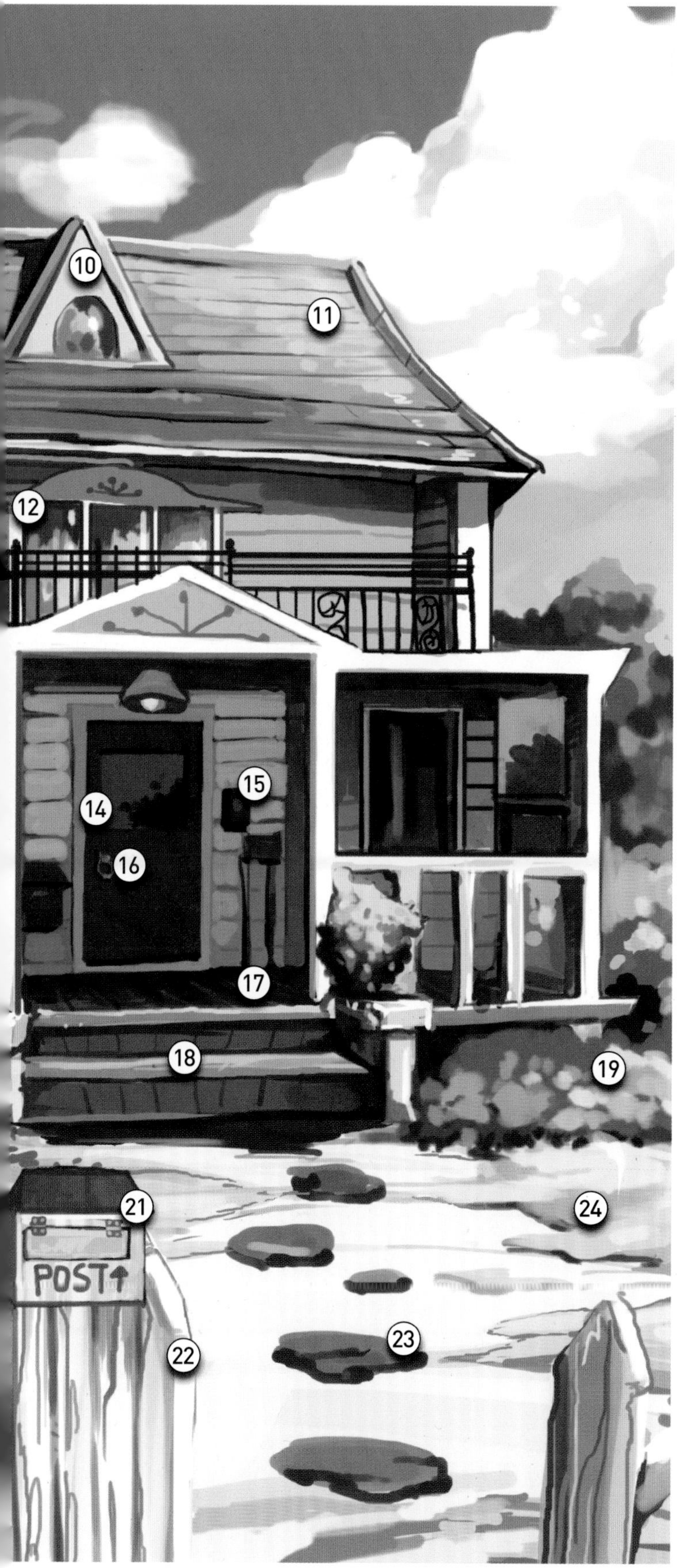

❶ **antenna** [ænténə] 안테나

❷ **chimney** [tʃímni] 굴뚝

❸ **skylight** [skáılaıt] 채광창

❹ **garage** [gərɑ́:ʒ] 차고

❺ **grill, barbeque** [gríl], [bɑ́:rbıkjù:] (바비큐 굽는) 그릴

❻ **garbage can(미), rubbish bin(영)**
[gɑ́rbıdʒ kæ̀n] 쓰레기통

❼ **driveway** [dráıvwèı] 차고 앞 찻길

❽ **sprinkler** [spríŋklər] 살수장치, 스프링클러

❾ **fence** [féns] 울타리

❿ **attic(미·영)**[ǽtık] **loft(영)** 다락방

⓫ **roof** [rú:f] 지붕

⓬ **balcony, patio** [bǽlkəni], [pǽtiou] 발코니

⓭ **window** [wíndou] 창문

⓮ **front door** [frʌ́nt dɔ́:r] 현관문

⓯ **doorbell** [dɔ́:rbel] 초인종

⓰ **knob** [nɑ́:b] 손잡이

⓱ **porch** [pɔ́:rtʃ] 문 앞 현관(돌출 현관)

⓲ **steps** [stéps] 계단

⓳ **garden** [gɑ́:rdən] 정원

⓴ **lawn mower** [lɔ́:n mouər] 잔디 깎는 기계

㉑ **mailbox(미)**[méılbɑ̀:ks] **letterbox(영)** 편지함

㉒ **gate** [géıt] 대문

㉓ **walk way(미), path(영)**
[wɔ́:k wèı] (마당 입구에서 현관까지) 보도

㉔ **front yard(미), front garden(영)**
[frʌ́nt jɑ̀:rd] 앞마당

interior of a house 집 내부

1. **attic**(미·영)[ǽtɪk] **loft**(영) 다락방
2. **study**(미·영), **den**(미) [stʌ́di], [dén] 서재
3. **garage** [gərɑ́:ʒ] 차고
4. **kitchen** [kítʃɪn] 부엌
5. **dining area** [dáɪnɪŋ èriə] (주택 내의) 식탁 공간
6. **bedroom** [bédru:m] 침실
7. **baby's room** [béɪbiz rù:m] 아기방
8. **kids' bedroom**[kídz bèdru:m] 아이들 침실
9. **bathroom** [bǽθru:m] 욕실
10. **living room** [lívɪŋ rù:m] 거실
11. **basement, utility room**
   [béɪsmənt], [ju:tíləti rù:m] 지하실, 다용도실

6
7
8
9
5
10
11

2-4 living room items 거실 용품

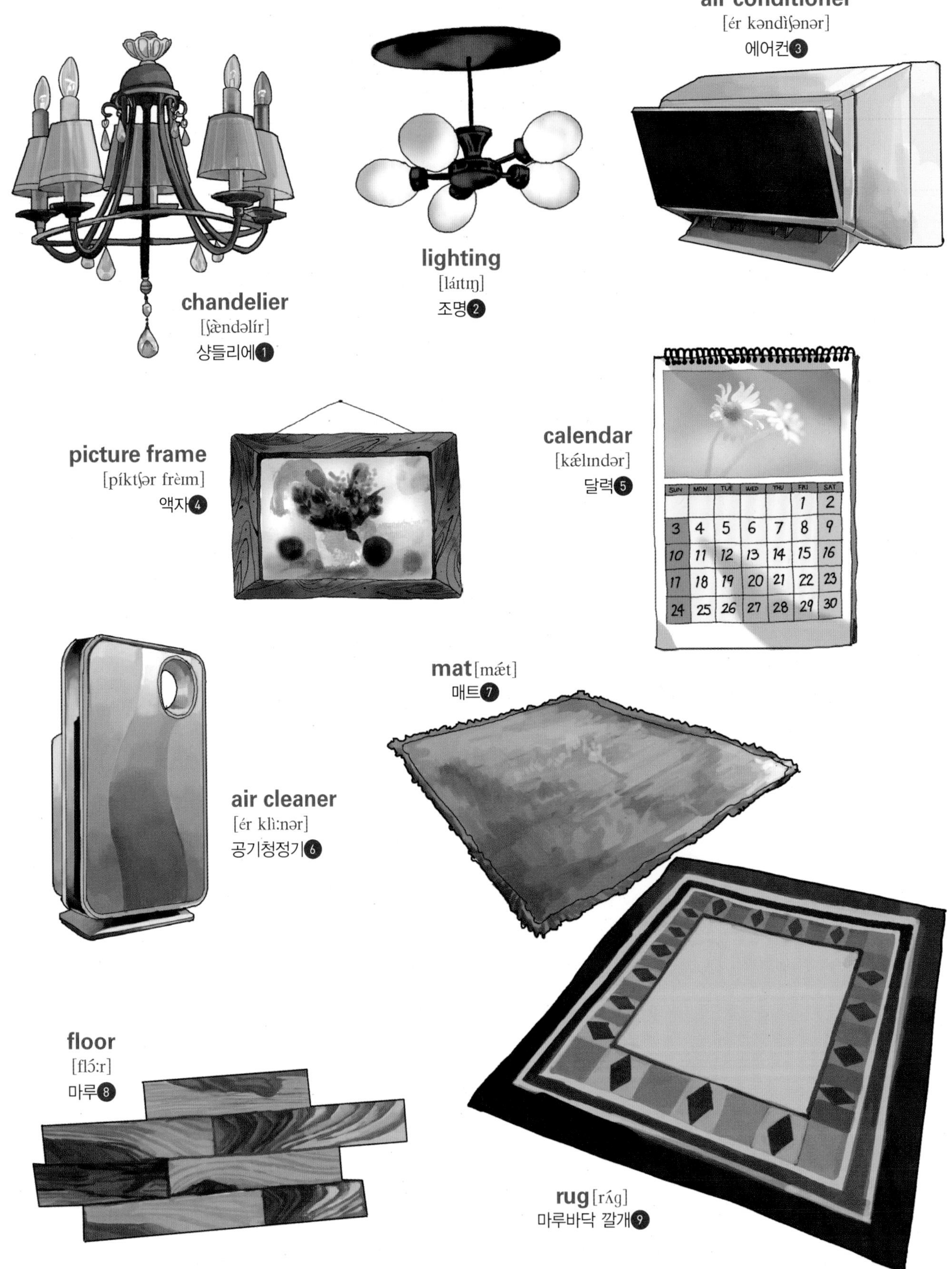

photograph, photo, picture
[fóʊtəgræf], [fóʊtoʊ], [píktʃər]
사진 ⑩

curtain [kɜ́:rtən]
커튼 ⑬

remote control
[rɪmóʊt kəntròʊl]
리모컨 ⑫

television
[télɪvɪʒən]
텔레비전 ⑪

telephone
[télɪfoʊn]
전화기 ⑭

fireplace
[fáɪərpleɪs]
벽난로 ⑮

photo album
[fóʊtoʊ ǽlbəm]
사진첩, 앨범 ⑰

plant pot
[plǽnt pɑ̀:t]
화분 ⑯

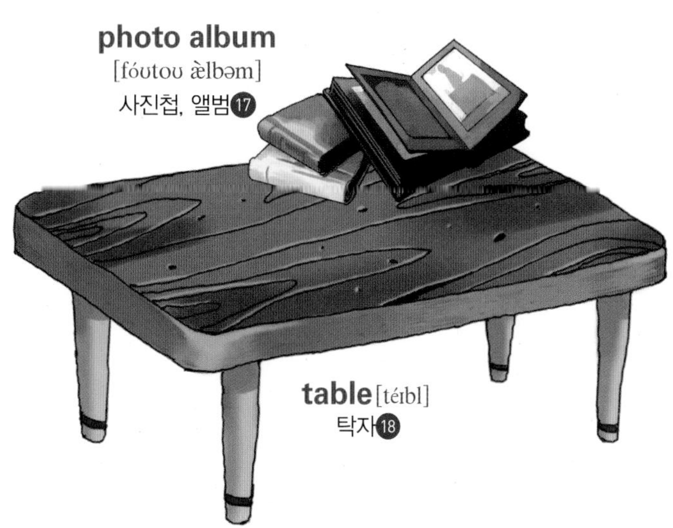

table [téɪbl]
탁자 ⑱

kitchen appliances 주방용품

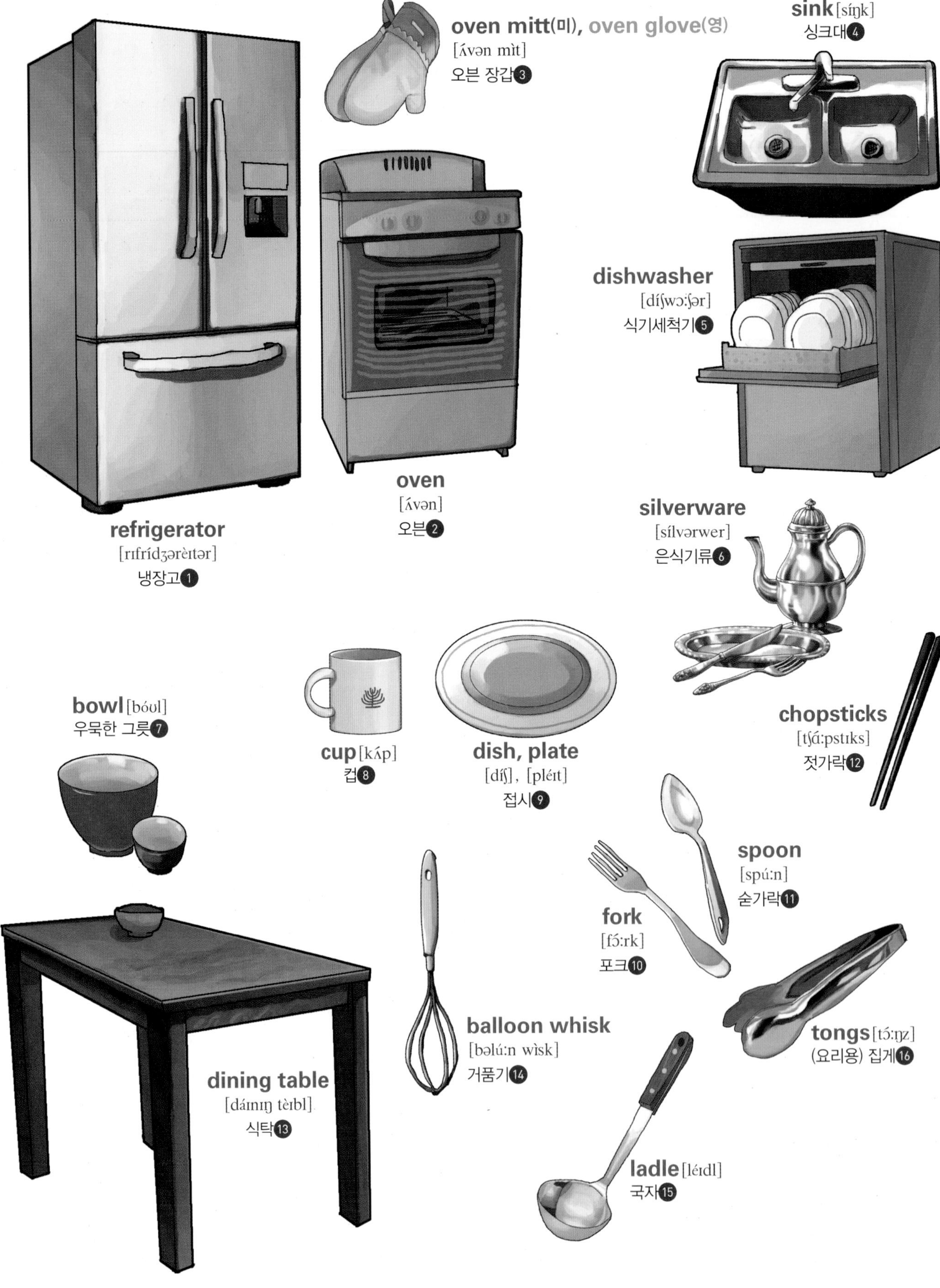

cupboard
[kʌ́bərd]
찬장⑰

gas stove
[gǽs stòuv]
가스레인지⑱

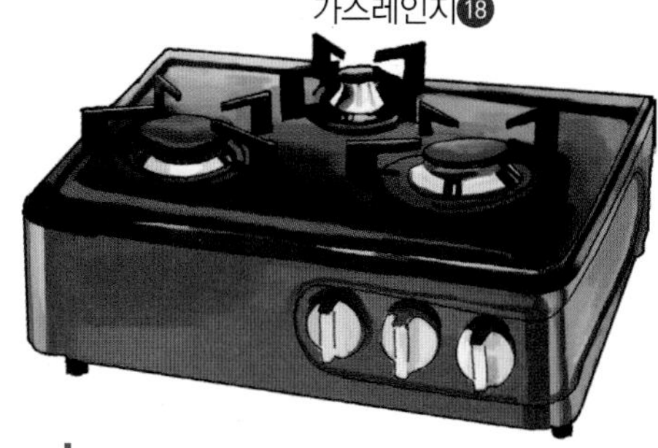

electric rice cooker
[iléktrik ráis kúkər]
전기밥솥⑲

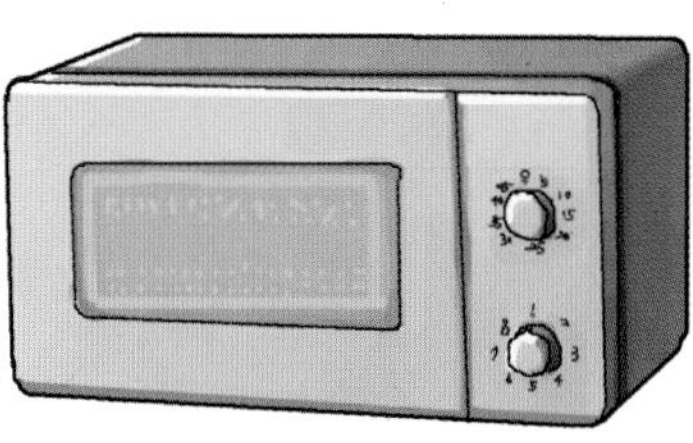

microwave
[máikrəweiv]
전자레인지㉔

blender, mixer
[bléndər], [míksər]
믹서⑳

coffee maker
[kɔ́:fi: mèikər]
커피메이커㉑

scale[skéil]
저울㉒

cutting board
[kʌ́tiŋ bɔ̀:rd]
도마㉓

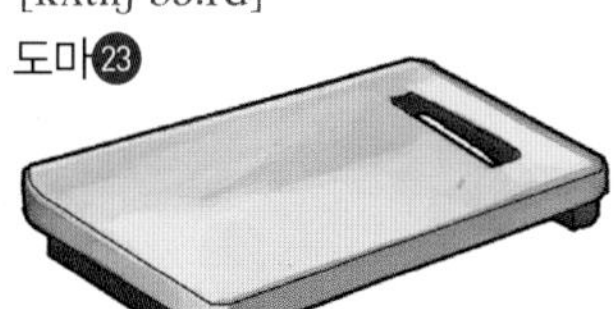

tray[tréi]
쟁반㉗

kettle[kétl]
주전자㉕

pot[pɑ́:t]
냄비㉖

knife[náif]
칼㉘

frying pan
[fráiŋ pæ̀n]
프라이팬㉙

plastic container
[plǽstik kəntèinər]
플라스틱 용기㉛

potato peeler
[pətéitou pì:lər]
감자 깎는 칼㉜

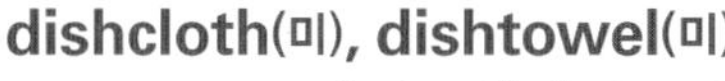

dishcloth(미), dishtowel(미)
[díʃklɔ:θ], [díʃtauəl]
tea towel(영)
행주㉚

bathroom items 욕실 용품

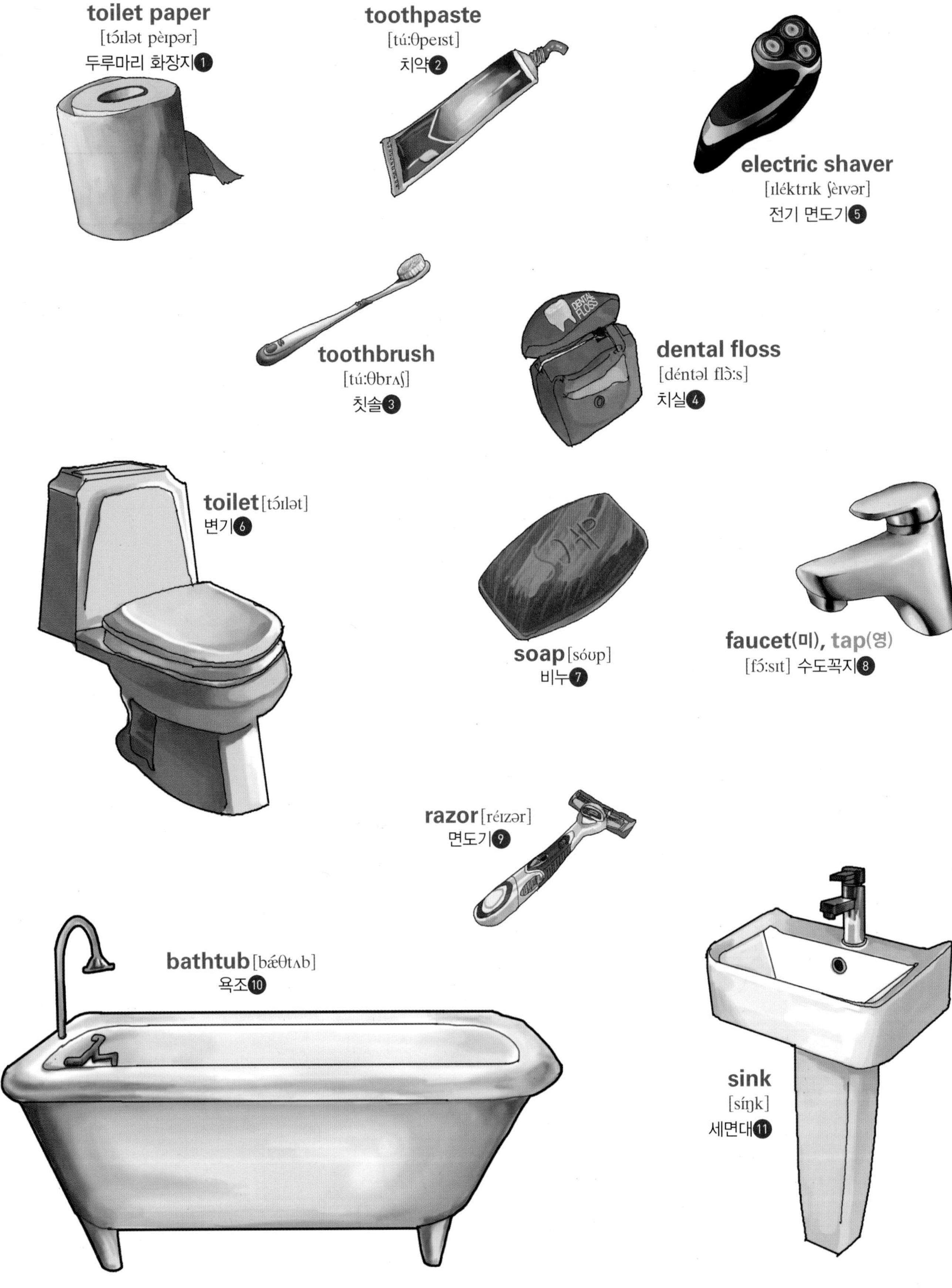

tissue
[tíʃuː]
화장지⓬
mirror
[mírər]
거울⓮
cosmetics
[kɑːzmétɪks]
화장품⓭
brush [brʌ́ʃ]
(솔처럼 생긴) 빗, 헤어 브러시⓯
comb [kóʊm]
(납작한) 빗⓰
nail clipper
[néɪl klìpər]
손톱깎기⓱
rollers
[róʊlərz]
헤어 롤⓲
towel
[táʊəl]
수건㉑
rag [rǽg]
걸레⓳
curling iron
[kə́ːrlɪŋ áɪərn]
고데기(머리 인두)⓴

bedroom items 침실 용품

blind [bláɪnd]
블라인드 1

book [búk]
책 2

lamp [lǽmp]
전기 스탠드, 램프 3

bedcover, sheet [bédkʌvər], [ʃíːt]
침대보 4

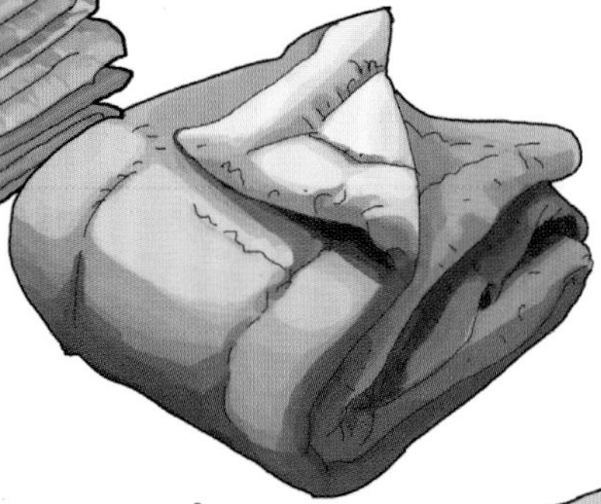

comforter(미), **duvet**(영) [kʌ́mfərtər] 이불 5

pillow [pílou]
베개 6

digital clock [dídʒɪtəl klɑ́ːk]
디지털시계 7

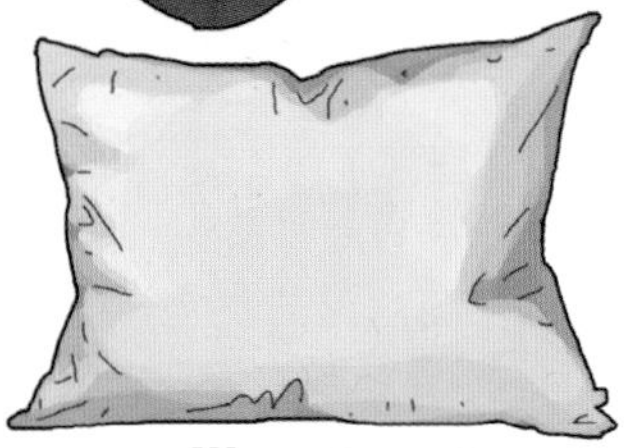

dressing table [drésɪŋ tèɪbl]
화장대 8

closet [klɑ́ːzɪt]
옷장, 장롱 9

bookshelf, bookcase [búkʃelf], [búkeɪs]
책장 10

wastepaper basket(미) [wéɪstpeɪpər bǽskɪt]
bin(영), **rubbish bin**(영)
쓰레기통 11

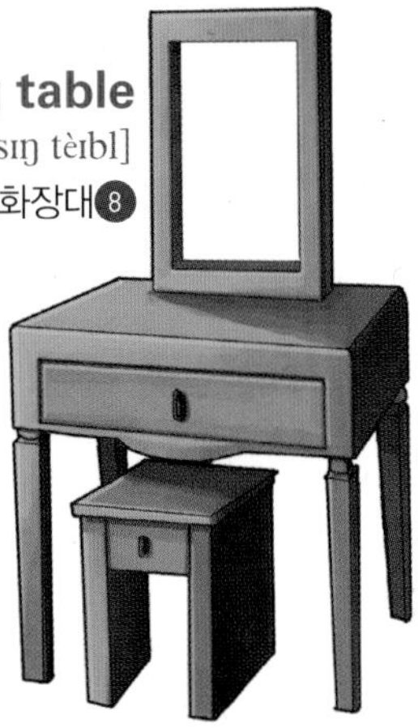

desk lamp [désk lǽmp]
탁상용 스탠드 12

drawer [drɔ́ːər]
서랍장 13

bed [béd]
침대 14

utility room items 다용도실 용품

humidifier
[hju:mídɪfaɪər]
가습기 1

iron
[áɪərn]
다리미 2

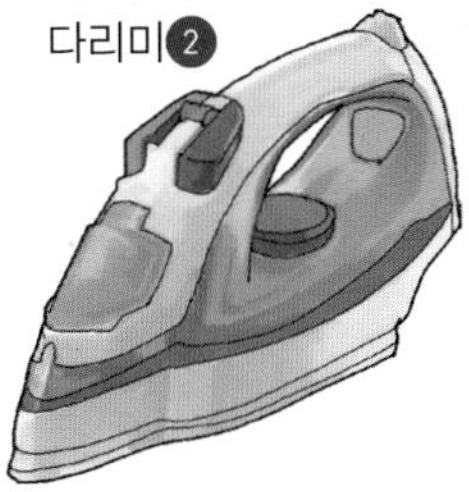

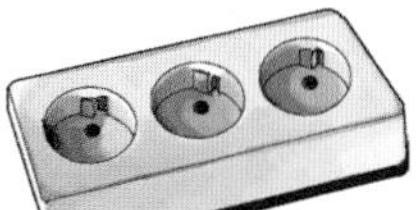

(electrical) outlet(미 · 영)
[(ɪléktrɪkəl) àʊtlet]
extension cord(영),
power strip(영)
콘센트 3
(멀티탭도 이렇게 표현함)

boiler
[bɔ́ɪlər]
보일러 4

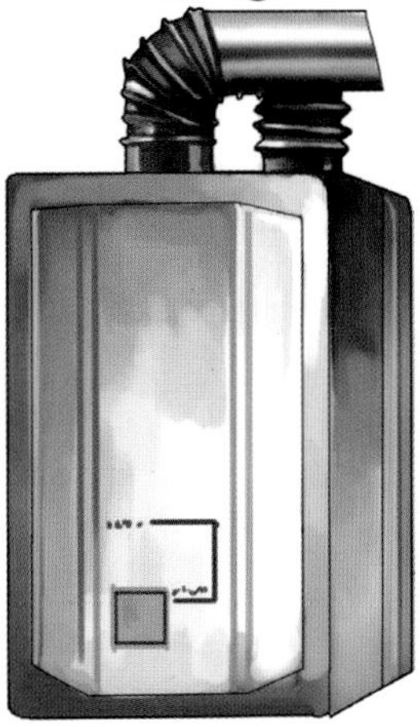

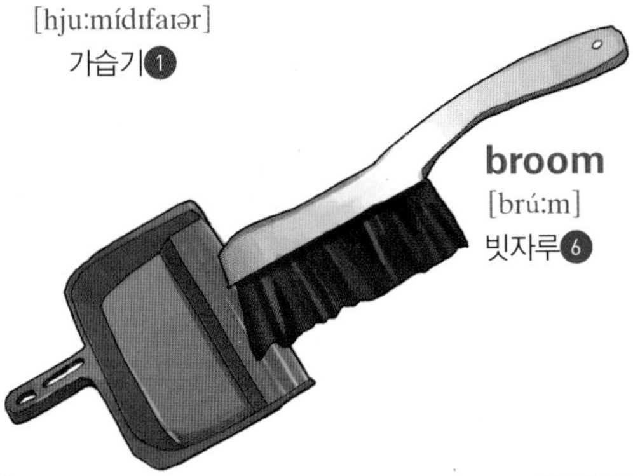

dustpan
[dʌ́stpæn]
쓰레받기 5

broom
[brú:m]
빗자루 6

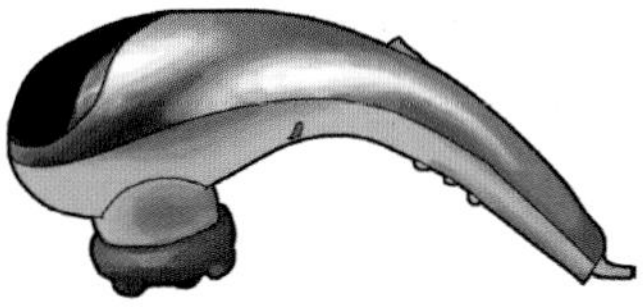

massager
[məsɑ́:ʒər]
안마기 7

fan [fǽn]
선풍기 8

vacuum cleaner(미)
[vǽkjuəm klì:nər]
hoover(영)
진공청소기 9

scale
[skéɪl]
체중계 10

detergent(미)
[dɪtɜ́:rdʒənt]
washing up liquid(영)
세제 11

CLEAN

mop [mɑ́:p]
대걸레 12

bucket
[bʌ́kɪt]
양동이 13

dehumidifier
[dì:hju:mídɪfaɪər]
제습기 14

washing machine
[wɔ́:ʃɪŋ məʃì:n]
세탁기 15

tools 공구

match
[mǽtʃ]
성냥 1
mask
[mǽsk]
마스크 2
screw
[skrúː]
나사못 3
needle
[níːdl]
바늘 5
nail [néɪl]
못 4
BOND
glue
[glúː]
접착제 6
sandpaper
[sǽndpeɪpər]
사포 7
masking tape
[mǽskɪŋ tèɪp]
작업용 보호 테이프 8
tape measure
[téɪp mèʒər]
줄자 9
STAIN
8m/26
screwdriver
[skrúːdraɪvər]
드라이버 10
wire
[wáɪər]
철사 13
pincers
[pínsərz]
펜치 11
hose
[hóʊz]
호스 12

hammer
[hǽmər]
망치⑭
ax
[ǽks]
도끼⑮
plunger
[plʌ́ndʒər]
플런저(뚫어뻥)⑯
fire extinguisher
[fáiər ɪkstìŋgwɪʃər]
소화기⑰
saw [sɔ́:]
톱⑱
spade, shovel
[spéɪd], [ʃʌ́vəl]
삽⑲
chainsaw
[tʃéɪnsɔ:]
동력 사슬톱⑳
electrical lawnmower
[ɪlèktrɪkəl lɔ́:nmoʊər]
잔디깎기㉑
wheelbarrow
[wí:lbæroʊ]
손수레㉒
ladder
[lǽdər]
사다리㉓

clothing

shoes and accessories

cosmetic products

3

CLOTHING

의류

clothing 옷

bra [brɑ́:]
브래지어 1
underwear(미·영) [ʌ́ndərwer]
underpants(영),
pants(영), knickers(영)
팬티 2
boxer shorts(미·영)
[bɑ́:ksər ʃɔ́:rts]
boxers(영)
사각 팬티 3
camisole
[kǽmɪsoʊl]
캐미솔(어깨 끈이 달린 속옷) 4
slip [slíp]
슬립 5
swimsuits
[swímsù:ts]
수영복 6
skirt [skɜ́:rt]
치마 7
shorts
[ʃɔ́:rts]
반바지 8
vest(미)
[vést]
waist coat(영)
조끼 9
tank top
[tǽŋk tɑ̀:p]
탱크톱(민소매 윗옷) 10
pajamas
[pədʒɑ́:məz]
파자마, 잠옷 11
pants
[pǽnts]
바지 12
training suit(미),
tracksuit(미·영)
[tréɪmɪŋ sù:t], [trǽks:t]
트레이닝복, 운동복 13
sportswear(미), sweatsuit(미), tracksuit(미·영)
[spɔ́:rtswer], [swétsu:t], [trǽksu:t]
운동복 14

cardigan
[kɑ́:rdɪgən]
카디건⑮

one-piece dress
[wʌ́npi:s drès]
원피스⑯

blouse
[bláʊs]
블라우스⑰

sweater(미), **jumper**(영)
[swétər] 스웨터⑱

shirt
[ʃɜ:rt]
셔츠⑲

coat
[kóʊt]
코트⑳

jacket
[dʒǽkɪt]
재킷㉑

tailcoat
[téɪlkoʊt]
연미복(남성 연회복)㉒

evening dress
[í:vənɪŋ drès]
이브닝 드레스(여성 야회복)㉓

suit [sú:t]
정장㉔

tuxedo
[tʌksí:doʊ]
턱시도㉕

shoes and accessories 신발과 액세서리

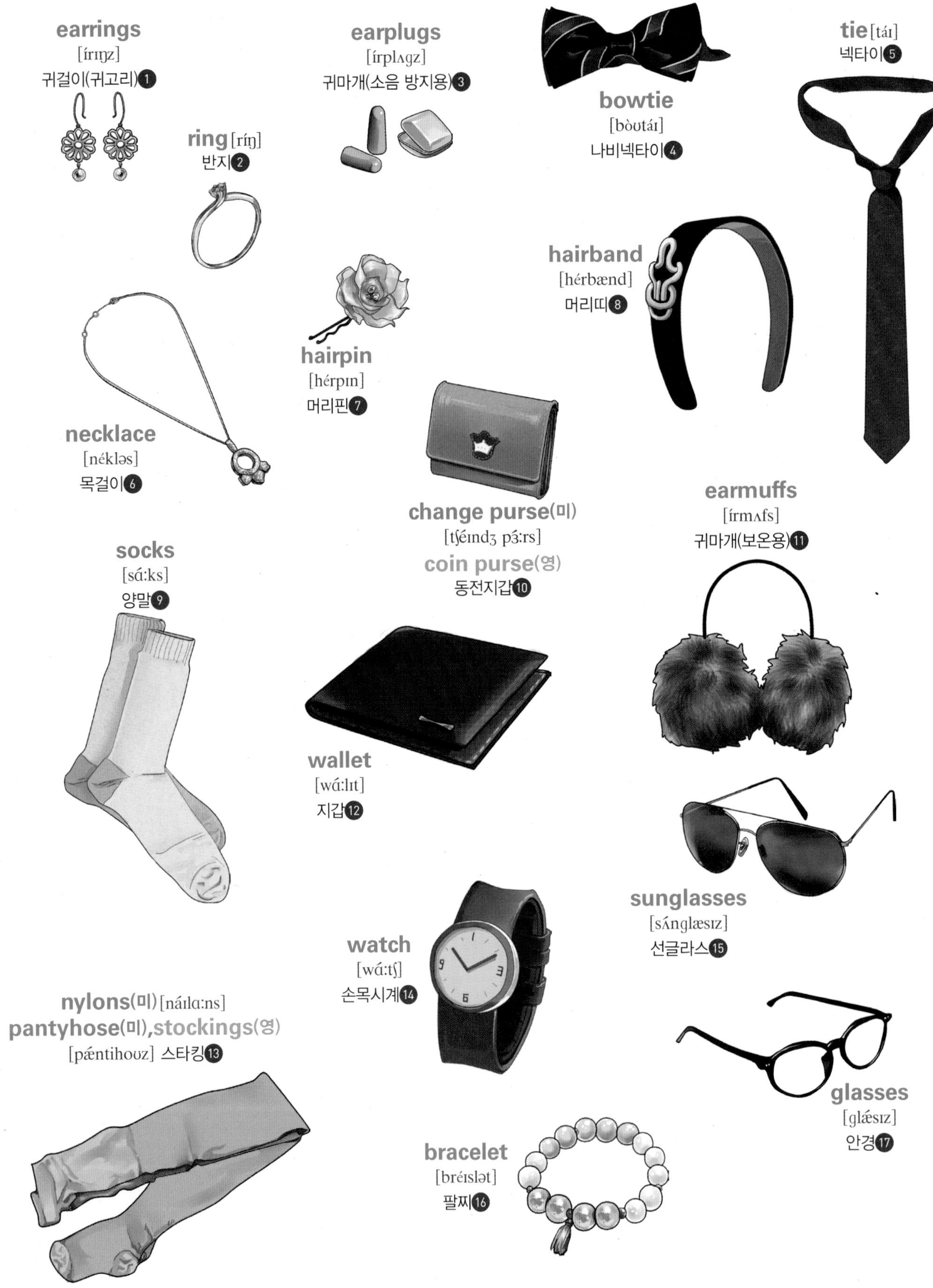

scarf
[skɑ́:rf]
스카프 18

cap
[kǽp]
야구모자 19

gloves
[glʌ́vz]
장갑 20

handkerchief
[hǽŋkərtʃi:f]
손수건 21

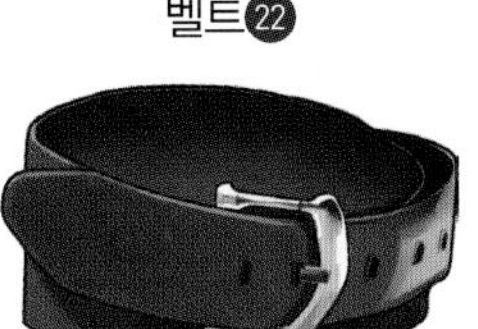

belt [bélt]
벨트 22

boots
[bú:ts]
부츠 23

sneakers(미)
[sní:kərz]
trainers(영)
운동화 24

handbag(미·영), **tote bag**(미)
[hǽndbæ̀g], [tóut bæ̀g]
핸드백 25

backpack(미)
[bǽkpæ̀k]
rucksack(영)
백팩 26

loafers
[lóufərz]
로퍼, 끈 없는 낮은 구두 20

high heels
[hái hì:lz]
하이힐 27

3-3 cosmetic products 화장품

fake(false) eyelashes
[féɪk(fɔ́:ls) àɪlæʃɪz]
인조 속눈썹❶

eyeshadow
[áɪʃædoʊ]
아이섀도❷

lipstick
[lípstɪk]
립스틱❸

lotion
[lóʊʃən]
로션❹

toner
[tóʊnər]
토너, 스킨❺

moisture cream(미·영)
[mɔ́ɪstʃər krì:m]
moisturizer(영)
수분 크림❻

mascara
[mǽskærə]
마스카라❼

nail polish
[néɪl pɑ̀:lɪʃ]
매니큐어❽

powder
[páʊdər]
(화장품) 파우더❾

dryer(미)
[dráɪər]
hairdryer(영)
헤어 드라이어❿

deodorant
[dióudərənt]
체취 제거제⓫

shampoo
[ʃæmpúː]
샴푸⓬

conditioner
[kəndíʃənər]
헤어 컨디셔너⓭

shaving cream(미)
[ʃéiviŋ kríːm]
shaving foam(영)
면도용 크림⓯

aftershave
[ǽftərʃeiv]
애프터셰이브 ⓮

perfume
[pərfjúːm]
향수⓰

hair gel
[hér dʒèl]
헤어 젤⓱

hairspray
[hérsprei]
헤어 스프레이⓲

mousse
[múːs]
헤어 무스⓳

shopping mall

vegetables

fruits

nuts and grains

meat and poultry

processed food

dairy products

beverages

food

bread

dessert

4

FOOD

음식

shopping mall 쇼핑몰

1. **bakery** [béɪkərɪ] 제과점
2. **shopping cart**(미), **shopping trolley**(영) [ʃɑ́:pɪŋ kɑ̀:rt] 쇼핑 카트
3. **barcode scanner** [bɑ́:rkoʊd skæ̀nər] 바코드 스캐너
4. **plastic bag** [plǽstɪk bæ̀g] 비닐봉지
5. **paper bag** [péɪpər bæ̀g] 종이봉투
6. **cash register**(미·영), **till**(영) [kǽʃ rèdʒɪstər] 금전 등록기
7. **cashier** [kæʃír] 계산원
8. **checkout counter** [tʃékaʊt kàʊntər] 계산대
9. **snacks** [snǽks] 과자류
10. **canned goods**(미), **tinned goods**(영) [kǽnd gʊ̀dz] 통조림 제품

⓫ **pet food** [pét fùːd] 동물 사료

⓬ **packing wrap, plastic wrap** [pǽkɪŋ rǽp], [plǽstɪk rǽp] 포장 용품

⓭ **paper products** [péɪpər prɑ̀ːdəkts] 화장지류, 제지류

⓮ **baking utensils** [béɪkɪŋ jùːtensəlz] 제빵 도구

⓯ **dairy products** [déri prɑ̀ːdəkts] 유제품

⓰ **beverage** [bévərɪdʒ] (물 외의) 음료

⓱ **shopper** [ʃɑ́ːpər] 장 보는 사람

⓲ **basket** [bǽskɪt] 장바구니

⓳ **meat and poultry** [míːt ən póʊltri] 육류와 가금류

⓴ **sea food** [síː fùːd] 해산물

㉑ **produce**(미)[próʊdus] **fruit and vege**(영) 농산물

㉒ **deli counter** [déli kàʊntər] 조리음식 코너

㉓ **frozen food** [fróʊzən fùːd] 냉동식품

vegetables 채소①

garlic
[gɑ́:rlɪk]
마늘⓫
eggplant(미)
[égplænt]
aubergine(영)
가지⓬
carrot
[kǽrət]
당근⓭
radish
[rǽdɪʃ]
무⓮
napa cabbage
[nǽpə kǽbɪdʒ]
배추⓯
red pepper
[réd pèpər]
고추⓰
cabbage
[kǽbɪdʒ]
양배추⓱
red cabbage
[réd kǽbɪdʒ]
적양배추⓲
cauliflower
[kɔ́:lɪflaʊər]
콜리플라워, 꽃양배추⓳
broccoli
[brɑ́:kəli]
브로콜리⓴

vegetables 채소❷

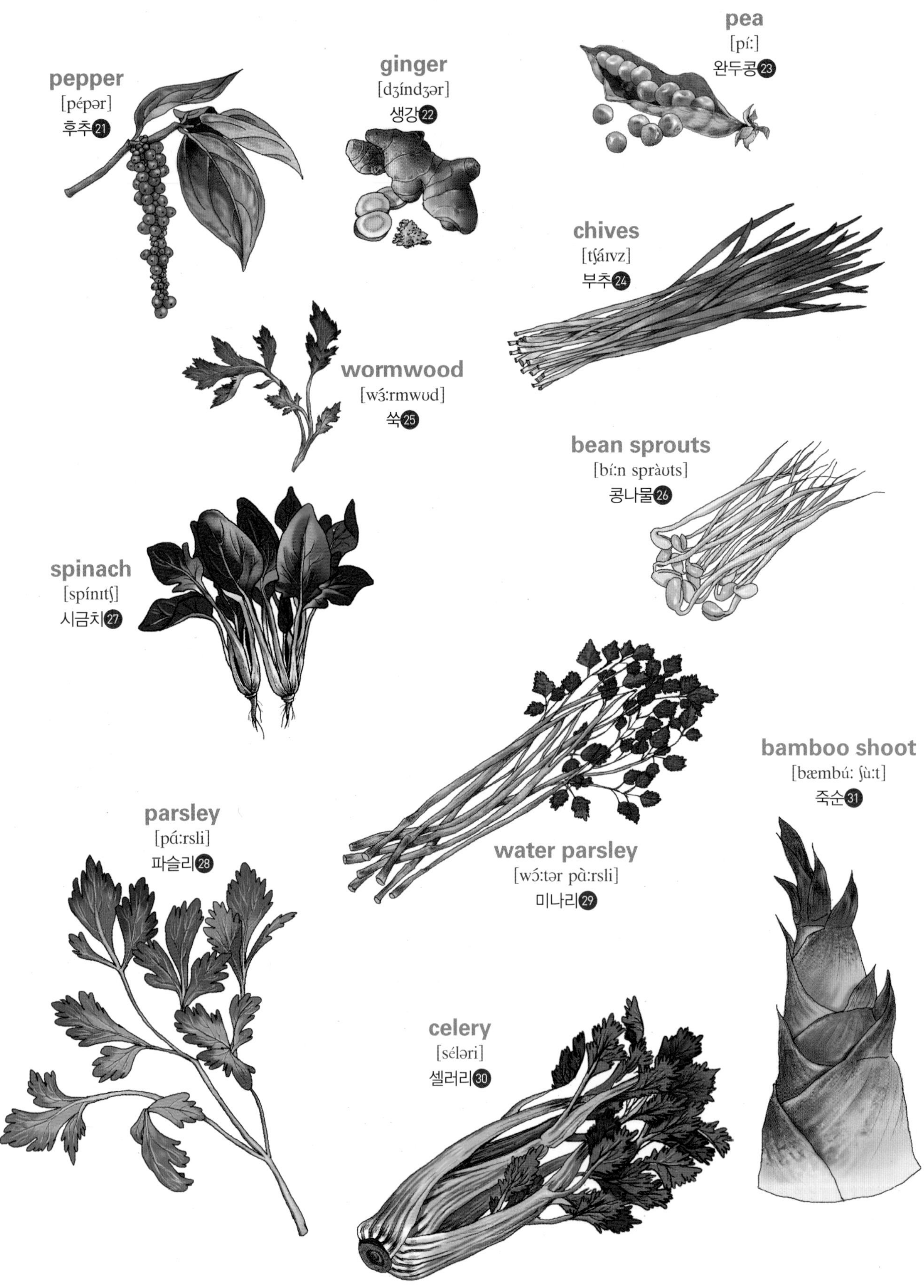

ornamental kale
[ɔ́:rnəmentəl kèɪl]
케일 32

sesame leaf
[sésəmi lì:f]
깻잎 33

ginseng
[dʒínseŋ]
인삼 34

oakleaf
[óʊklì:f]
취명아주 35

mushroom
[mʌ́ʃru:m]
버섯 36

turnip
[tɜ́:rnɪp]
순무 39

green onion(미)
[grí:n ʌ́njən]
spring onion(영)
대파 38

seaweed
[sí:wi:d]
미역 37

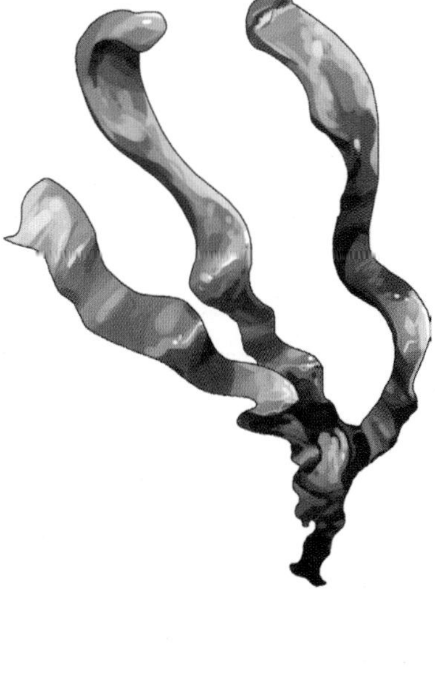

fruits 과일❶

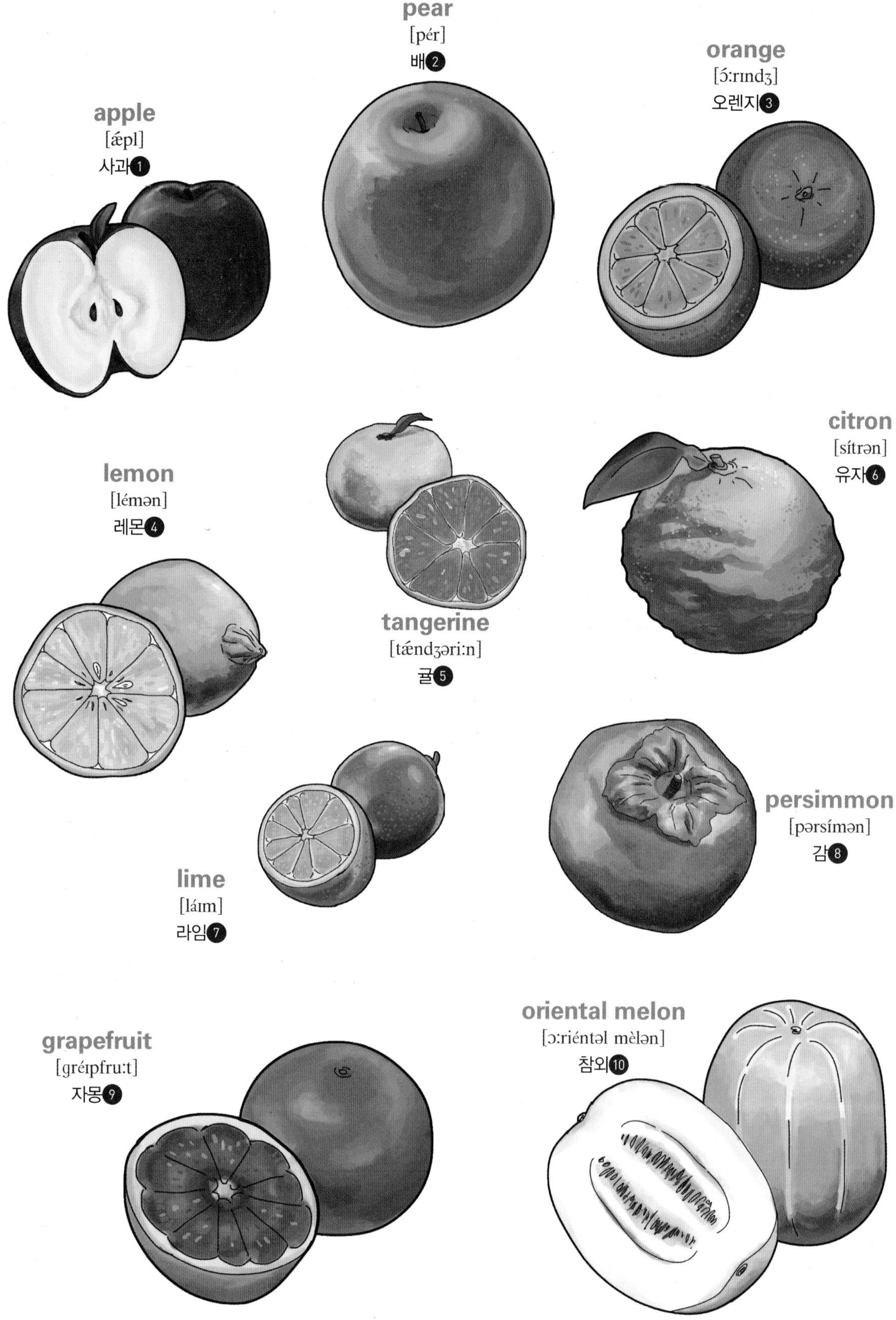
apple
[ǽpl]
사과❶
pear
[pér]
배❷
orange
[ɔ́:rɪndʒ]
오렌지❸
lemon
[lémən]
레몬❹
tangerine
[tǽndʒəri:n]
귤❺
citron
[sítrən]
유자❻
lime
[láɪm]
라임❼
persimmon
[pərsímən]
감❽
grapefruit
[gréɪpfru:t]
자몽❾
oriental melon
[ɔ:riéntəl mèlən]
참외❿

raspberry
[rǽzberi]
라즈베리⓫

blackberry
[blǽkberi]
블랙베리⓬

grape
[gréɪp]
포도⓭

blueberry
[blúːberi]
블루베리⓮

strawberry
[strɔ́ːberi]
딸기⓯

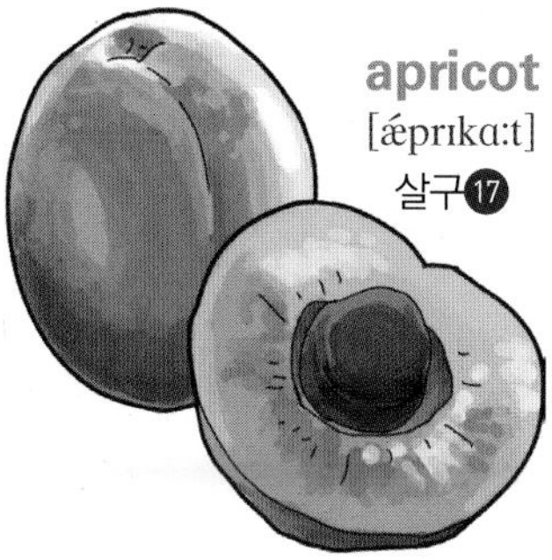

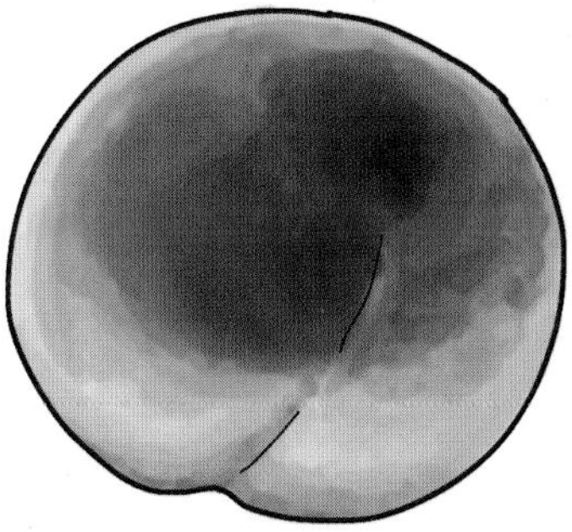

peach
[píːtʃ]
복숭아⓰

apricot
[ǽprɪkɑːt]
살구⓱

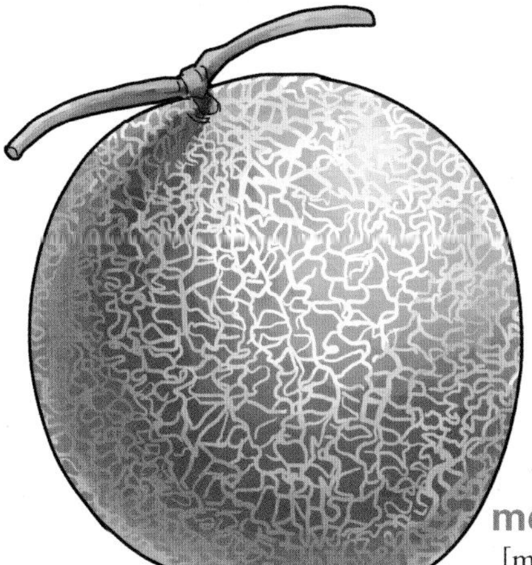

melon
[mélən]
멜론⓲

watermelon
[wɔ́ːtərmelən]
수박⓳

fruits 과일❷

Japanese apricot
[dʒæpəníːz ǽprɪkɑːt]
매실⓴
raisin
[réɪzən]
건포도㉑
cherry
[tʃéri]
체리㉒
plum
[plʌ́m]
자두㉓
prune
[prúːn]
말린 자두㉔
jujube
[dʒúːdʒuːb]
대추㉕
kiwi
[kíːwiː]
키위㉖
fig
[fíg]
무화과㉗
quince
[kwíns]
모과㉘
pomegranate
[pɑ́ːmɪgrænɪt]
석류㉙

dragon fruit
[drǽgən frùːt]
용과 30

pineapple
[páɪnæpl]
파인애플 31

papaya
[pəpáɪə]
파파야 32

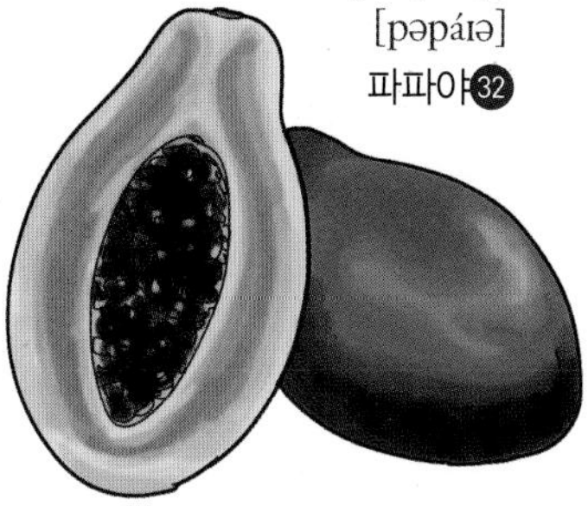

coconut
[kóʊkənʌt]
코코넛 33

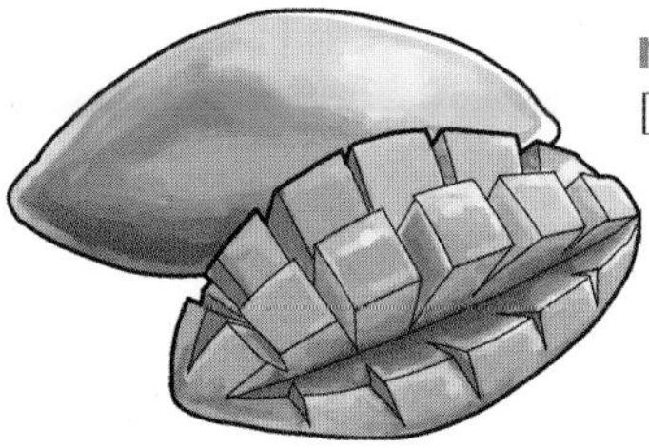

mango
[mǽŋgoʊ]
망고 34

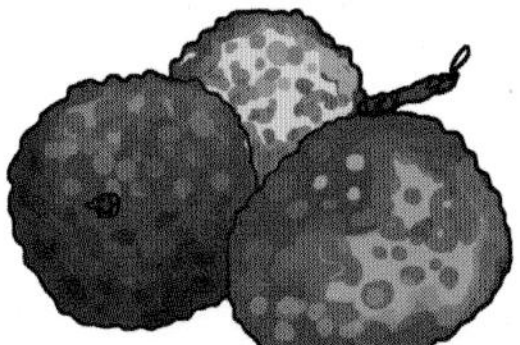

banana
[bənǽnə]
바나나 35

litchi
[láɪtʃiː]
리치 36

durian
[dʊ́riən]
두리안 37

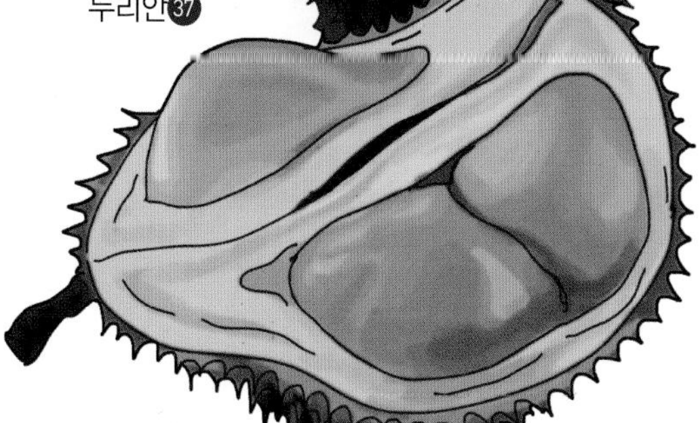

nuts and grains 견과류와 곡류

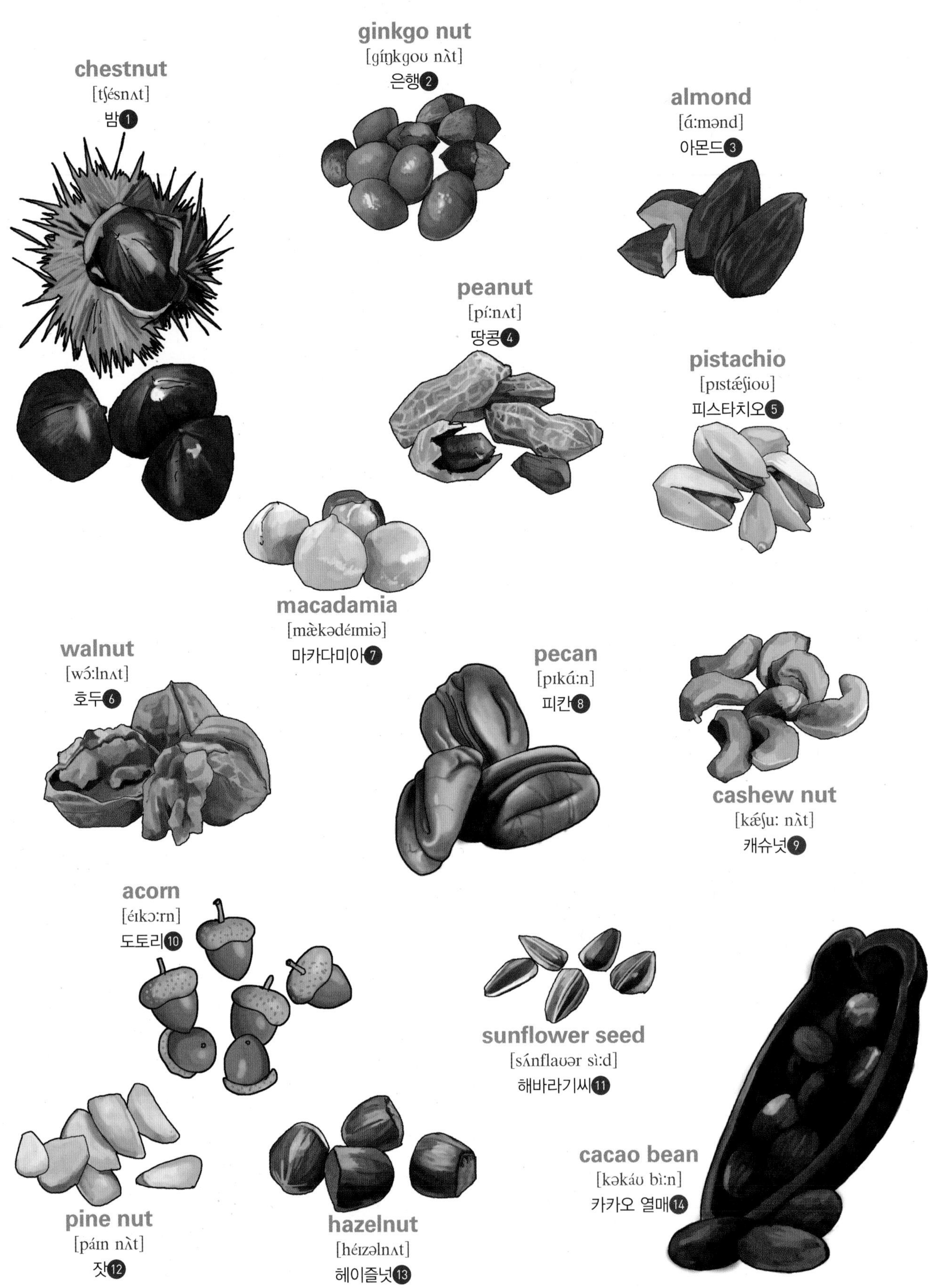

brown rice
[bráʊn ràɪs]
현미 15

glutinous rice, sticky rice
[glúːtənəs ràɪs], [stíki ràɪs]
찹쌀 16

rice
[ráɪs]
쌀 17

oats
[óʊts]
귀리 18

sesame seeds
[sésəmi síːdz]
참깨 19

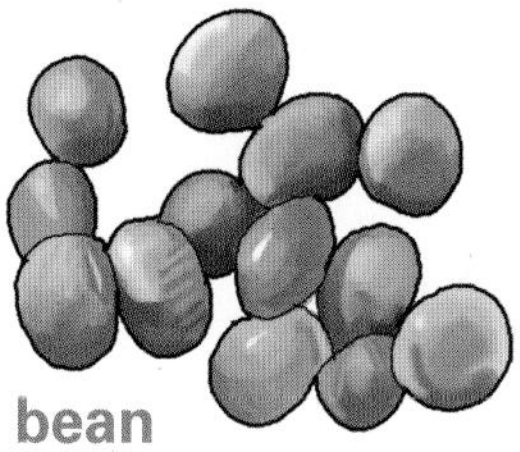

bean
[bíːn]
콩 20

red bean
[réd bìːn]
팥 21

wheat
[wíːt]
밀 24

millet
[mílɪt]
조 22

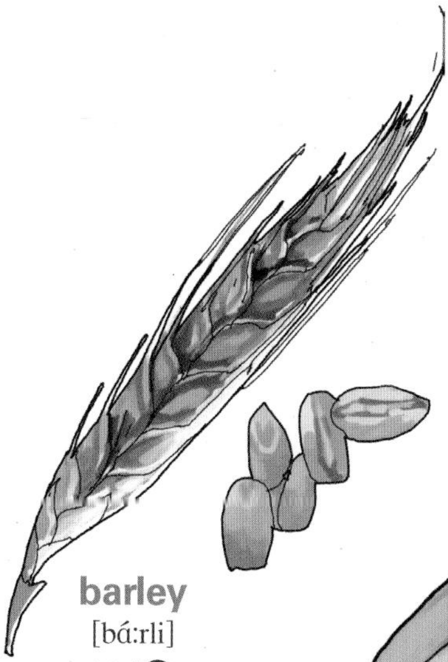

barley
[bɑ́ːrli]
보리 23

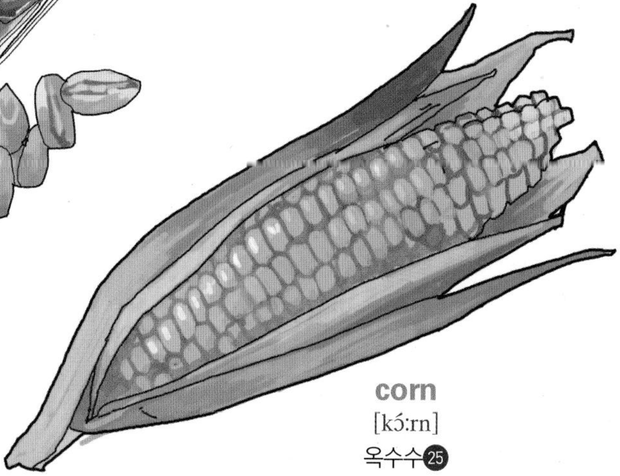

corn
[kɔ́ːrn]
옥수수 25

meat and poultry 육류와 가금류

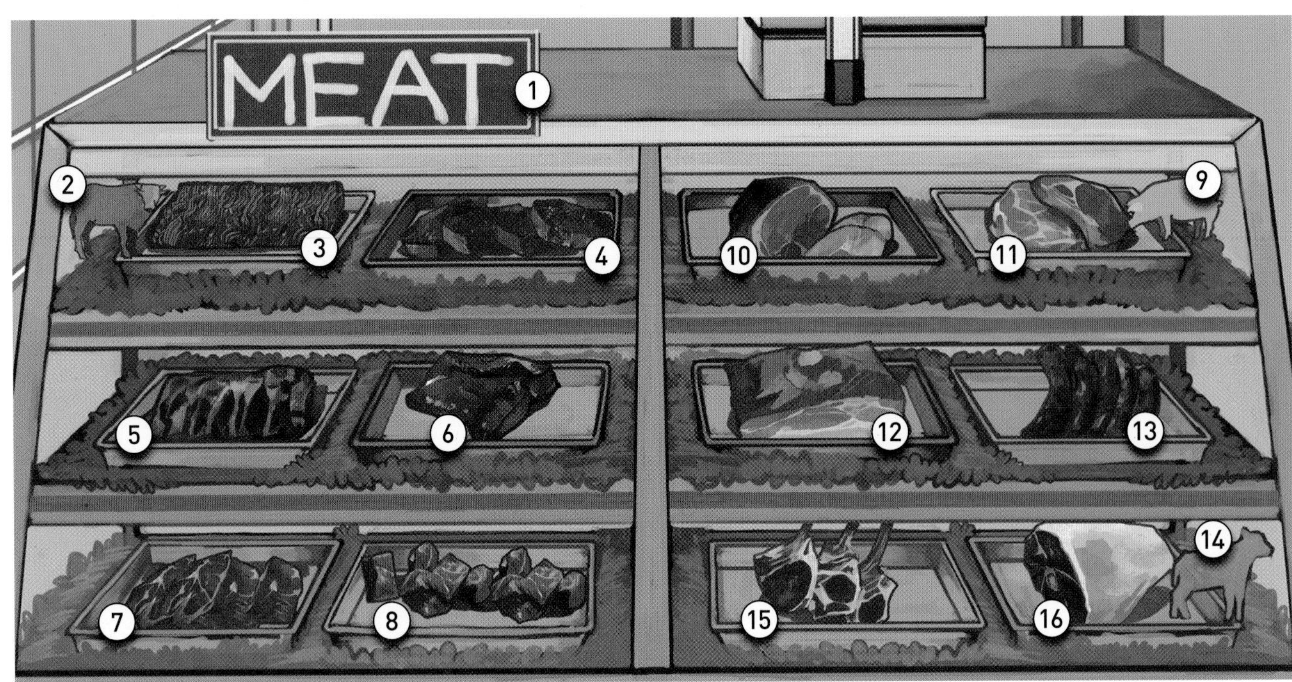

❶ **meat** [míːt] 고기, 정육
❷ **beef** [bíːf] 소고기
❸ **ground beef**(미), **minced beef**(영) [gráund bìːf] 다진 소고기
❹ **beef steak** [bíːf stèɪk] 스테이크용 소고기
❺ **beef ribs** [bíːf rìbz] 소갈비
❻ **beef liver** [bíːf lìvər] 소의 간
❼ **veal cutlets** [víːl kʌ̀tləts] 송아지 고기 토막
❽ **stewing beef** [stúːɪŋ bìːf] 스튜용 소고기
❾ **pork** [pɔ́ːrk] 돼지고기
❿ **ham** [hǽm] 허벅다리고기(햄)
⓫ **porkchops** [pɔ́ːrktʃɑ̀ːps] 돼지갈비살
⓬ **bacon** [béɪkən] 베이컨
⓭ **sausage** [sɔ́ːsɪdʒ] 소시지
⓮ **mutton** [mʌ́tən] 양고기
⓯ **leg of lamb** [lég əv lǽm] 양 다리살
⓰ **lambchops** [lǽmtʃɑ̀ːps] 새끼양갈비살

_ beef cuts 소고기 부위

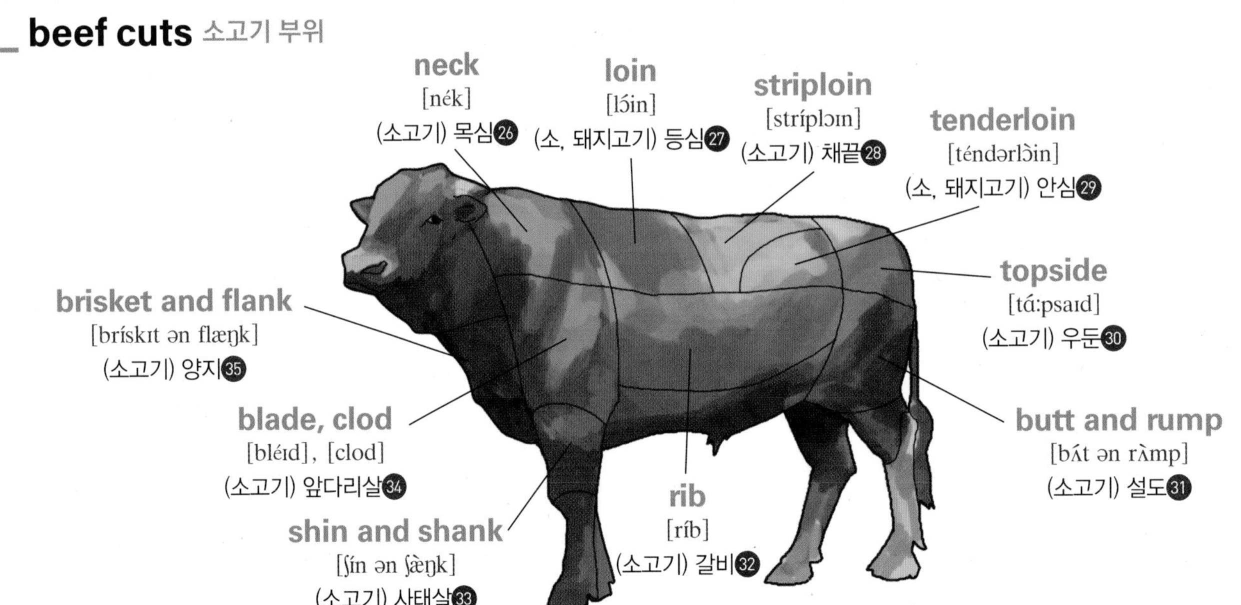

17 **poultry** [póʊltri] 가금류
18 **turkey** [tɜ́:rki] 칠면조고기
19 **chicken** [tʃíkɪn] 닭고기
20 **duck** [dʌ́k] 오리고기
21 **legs** [légz] (닭고기 등의) 다리살
22 **thighs** [θáɪz] (닭고기 등의) 허벅지살
23 **breasts** [brésts] (닭고기 등의) 가슴살
24 **wings** [wíŋz] (닭고기 등의) 날개
25 **drumsticks** [drʌ́mstɪks] (닭고기 등의) 다리, 북채

_ pork cuts 돼지고기 부위

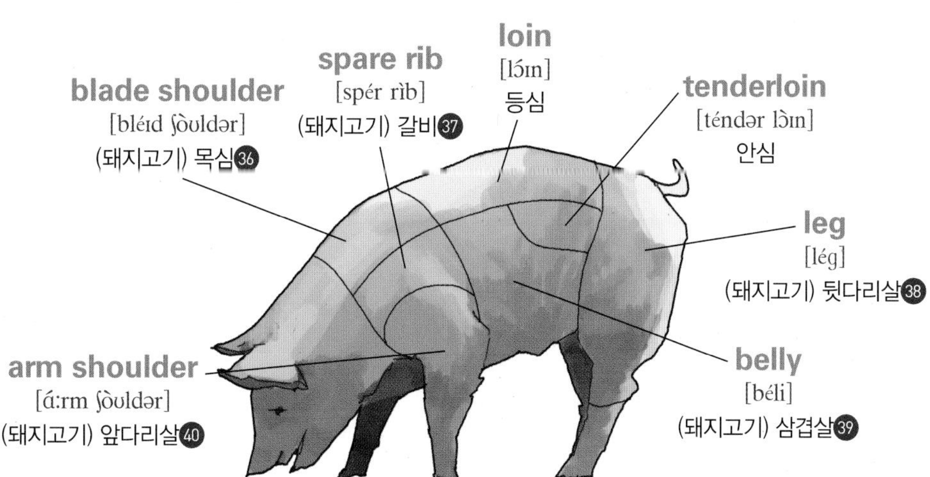

processed food 가공식품

salt
[sɔ́:lt]
소금 ❶

sugar
[ʃúgər]
설탕 ❷

flour
[fláuər]
밀가루 ❸

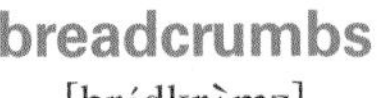

breadcrumbs
[brédkrʌ̀mz]
빵가루 ❹

margarine
[má:rdʒərən]
마가린 ❺

yeast
[jí:st]
효모 ❻

seasoning
[sí:zəniŋ]
조미료 ❼

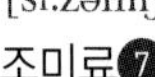

pepper
[pépər]
후추 ❽

soy sauce
[sɔ́i sɔ̀:s]
간장 ❾

vinegar
[vínigər]
식초 ❿

cooking oil
[kúkiŋ ɔ̀il]
식용유 ⓫

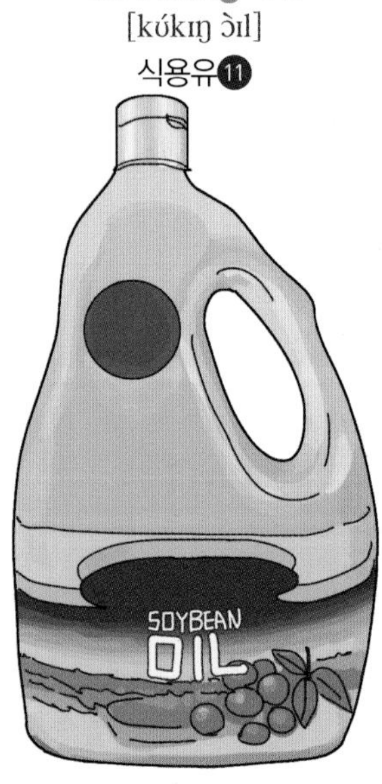

ketchup(미·영), **tomato sauce**(영)
[kétʃəp]
케첩 12

mustard
[mʌ́stərd]
겨자 소스 13

honey
[hʌ́ni]
꿀 14

can(미), **tin**(영)
[kǽn] 통조림 15

ramen
[rɑ́:mən]
라면 16

ham
[hǽm]
햄 17

pickle
[píkl]
피클 18

chocolate
[tʃɑ́:kələt]
초콜릿 19

laver
[léɪvər]
김 20

Sea Weed

candy
[kǽndi]
사탕 21

caramel
[kǽrəmel]
캐러멜 22

cereal
[síriəl]
시리얼 23

dairy products 유제품

yogurt
[jóugərt]
요거트 1

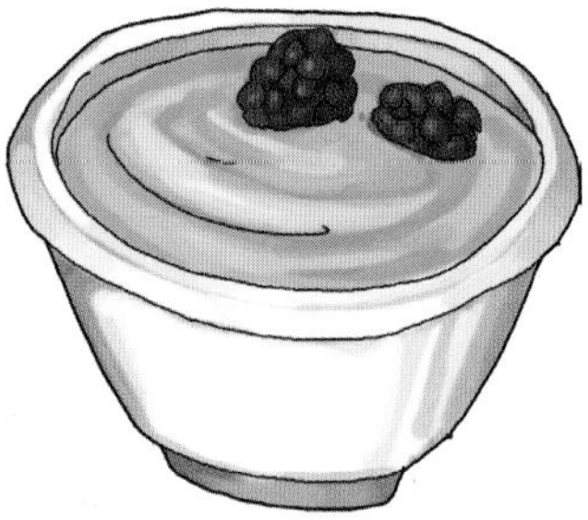

butter
[bʌ́tər]
버터 2

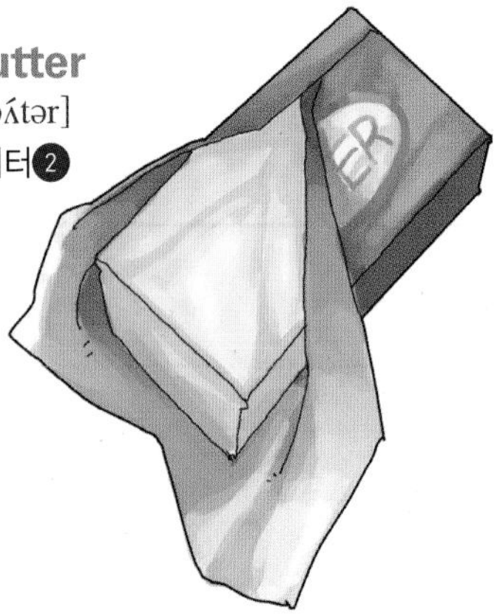

condensed milk
[kəndénst mìlk]
연유 4

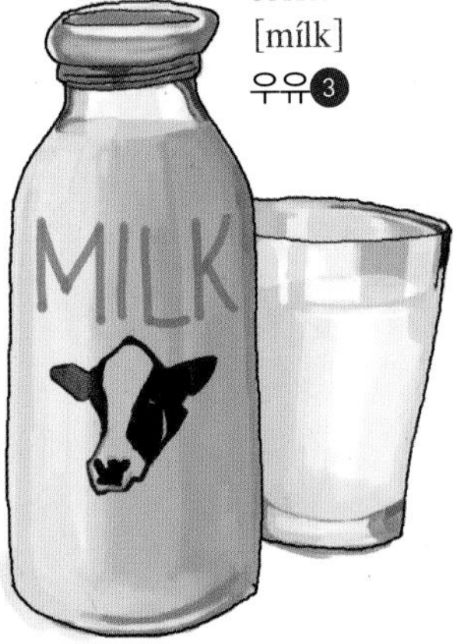

cheese
[tʃíːz]
치즈 5

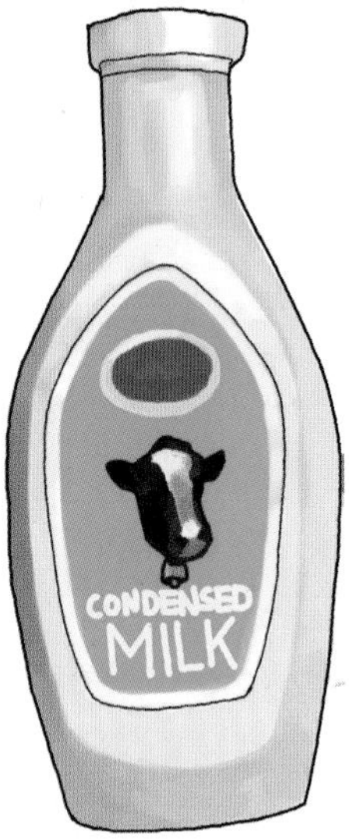

milk
[mílk]
우유 3

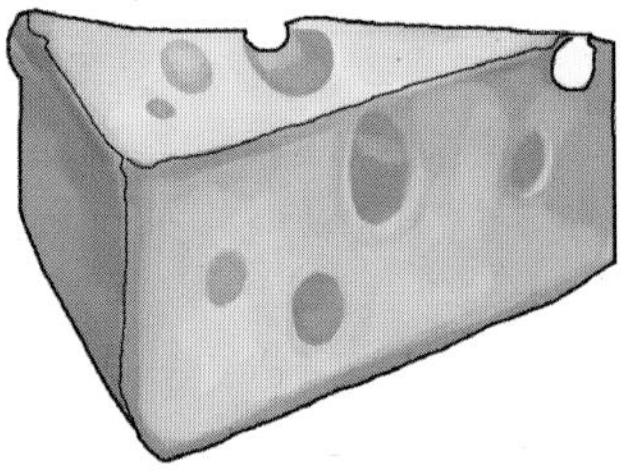

milk powder(미), **milk formula**(미·영)
[mílk pàudər], [mílk fɔ́ːrmjələ]
powdered milk(영)
분유 7

cream
[kríːm]
크림 6

beverages 음료

food 음식❶

steamed rice
[stì:md ráɪs]
밥❶
stew
[stú:]
찌개❷
fried rice, pilaf
[fràɪd ráɪs], [pɪlɑ́:f]
볶음밥❸
seasoned vegetables
[sì:zənd védʒtəblz]
나물 무침❹
kimchi
[kímtʃi]
김치❺
grilled short rib patties
[grìld ʃɔ́:rt ríb pǽtiz]
떡갈비❻
omelet
[ɑ́:mlət]
오므라이스❼
roasted fish
[ròustɪd fíʃ]
생선구이❽
macaroni
[mæ̀kəróuni]
마카로니❾
curry rice
[kɜ́:ri ràɪs]
카레라이스❿
fried chicken
[fràɪd tʃíkɪn]
프라이드 치킨⓫
roasted chicken
[ròustɪd tʃíkɪn]
구운 닭요리⓬
pork cutlet
[pɔ́:rk kʌ̀tlət]
돈가스, 포크 커틀릿⓭
noodle soup
[nú:dl sù:p]
국수⓮

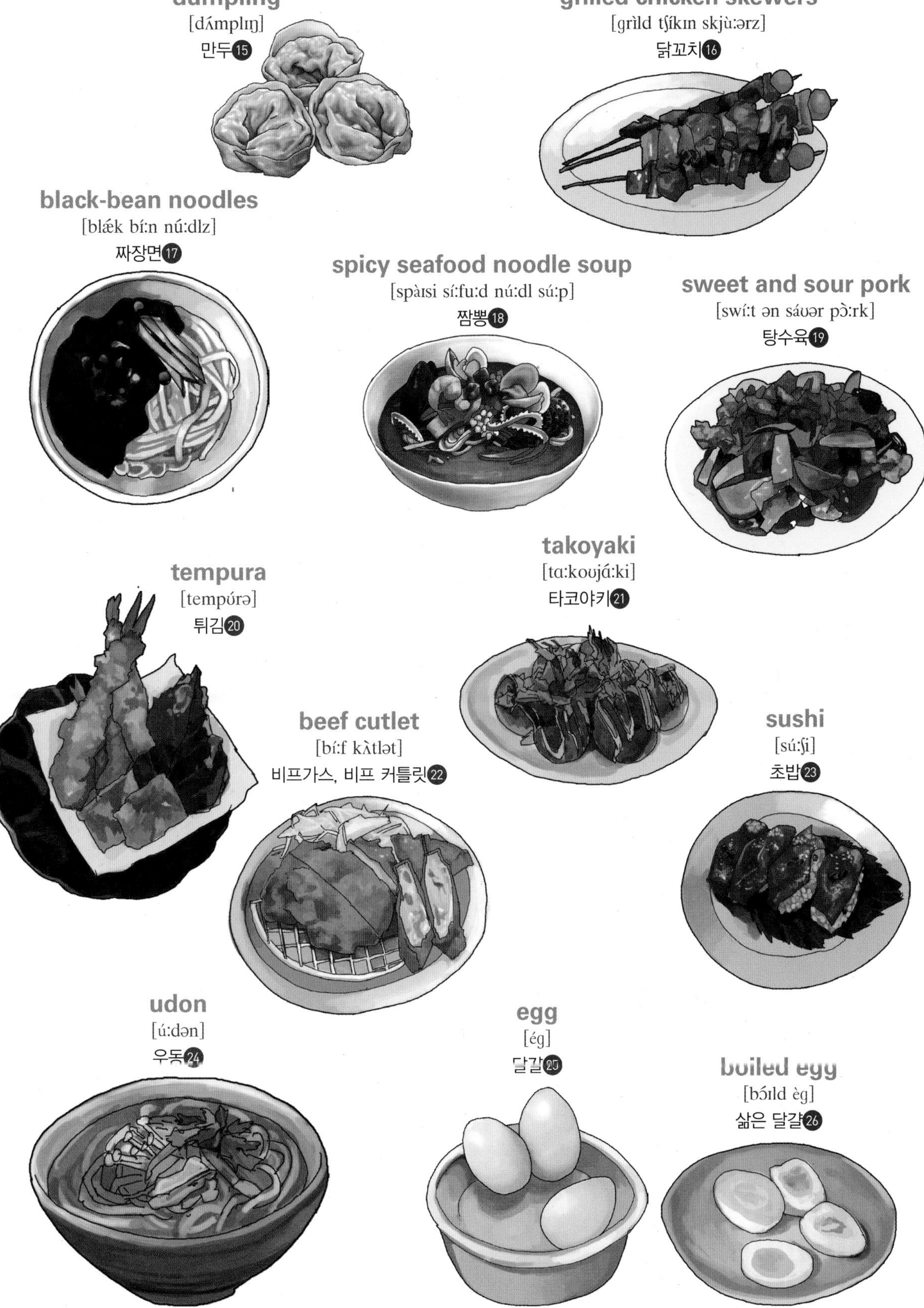
dumpling
[dʌ́mpliŋ]
만두 15
grilled chicken skewers
[grìld tʃíkin skjù:ərz]
닭꼬치 16
black-bean noodles
[blǽk bí:n nú:dlz]
짜장면 17
spicy seafood noodle soup
[spàisi sí:fu:d nú:dl sú:p]
짬뽕 18
sweet and sour pork
[swí:t ən sáuər pɔ̀:rk]
탕수육 19
tempura
[tempúrə]
튀김 20
takoyaki
[tɑ:koujɑ́:ki]
타코야키 21
beef cutlet
[bí:f kʌ̀tlət]
비프가스, 비프 커틀릿 22
sushi
[sú:ʃi]
초밥 23
udon
[ú:dən]
우동 24
egg
[ég]
달걀 25
boiled egg
[bɔ́ild èg]
삶은 달걀 26

food 음식②

soup
[sú:p]
수프㉗
salad
[sǽləd]
샐러드㉘
scrambled eggs
[skrǽmbld égz]
스크램블 에그㉙
spaghetti
[spəgéti]
스파게티㉚
mashed potatoes
[mǽʃt pətèitouz]
으깬 감자㉛
meatball
[mí:tbɔ:l]
미트볼㉜
grilled ribs
[grìld ríbz]
갈비구이㉝
hamburger
[hǽmbə̀:rgər]
햄버거㉞
pizza
[pí:tsə]
피자㉟
sandwich
[sǽnwitʃ]
샌드위치㊱
hot dog
[hɑ́:t dɔ̀:g]
핫도그㊲

barbecue
[bɑ́:rbɪkjuː]
바비큐39
steak
[stéɪk]
스테이크38
sausage
[sɔ́:sɪdʒ]
소시지 요리40
french fries(미)
[fréntʃ fràɪz]
chips(영)
감자 튀김42
nugget
[nʌ́gɪt]
너겟(한입 크기의 튀김 요리)41
onion ring
[ʌ́njən rìŋ]
양파링43
taco
[tɑ́:koʊ]
타코46
burrito
[bʊrí:toʊ]
부리토44
nacho
[nɑ́:tʃoʊ]
나초45
fondue
[fɑːndú:]
퐁듀49
caviar
[kǽviɑːr]
캐비어48
coleslaw
[kóʊlslɔ:]
코울슬로47

bread 빵

toast
[tóʊst]
토스트❶
garlic bread
[gá:rlɪk brèd]
마늘빵❷
bagel
[béɪgəl]
베이글❸
doughnut
[dóʊnət]
도넛❹
tart
[tá:rt]
타르트❺
cookie(미·영)
[kʊ́ki]
biscuit(영)
쿠키❻
waffle
[wá:fl]
와플❼
muffin
[mʌ́fɪn]
머핀❽
biscuit
[bískɪt]
비스킷❾
scone
[skóʊn]
스콘❿
pastry
[péɪstri]
페이스트리⓫
pie
[páɪ]
파이⓬
castella
[kǽstelə]
카스텔라⓭
pancake
[pǽnkeɪk]
팬케이크⓮
cake
[kéɪk]
케이크⓯

a slice(piece) of cake
[ə sláɪs(píːs) əv kéɪk]
조각 케이크 1
cupcake
[kʌ́pkeɪk]
컵케이크 2
crepe
[kréɪp]
크레페 3
parfait
[pɑːrféɪ]
파르페 4
sundae
[sʌ́ndeɪ]
아이스크림선디 5
sherbet, sorbet
[ʃɜ́ːrbət], [sɔːrbéɪ]
셔벗 6
ice cream
[áɪs krìːm]
아이스크림 7
yogurt
[jóʊgərt]
요거트 8
pudding
[púdɪŋ]
푸딩 9
s'more
[smɔ́ːr]
스모어(캠핑용 간식) 10
souffle
[suːfléɪ]
수플레 11
milkshake
[mílkʃeɪk]
밀크셰이크 12

types of areas

buildings and shops

city view

crime

5

AREAS AROUND US

우리 주변

types of areas 지역의 종류

city, urban area
[síti], [ə́:rbən èriə]
도시 ❶

suburbs
[sʌ́bɜ:rbz]
교외 ❷

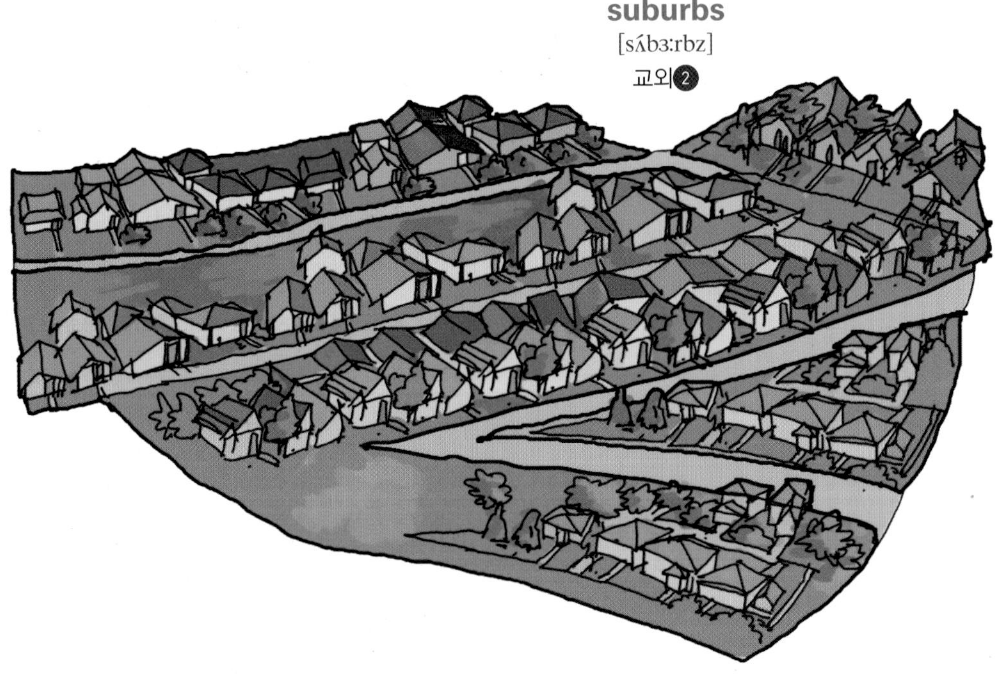

small town, village
[smɔ́ːl tàʊn], [vílɪdʒ]
소도시❸

country, rural area
[kʌ́ntri], [rʊ́rəl èriə]
시골❹

buildings and shops 건물과 매장 ❶

1. **cemetery** [sémәteri] 묘지
2. **temple** [témpl] 절, 사원
3. **stadium** [stéɪdiәm] 경기장
4. **factory** [fǽktәri] 공장
5. **skyscraper** [skáɪskreɪpәr] 고층빌딩
6. **gas station(미)** [gǽs stèɪʃәn] **petrol station(영)** 주유소
7. **construction site** [kәnstrʌ́kʃәn sàɪt] 공사장
8. **movie theater(미)** [múːviː θíːәtәr] **cinema(영)** 영화관, 극장
9. **bookstore(미·영)** [bʊ́kstɔːr] **bookshop(영)** 서점
10. **department store(미·영), shopping mall(미)** [dɪpɑ́ːrtmәnt stɔ̀ːr], [ʃɑ́ːpɪŋ mɔ̀ːl] 백화점
11. **museum** [mjuzíːәm] 박물관, 미술관
12. **apartment complex(미), block of flats(영)** [әpɑ́ːrtmәnt kɑ̀ːmpleks] 아파트 단지
13. **tower** [táʊәr] 타워, 탑
14. **hotel** [hoʊtél] 호텔
15. **school** [skúːl] 학교
16. **gym** [dʒím] 헬스장, 체육관
17. **beauty salon** [bjúːti sәlɑ̀ːn] 미용실
18. **dry cleaner** [dráɪ klìːnәr] 세탁소
19. **bakery** [béɪkәri] 빵집
20. **supermarket** [súːpәrmɑːrkәt] 슈퍼마켓
21. **post office** [póʊst ɔ̀ːfɪs] 우체국
22. **church** [tʃɜ́ːrtʃ] 교회
23. **restaurant** [réstәrɑːnt] 식당
24. **gallery** [gǽlәri] 화랑, 미술관

buildings and shops 건물과 매장 ❷

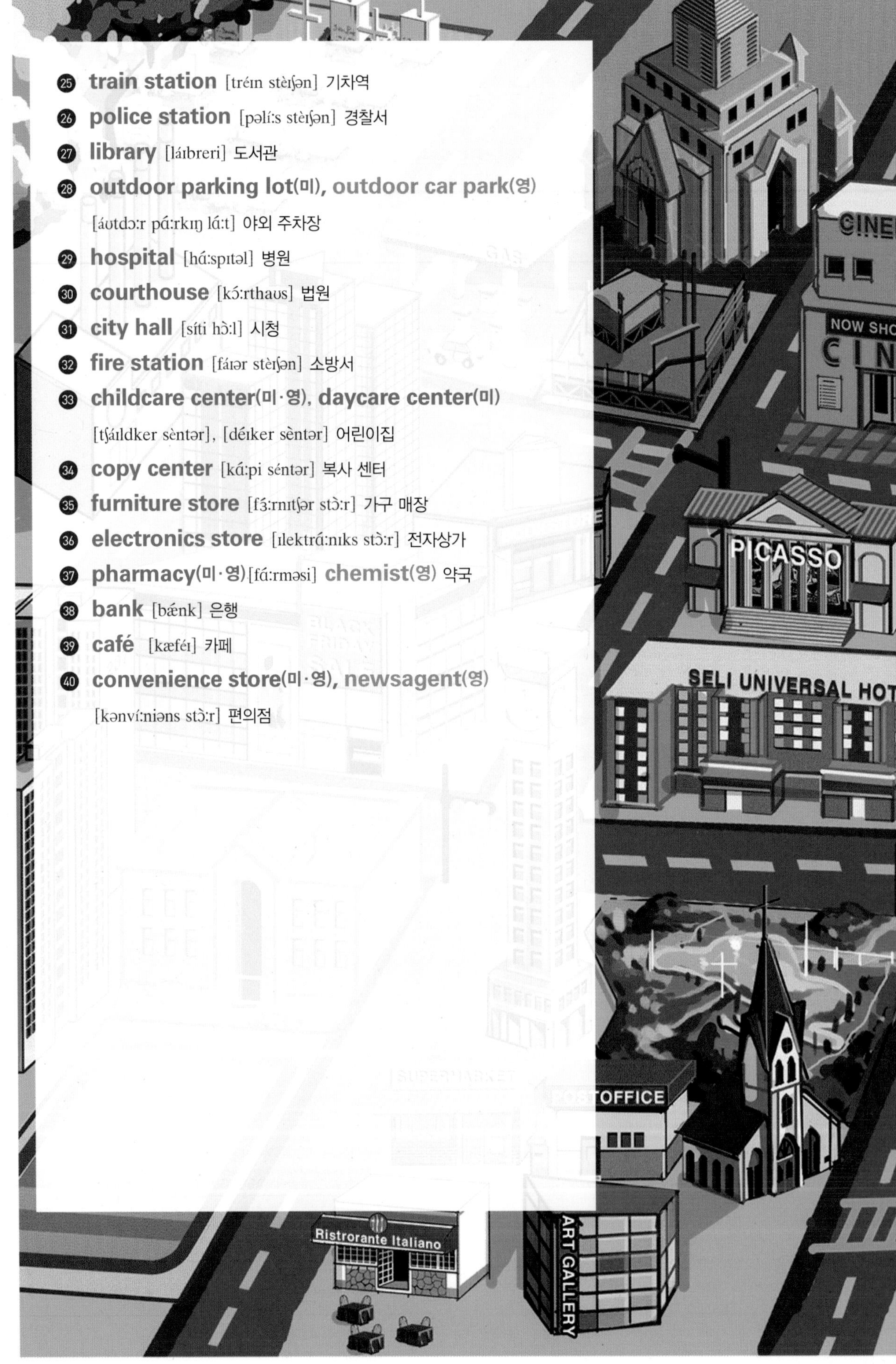

25 **train station** [tréɪn stèɪʃən] 기차역

26 **police station** [pəlíːs stèɪʃən] 경찰서

27 **library** [láɪbreri] 도서관

28 **outdoor parking lot**(미), **outdoor car park**(영)
[áʊtdɔːr páːrkɪŋ láːt] 야외 주차장

29 **hospital** [háːspɪtəl] 병원

30 **courthouse** [kɔ́ːrthaʊs] 법원

31 **city hall** [síti hɔ̀ːl] 시청

32 **fire station** [fáɪər stèɪʃən] 소방서

33 **childcare center**(미·영), **daycare center**(미)
[tʃáɪldker sèntər], [déɪker sèntər] 어린이집

34 **copy center** [káːpi séntər] 복사 센터

35 **furniture store** [fɜ́ːrnɪtʃər stɔ̀ːr] 가구 매장

36 **electronics store** [ɪlektráːnɪks stɔ̀ːr] 전자상가

37 **pharmacy**(미·영)[fáːrməsi] **chemist**(영) 약국

38 **bank** [bǽŋk] 은행

39 **café** [kæféɪ] 카페

40 **convenience store**(미·영), **newsagent**(영)
[kənvíːniəns stɔ̀ːr] 편의점

TRAIN STATION 25
26 POLICE STATION
27 PUBLIC LIBRARY
28
29 HOSPITAL
EMERGENCY
30
CITY HALL 31
32
HEALTH BIG
HAIR CUT
CC LAUNDRY
CC LAUNDRY
PARIS BAKERY
CHILD RUN 33
ABC FURNITURE 35
PHARMACY 37
GOOD COFFEE 39
COPY CENTER 34
ELECTRO MKT. 36
BANK 38
C.STORE 24 40

city view 도시 풍경

❶ **mailbox(미)** [méɪlbɑ:ks] **postbox(영)** 우체통

❷ **street light** [strí:t làɪt] 가로등

❸ **news stand** [nú:z stæ̀nd] 가판대

❹ **road** [róʊd] 도로, 차도

❺ **bus stop** [bʌ́s stɑ̀:p] 버스정류장

❻ **crosswalk(미)** [krɔ́:swɔ:k] **crossing(영)** 횡단보도

❼ **intersection(미), crossroad(영)** [ìntərsékʃən] 교차로, 사거리

❽ **motorcycle, bike** [móʊtərsaɪkl], [báɪk] 오토바이

❾ **underpass** [ʌ́ndərpæs] 지하도

❿ **traffic sign** [træ̀fɪk sàɪn] 교통표지판

⓫ **traffic light** [træ̀fɪk làɪt] 신호등

⓬ **tollgate** [tóʊlgeɪt] 톨게이트, 요금 정산소

⓭ **sidewalk(미)** [sáɪdwɔ:k] **pavement(영)** 인도

⓮ **subway(미)** [sʌ́bweɪ] **underground(영)** 지하철

9

10

11

12

13

14

crime 범죄

graffiti
[grəfíːti]
낙서❶

shoplifting
[ʃάːplɪftɪŋ]
(상점에서) 좀도둑질❷

theft
[θéft]
절도❸

auto theft(미)
[ɔ́ːtou θèft]
car theft(영)
자동차 절도❹

burglary
[bə́ːrgləri]
빈집털이❺

vandalism
[vǽndəlɪzəm]
기물 파손❻

mugging
[mʌ́gɪŋ]
(공공장소의) 강도❼

violence
[váɪələns]
폭행❽

armed robbery
[ɑ́:rmd rɑ̀:bəri]
무장 강도❾

murder
[mə́:rdər]
살인❿

arson
[ɑ́:rsən]
방화⓫

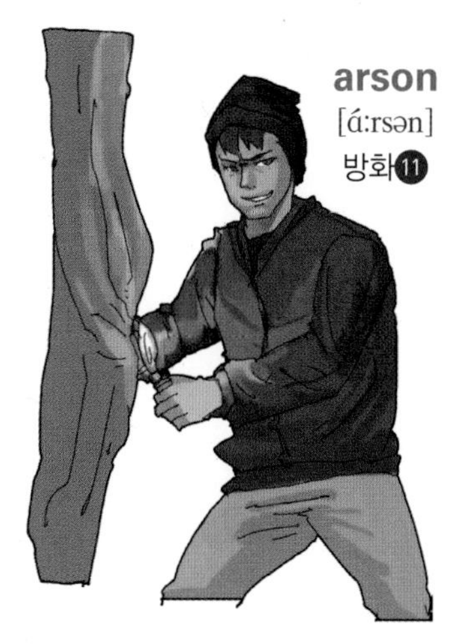

kidnapping
[kídnæpɪŋ]
유괴⓬

drunk driving
[drʌ́ŋk dràɪvɪŋ]
음주운전⓭

drug dealing
[drʌ́g dì:lɪŋ]
마약 거래⓮

bribery
[bráɪbəri]
뇌물수수⓯

fraud
[frɔ́:d]
사기⓰

kinds of vehicles

exterior of a car

interior of a car

traffic signs

airport and airplane

6

TRANSPORTATION

교통

kinds of vehicles 탈것의 종류

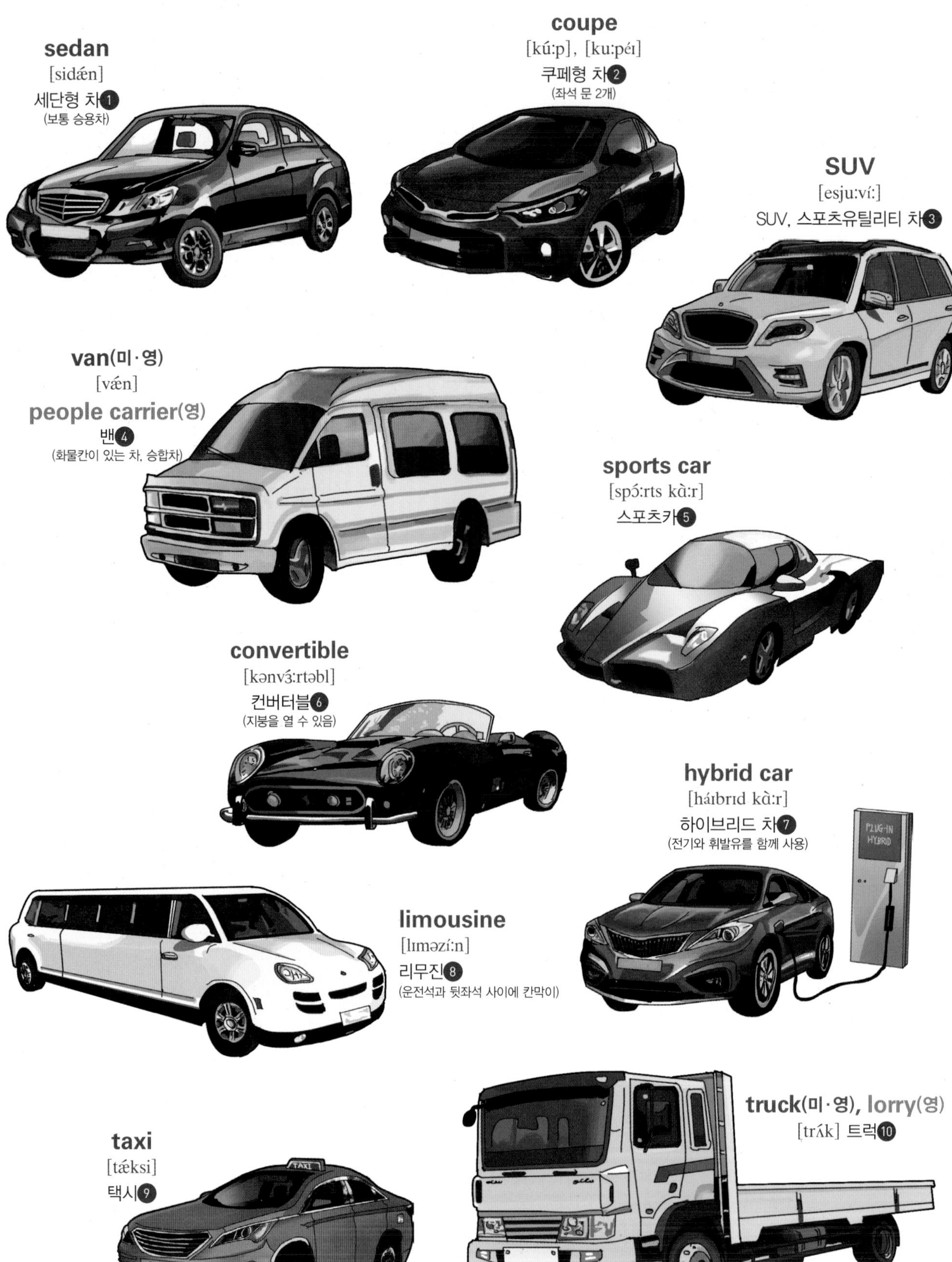

dump truck
[dʌ́mp trʌ̀k]
덤프트럭⑪
(짐받이를 뒤로 기울일 수 있음)

tank truck(미),
tanker truck(미·영)
[tǽŋk trʌ̀k], [tǽŋkər trʌ̀k]
유조 트럭⑫

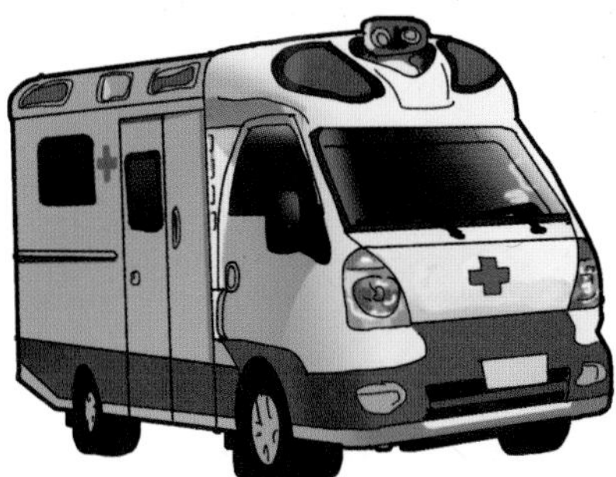

ambulance
[ǽmbjələns]
구급차⑭

tow truck(미·영), **wrecker**(미)
[tóʊ trʌ̀k], [rékər]
tow car(영)
견인차⑬

camping car(미·영),
RV(recreation vehicle)(미)
[kǽmpɪŋ kɑ̀:r], [ɑ́:rvi]
캠핑카⑮

bus
[bʌ́s]
버스⑯

school bus
[skú:l bʌ̀s]
학교 버스, 스쿨버스⑰

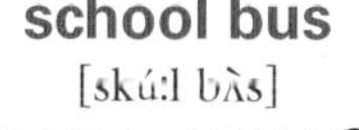

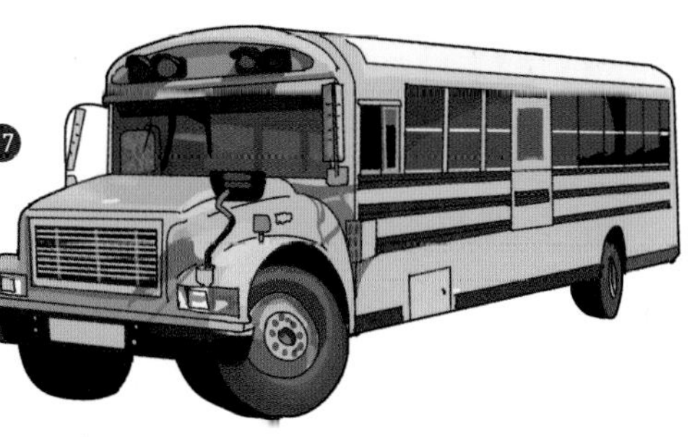

trailer
[tréɪlər]
트레일러⑱
(짐칸을 연결할 수 있음)

moving van
[mú:vɪŋ vǽn]
이삿짐 트럭⑲

exterior of a car 자동차 외장

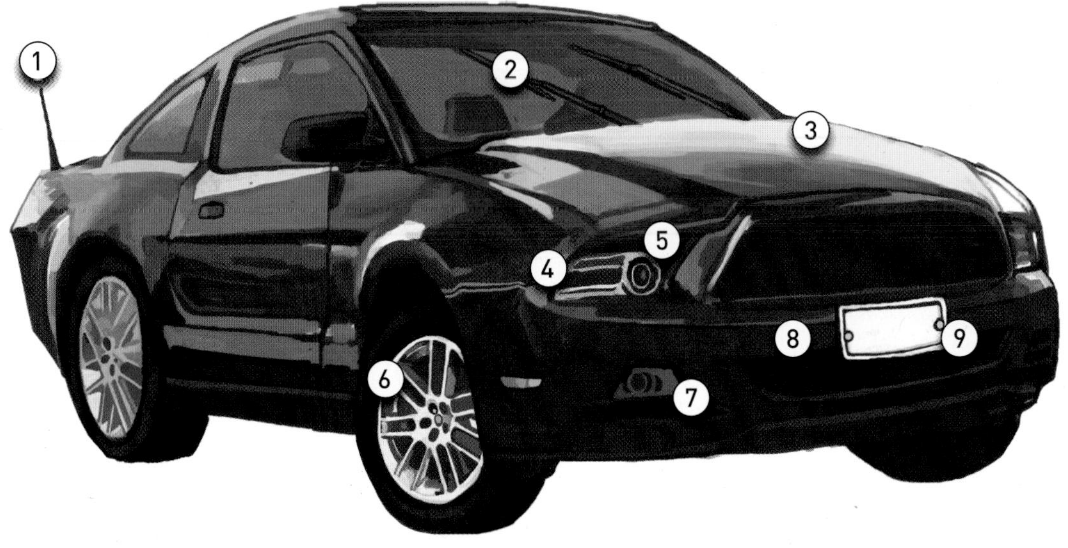

1. **antenna** [æntěnə] 안테나
2. **windshield wiper(미·영)** [wíndʃi:ld wàɪpər] **windscreen wiper(영)** 와이퍼
3. **hood(미)** [húd] **bonnet(영)** 보닛
4. **blinker(미)** [blíŋkər] **indicator(영)** 방향 지시등
5. **headlight** [hédlaɪt] 전조등
6. **tire** [táɪər] 타이어
7. **fog light(미·영), fog lamp(미)** [fɔ́:g làɪt], [fɔ́:g læ̀mp] 안개등
8. **bumper** [bʌ́mpər] 범퍼
9. **license plate(미·영), number plate(영)** [láɪsəns plèɪt] 번호판
10. **door mirror(미), side mirror(미·영)** [dɔ́:r mìrər], [sáɪd mìrər] **wing mirror(영)** 사이드미러
11. **fuel inlet** [fjú:əl ìnlet] 연료 주입구
12. **tail light** [téɪl làɪt] 미등
13. **brake light** [bréɪk làɪt] 브레이크등
14. **trunk(미)** [trʌ́ŋk] **boot(영)** 트렁크
15. **exhaust pipe** [ɪgzɔ́:st pàɪp] 배기관

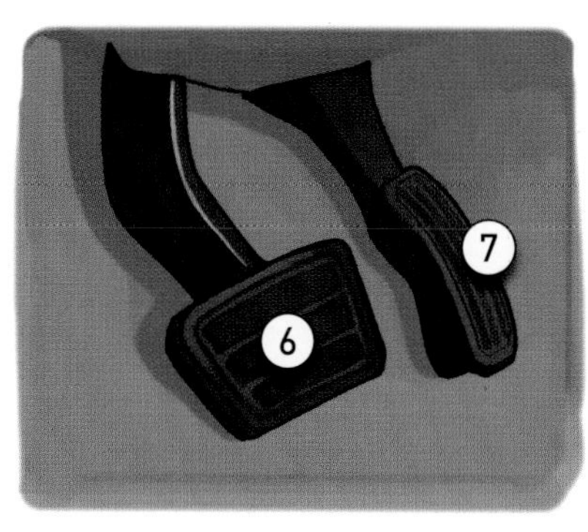

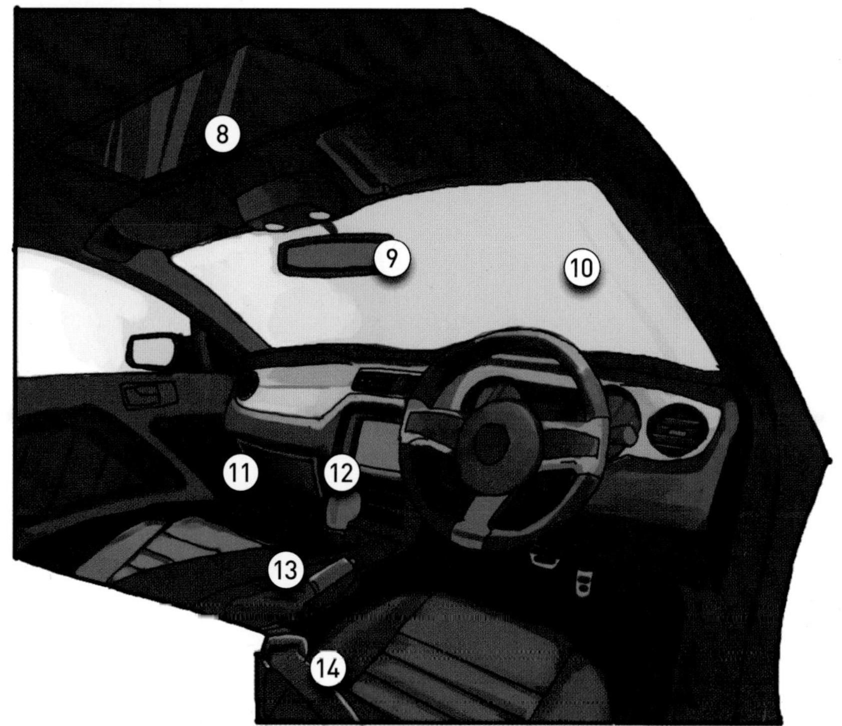

1. **dashboard** [dǽʃbɔ:rd] 계기판
2. **speedometer** [spi:dámɪ:tər] 속도계
3. **turn signal(미)** [tɜ́:rn sígnəl] **indicator(영)** 방향 지시기
4. **steering wheel** [stíriŋ wì:l] 핸들
5. **horn** [hɔ́:rn] 자동차 경적
6. **brake pedal** [bréɪk pèdəl] 브레이크 페달
7. **gas pedal(미)** [gǽs pèdəl] **accelerator(영)** 가속 페달
8. **sunroof** [sʌ́nru:f] 선루프
9. **rearview mirror** [rírvju: mìrər] 백미러
10. **wind shield(미·영), wind screen(영)** [wínd ʃì:ld] 앞유리
11. **glove compartment** [glʌ́v kəmpá:rtmənt] 글로브 박스, (자동차 내) 사물함
12. **gear shift(미), gear stick(영)** [gír ʃìft] 기어 변환 장치
13. **emergency brake(미), hand brake(영)** [ɪmɜ́:rdʒənsi brèɪk] 사이드 브레이크
14. **seat belt** [sí:t bèlt] 안전벨트

traffic signs 교통표지판

do not enter(미), no entry(영)
[dúː nάːt éntər] 진입 금지❶

railroad crossing
[réɪlroʊd krɔ́ːsɪŋ]
철도 건널목❷

stop
[stάːp]
정지❸

speed limit
[spíːd lìmɪt]
제한 속도❹

right turn only
[rάɪt tɜ́ːrn óʊnli]
우회전만 가능❺

do not pass
[dúː nάːt pǽs]
추월 금지❻

no left turn
[nóʊ léft tɜ́ːrn]
좌회전 금지❼

no parking
[nóʊ pάːrkɪŋ]
주차 금지❽

no U-turn
[nóʊ júː tɜ́ːrn]
유턴 금지❾

pedestrian crossing
[pədéstriən krɔ́:sɪŋ]
횡단보도⑩

merge
[mɜ́:rdʒ]
합류 지점⑪

U-turn OK
[jú:tɜ:rn òukeɪ]
유턴 가능⑫

yield(미), **give way**(영)
[jí:ld] 양보⑬

school zone
[skú:l zòun]
어린이 보호구역⑭

road work(미), **road works**(영)
[róud wɔ́:rk] 도로 공사 중⑮

hospital
[hɑ́:spɪtəl]
병원⑯

one way
[wʌ́n wèɪ]
일방통행⑰

handicapped parking(미·영)
[hǽndɪkæpt pɑ̀:rkɪŋ]
disabled parking(영)
장애인 전용 주차구역⑱

airport and airplane 공항과 비행기

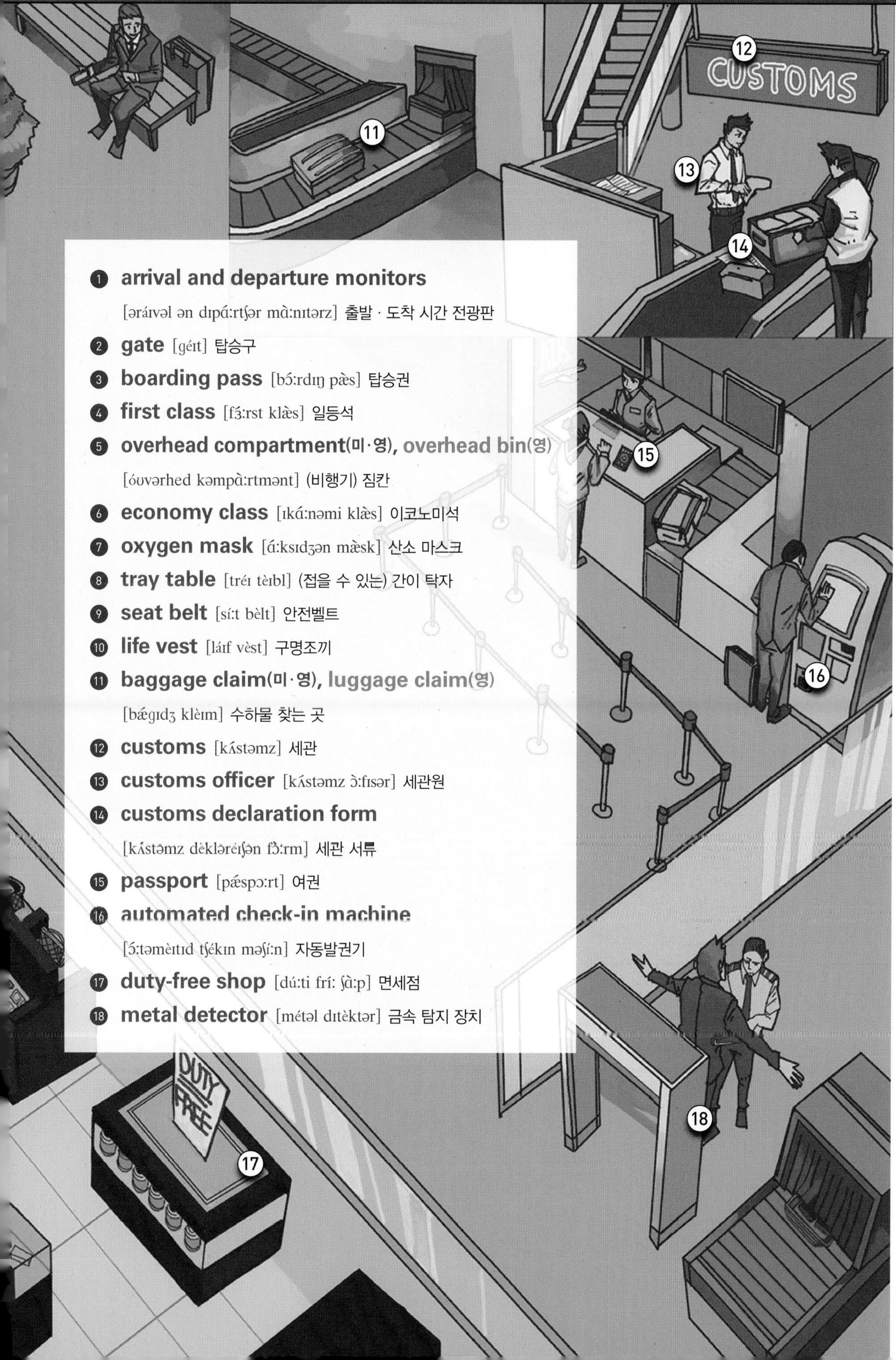

1. **arrival and departure monitors** [əráɪvəl ən dɪpɑ́ːrtʃər mɑ̀ːnɪtərz] 출발 · 도착 시간 전광판
2. **gate** [géɪt] 탑승구
3. **boarding pass** [bɔ́ːrdɪŋ pæ̀s] 탑승권
4. **first class** [fə́ːrst klæ̀s] 일등석
5. **overhead compartment**(미·영), **overhead bin**(영) [óʊvərhed kəmpɑ̀ːrtmənt] (비행기) 짐칸
6. **economy class** [ɪkɑ́ːnəmi klæ̀s] 이코노미석
7. **oxygen mask** [ɑ́ːksɪdʒən mæ̀sk] 산소 마스크
8. **tray table** [tréɪ tèɪbl] (접을 수 있는) 간이 탁자
9. **seat belt** [síːt bèlt] 안전벨트
10. **life vest** [láɪf vèst] 구명조끼
11. **baggage claim**(미·영), **luggage claim**(영) [bǽgɪdʒ klèɪm] 수하물 찾는 곳
12. **customs** [kʌ́stəmz] 세관
13. **customs officer** [kʌ́stəmz ɔ̀ːfɪsər] 세관원
14. **customs declaration form** [kʌ́stəmz dèkləréɪʃən fɔ̀ːrm] 세관 서류
15. **passport** [pǽspɔːrt] 여권
16. **automated check-in machine** [ɔ́ːtəmèɪtɪd tʃékɪn məʃíːn] 자동발권기
17. **duty-free shop** [dúːti fríː ʃɑ̀ːp] 면세점
18. **metal detector** [métəl dɪtèktər] 금속 탐지 장치

jobs

office supplies

7

JOBS AND OFFICE

직업과 사무실

jobs 직업❶

fisherman
[fíʃərmən]
어부❷

farmer
[fɑ́:rmər]
농부❶

miner
[máɪnər]
광부❸

painter
[péɪntər]
도장공, 페인트공❻

welder
[wéldər]
용접공❹

plumber
[plʌ́mər]
배관공❺

carpenter
[kɑ́:rpəntər]
목수❼

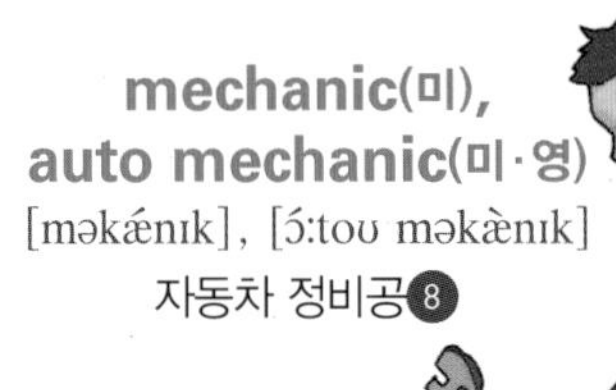

mechanic(미),
auto mechanic(미·영)
[məkǽnɪk], [ɔ́:toʊ məkǽnɪk]
자동차 정비공❽

computer technician
[kəmpjú:tər teknɪ́ʃən]
컴퓨터 기술자❾

architect
[ɑ́:rkɪtekt]
건축가❿

cook, chef
[kúk], [ʃéf]
요리사 11

baker
[béɪkər]
제빵사 12

butcher
[bútʃər]
정육점 주인, 도축업자 13

pilot
[páɪlət]
(항공기) 조종사 14

driver
[dráɪvər]
운전사, 기사 15

delivery person
[dɪlívəri pɜ́ːrsən]
배달원 16

mailman(미), **postman**(미·영)
[méɪlmæn], [póʊstmən]
우편집배원 17

police officer
[pəlíːs ɔ́ːfɪsər]
경찰관 18

firefighter
[fáɪərfaɪtər]
소방관 19

soldier
[sóʊldʒər]
군인 20

jobs 직업❷

lawyer(미·영), attorney(미)
[lɔ́:jər], [ətə́:rni]
barrister(영)
변호사㉑

judge
[dʒʌ́dʒ]
판사㉒

professor
[prəfésər]
교수㉓

consultant/counselor
[kənsʌ́ltənt]/[káunsələr]
(경영) 컨설턴트/(심리) 상담가㉔

doctor
[dɑ́:ktər]
의사㉕

nurse
[nə́:rs]
간호사㉖

veterinarian, vet
[vètərənériən], [vét]
수의사㉗

interpreter
[ɪntə́:rprɪtər]
통역사㉘

banker
[bǽŋkər]
은행원㉙

accountant
[əkáuntənt]
회계사㉚

priest
[prí:st]
사제, 신부 31

scientist
[sáɪəntɪst]
과학자 32

astronaut
[ǽstrənɔ:t]
우주비행사 33

server
[sə́:rvər]
웨이터 34

cashier
[kæʃír]
계산원, 금전 출납원 36

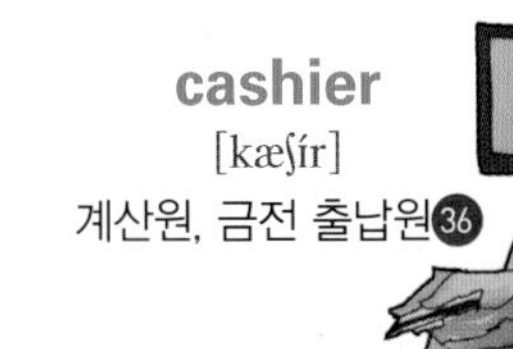

customer service representative
[kʌ́stəmər sə́:rvɪs reprɪzéntətɪv]
고객 상담원 37

receptionist, secretary
[rɪsépʃənɪst], [sékrəteri]
접수 담당자 35

hairdresser, hair stylist
[hérdresər], [hér stàɪlɪst]
미용사 38

barber
[bá:rbər]
이발사 39

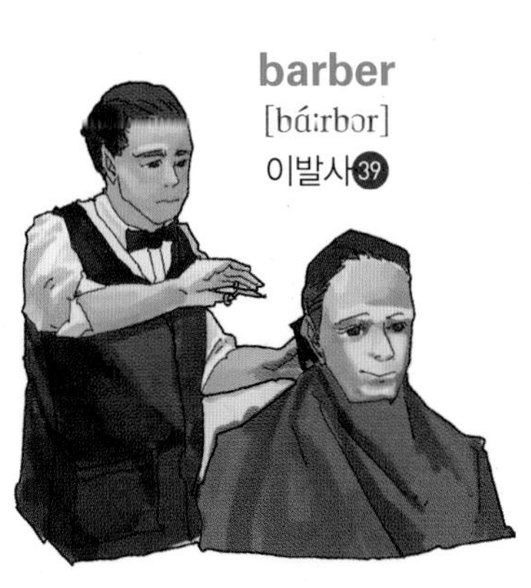

manicurist
[mǽnɪkjʊrɪst]
손톱 관리사 40

flight attendant, flight crew
[fláɪt ətèndənt], [fláɪt krùː]
승무원 41

housekeeper, house maid
[háʊskiːpər], [háʊs mèɪd]
가사 도우미 42

babysitter
[béɪbisɪtər]
보모 43

real estate agent(미)
[ríːəl ɪstéɪt éɪdʒənt]
estate agent(영)
부동산 중개인 44

artist
[áːrtɪst]
화가 45

graphic designer
[grǽfɪk dɪzàɪnər]
그래픽 디자이너 46

photographer
[fətáːgrəfər]
사진사 47

author, writer
[ɔ́ːθər], [ráɪtər]
작가 48

curator
[kjʊréɪtər]
큐레이터 49

florist
[flɔ́ːrɪst]
꽃집 주인, 플로리스트 50

magician
[mədʒíʃən]
마술사 51

composer
[kəmpóuzər]
작곡가 52

singer
[síŋər]
가수 53

conductor
[kəndʌ́ktər]
지휘자 54

pianist
[píənist]
피아니스트 55

movie director
[mú:vi dirèktər]
영화감독 56

actor
[ǽktər]
배우 57

model
[mɑ́:dəl]
모델 58

announcer(미·영)
[ənáunsər]
anchor(영)
방송 진행사, 아나운서 59

reporter
[ripɔ́:rtər]
리포터, 기자 60

office supplies 사무실 용품

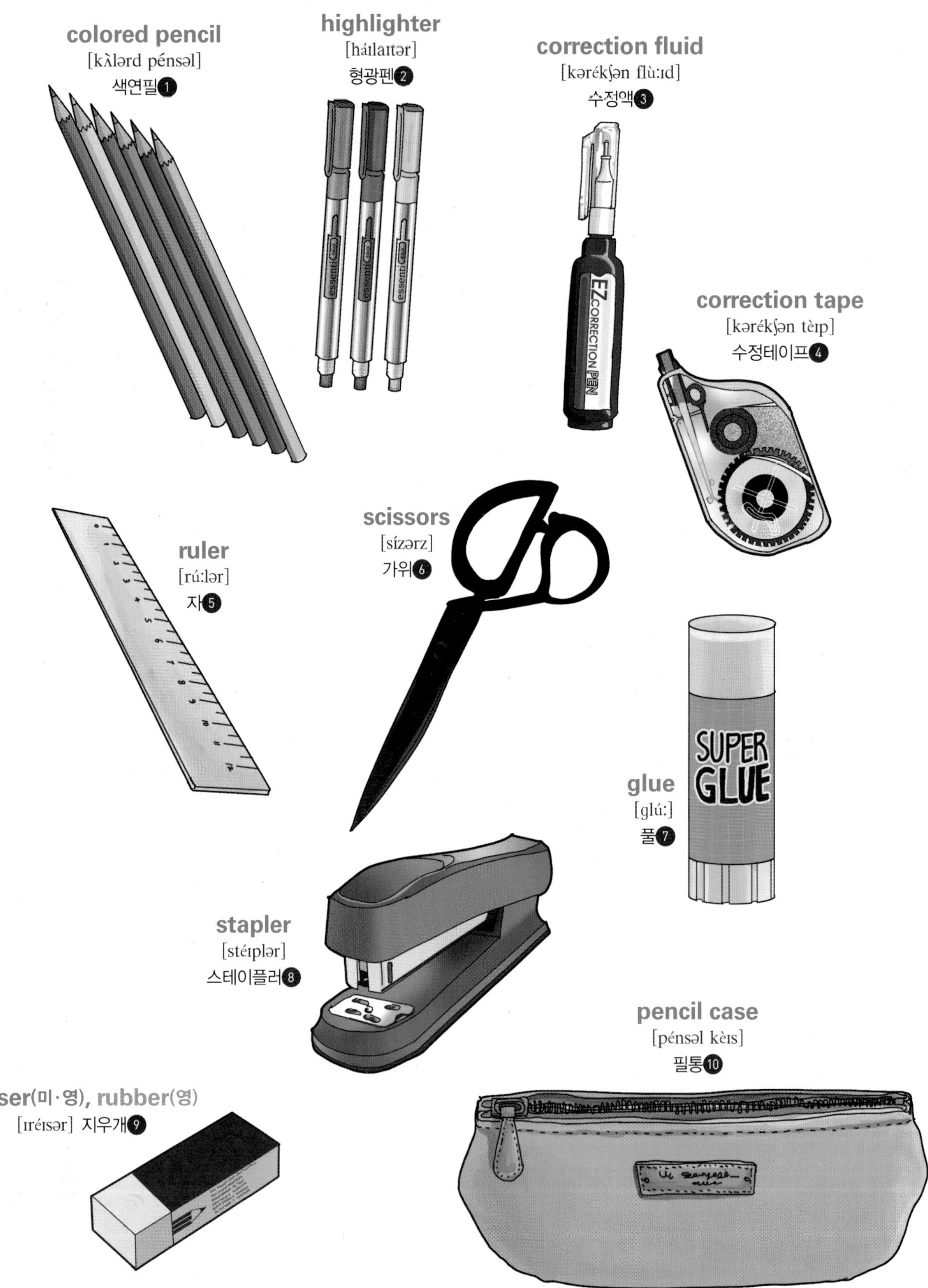

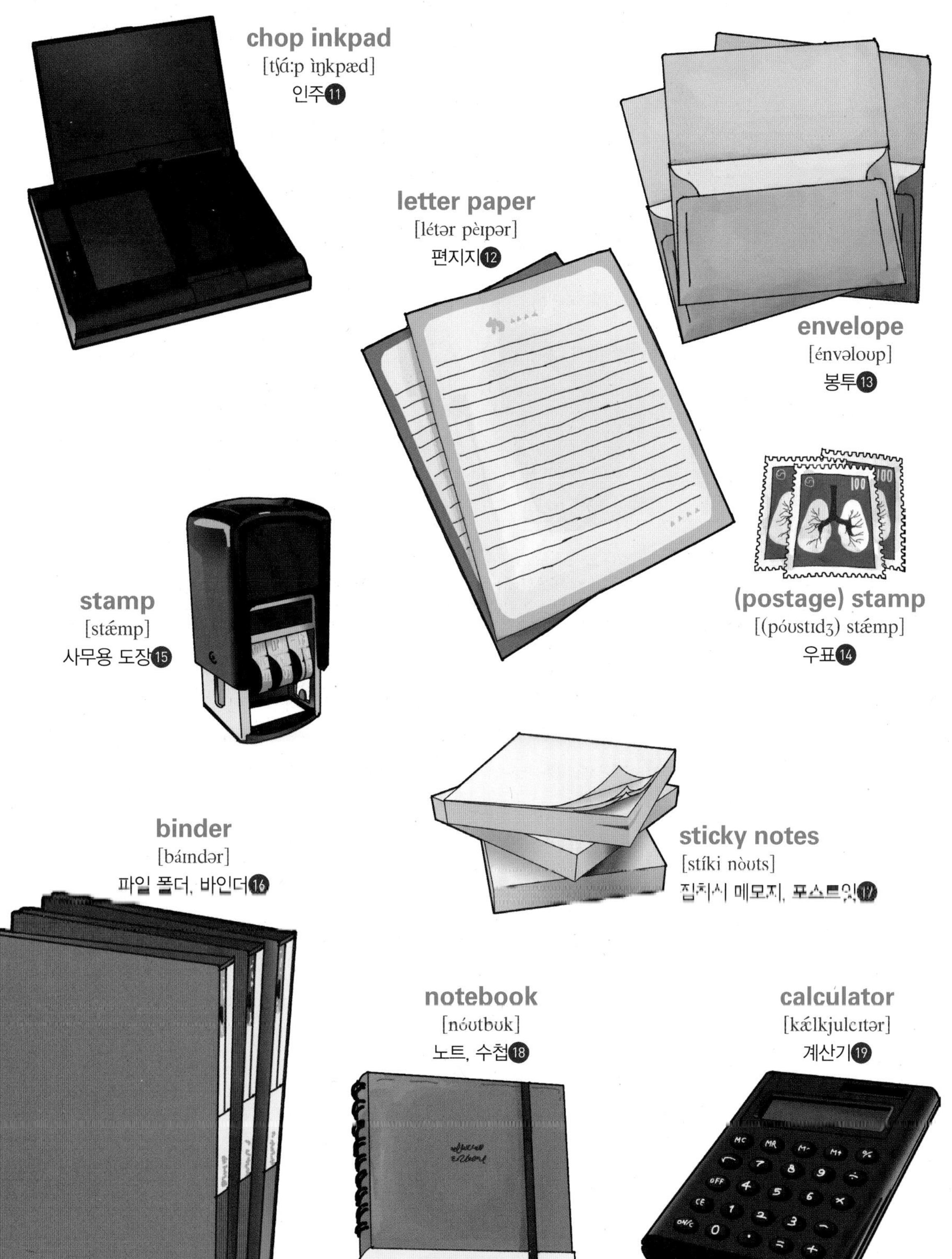
chop inkpad
[tʃáːp ìŋkpæd]
인주⑪
letter paper
[létər pèɪpər]
편지지⑫
envelope
[énvəloup]
봉투⑬
(postage) stamp
[(póustɪdʒ) stǽmp]
우표⑭
stamp
[stǽmp]
사무용 도장⑮
binder
[báɪndər]
파일 폴더, 바인더⑯
sticky notes
[stíki nòuts]
접착식 메모지, 포스트잇⑰
notebook
[nóutbuk]
노트, 수첩⑱
calculator
[kǽlkjulcɪtər]
계산기⑲

hospital

medical supplies

pharmacy

doctor speciality

8

HOSPITAL AND PHARMACY

병원과 약품

hospital 병원

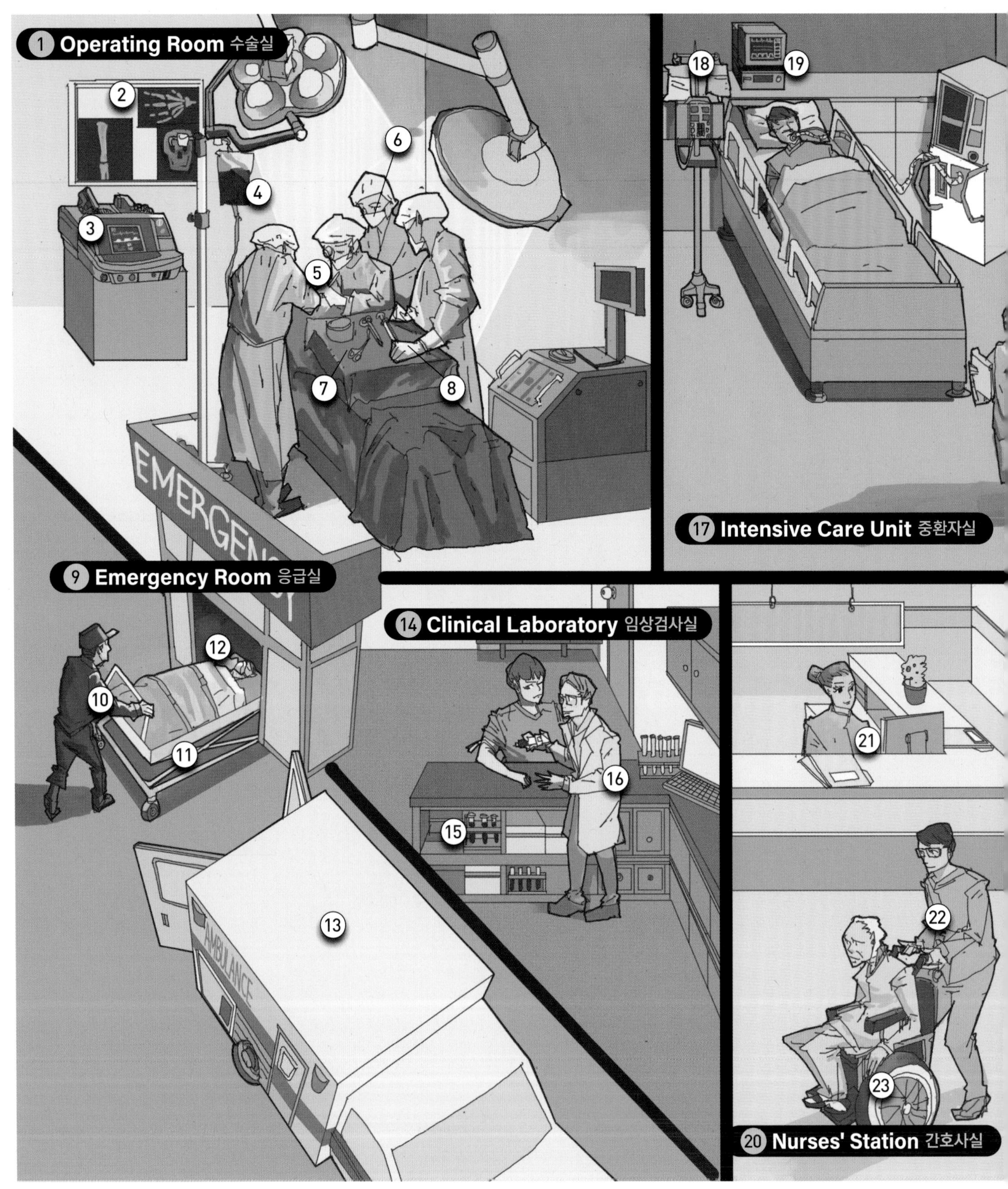
1 Operating Room 수술실
2
3
4
5
6
7
8
EMERGENCY
9 Emergency Room 응급실
10
11
12
13
AMBULANCE
14 Clinical Laboratory 임상검사실
15
16
17 Intensive Care Unit 중환자실
18
19
20 Nurses' Station 간호사실
21
22
23

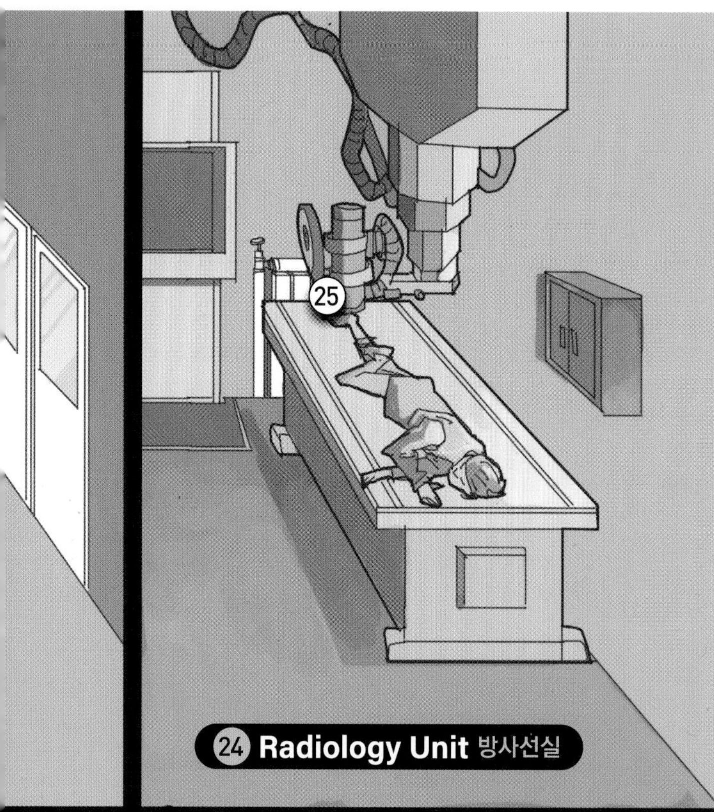

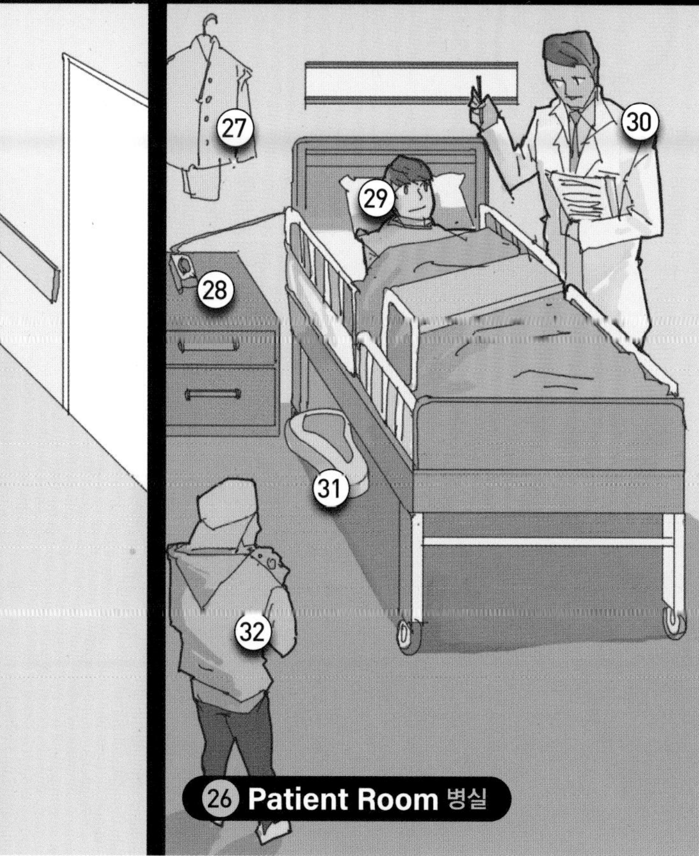

❶ **operating room**(미·영), **operating theatre**(영) [ɑ́:pərèɪtɪŋ rú:m] 수술실

❷ **X-ray** [éks rèɪ] 엑스레이

❸ **defibrillator** [di:fíbrɪleɪtər] 전기충격기

❹ **blood transfusion** [blʌ́d trænsfjù:ʒən] 수혈

❺ **operation**(미·영), **surgery**(미) [ɑ̀:pəréɪʃən], [sə́:rdʒəri] 수술

❻ **surgical mask** [sə́:rdʒɪkəl mæ̀sk] 수술마스크

❼ **operating table** [ɑ́pərèɪtɪŋ téɪbl] 수술대

❽ **latex gloves** [léɪteks glʌ̀vz] 수술용 장갑

❾ **emergency room**(미·영), **ER**(미) [ɪmə́:rdʒənsi rù:m], [í:ɑ́:r]
accident and emergency(ANE)(영), **casualty**(영) 응급실

❿ **emergency medical technician, EMT** [ɪmə́:rdʒənsi médɪkəl tekníʃən], [ì:emtí:] 응급의료기사

⓫ **stretcher** [strétʃər] 들것

⓬ **resuscitator** [rɪsʌ́sətèɪtər] 인공호흡기

⓭ **ambulance** [ǽmbjələns] 구급차

⓮ **clinical laboratory** [klìnɪkəl lǽbrətɔ:ri] 임상검사실

⓯ **blood samples** [blʌ́d sæ̀mplz] 혈액 샘플

⓰ **medical technologist** [mèdɪkəl teknɑ́:lədʒɪst] 임상병리사

⓱ **intensive care unit, ICU** [ɪnténsɪv kér jú:nɪt], [aɪsi:jú:] 중환자실

⓲ **intravenous drip, IV** [ìntrəví:nəs dríp], [àɪví:] 링거

⓳ **heartbeat monitor** [hɑ́:rtbi:t mɑ̀:nɪtər] 심박동 모니터

⓴ **nurses' station** [nə́:rsɪz stèɪʃən] 간호사실

㉑ **nurse** [nə́:rs] 간호사

㉒ **orderly** [ɔ́:rdərli] (병원의) 잡역부

㉓ **wheelchair** [wí:ltʃer] 휠체어

㉔ **radiology unit** [rèɪdiɑ́:lədʒi jù:nɪt] 방사선실

㉕ **radiation treatment** [rèɪdiéɪʃən trì:tmənt] 방사선 치료

㉖ **patient room** [péɪʃənt rù:m] 병실

㉗ **hospital gown** [hɑ́:spɪtəl gàʊn] 환자복

㉘ **call button** [kɔ́:l bʌ̀tən] 호출 단추

㉙ **patient** [péɪʃənt] 환자

㉚ **doctor** [dɑ́:ktər] 의사

㉛ **bedpan** [bédpæn] (환자용) 변기, 요강

㉜ **visitor** [vízɪtər] 방문객

medical supplies 병원 집기

reception
[rɪsépʃən]
접수 창구❶

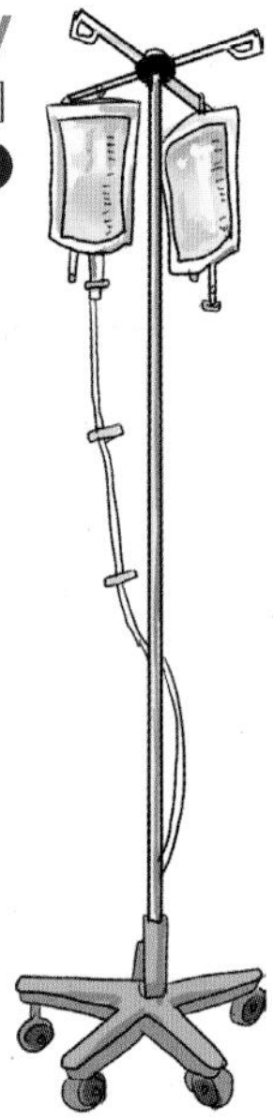

examination table
[ɪgzæmɪnéɪʃən téɪbl]
진찰대❷

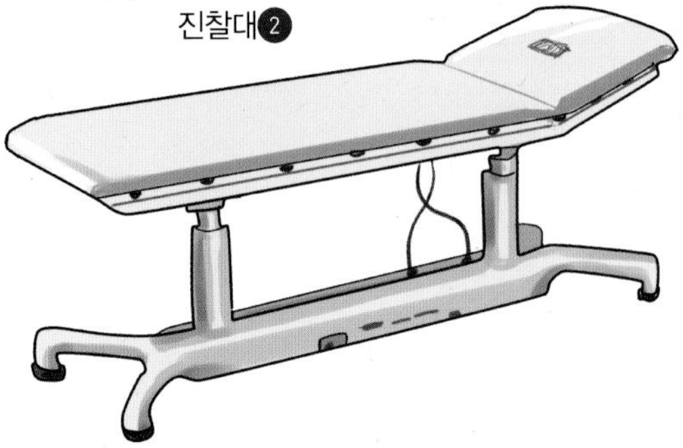

intravenous drip, IV
[ìntrəvíːnəs dríp], [àɪvíː]
링거❸

stethoscope
[stéθəskoʊp]
청진기❹

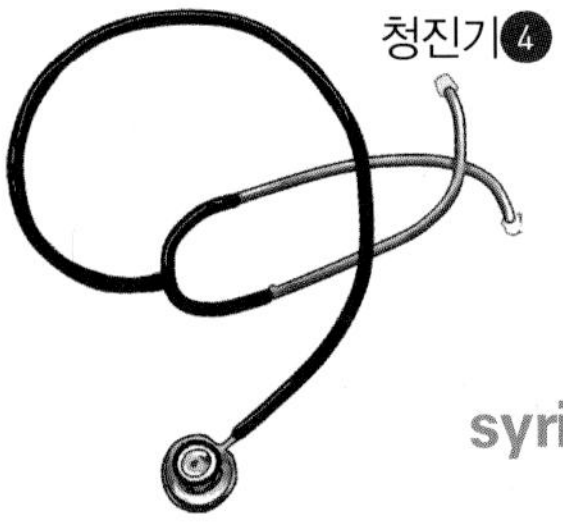

medical chart
[médɪkəl tʃɑ́ːrt]
의료 차트지❺

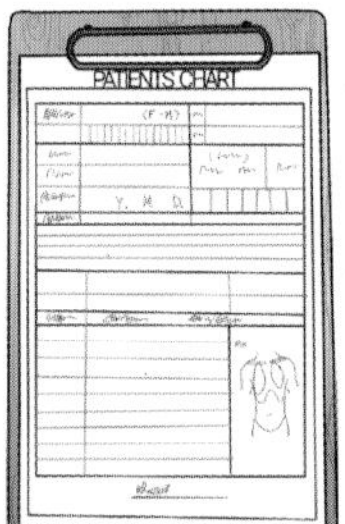

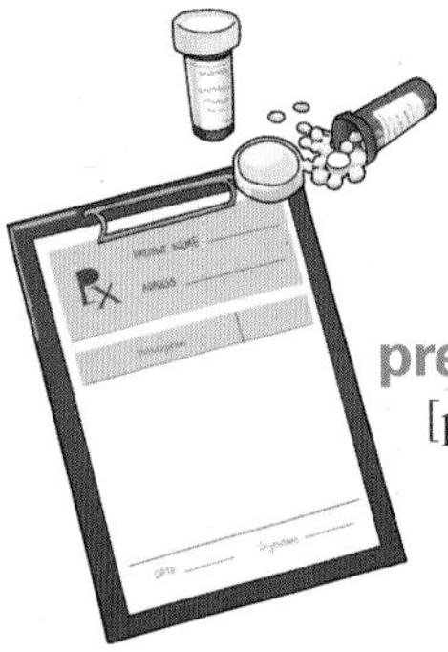

prescription
[prɪskrípʃən]
처방전❻

syringe(미·영), **needle**(미)
[sɪríndʒ], [níːdl]
injection(영)
주사기❼

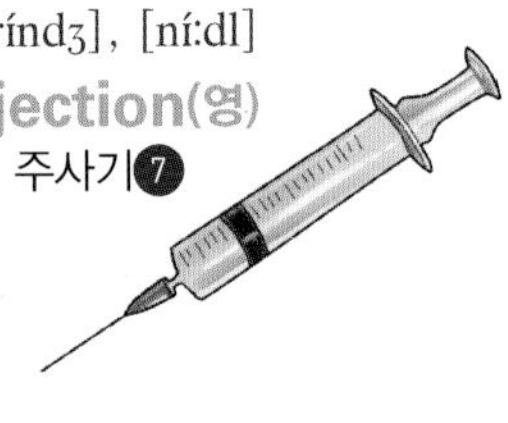

thermometer
[θərmɑ́ːmɪtər]
체온계❽

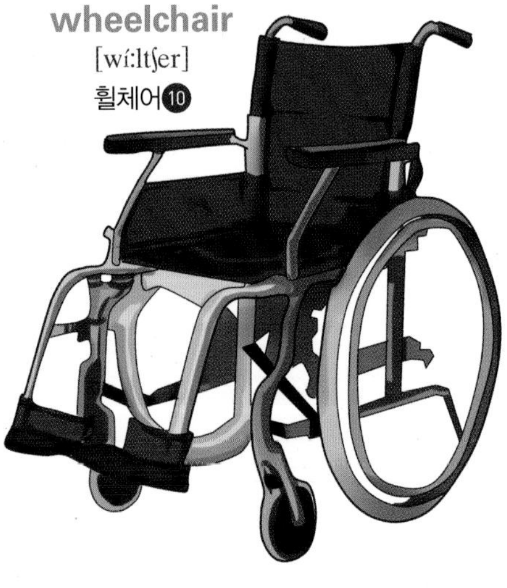

blood pressure cuff
[blʌ́d préʃər kʌ́f]
혈압계❾

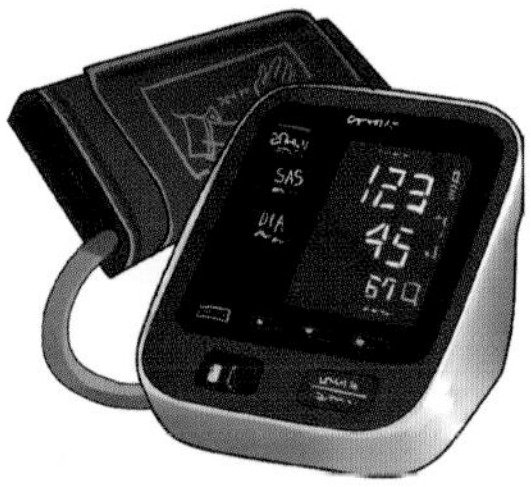

wheelchair
[wíːltʃer]
휠체어❿

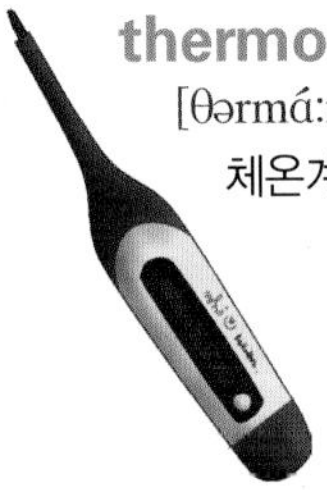

pharmacy 의약품

08-03

first-aid kit
[fə́ːrst eɪd kìt]
구급상자 ①

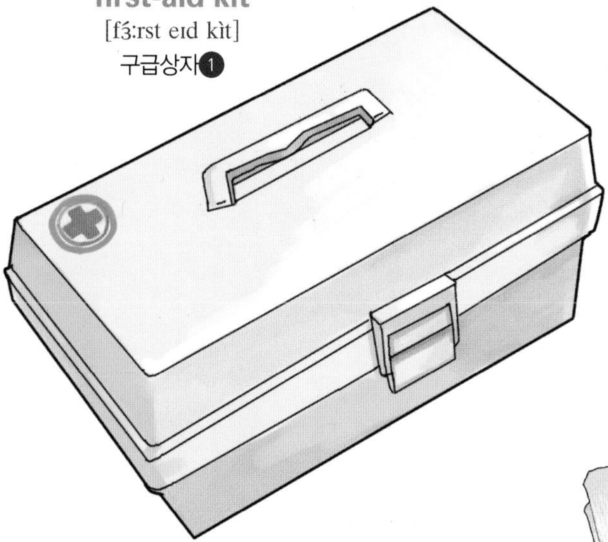

finger splint
[fíŋgər splìnt]
손가락 부목 ②

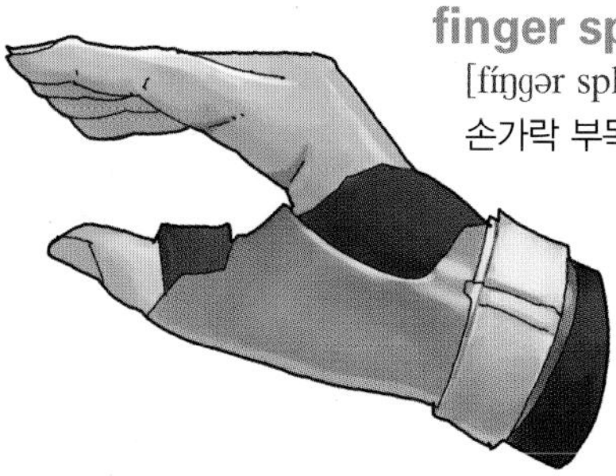

gauze
[gɔ́ːz]
거즈 ③

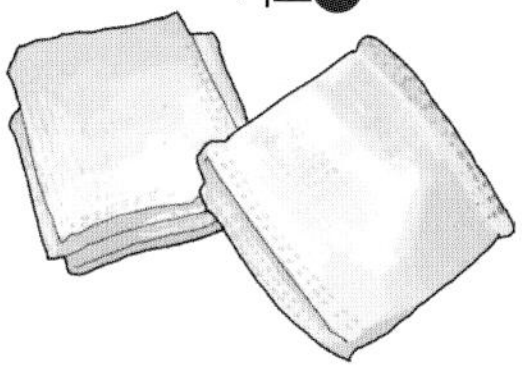

dressing
[drésɪŋ]
(드레싱) 붕대 ⑤

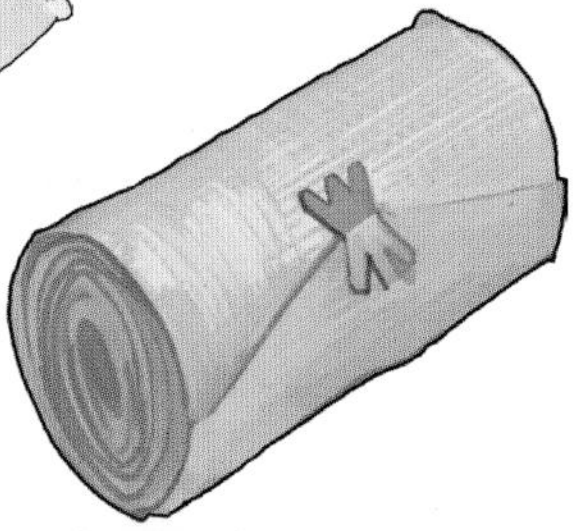

bandage
[bǽndɪdʒ]
밴드 ④

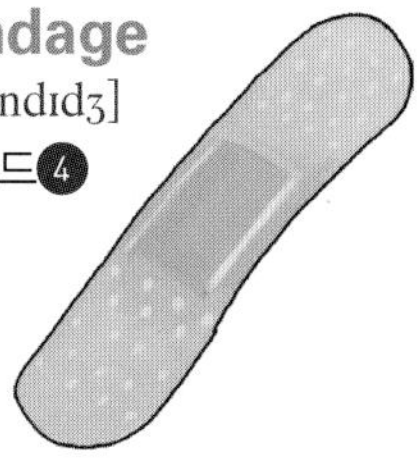

ointment
[ɔ́ɪntmənt]
연고 ⑥

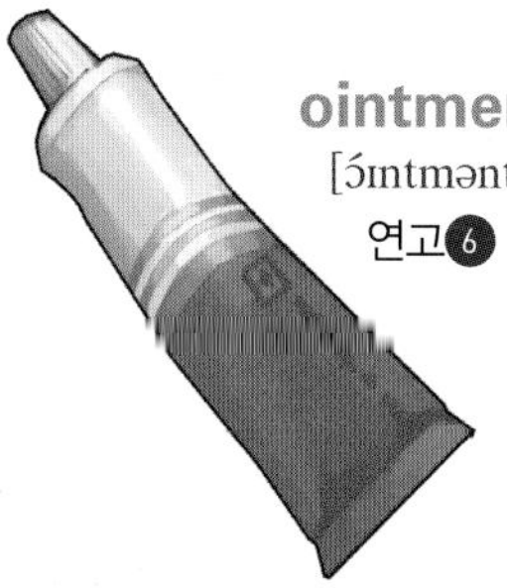

tablet
[tǽblət]
알약 ⑦

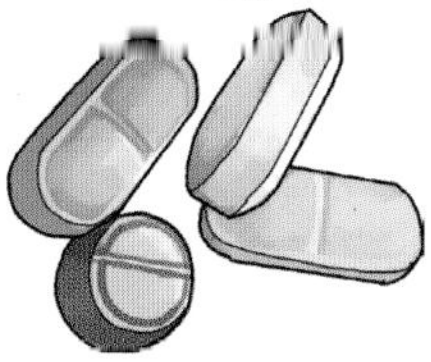

capsule
[kǽpsuːl]
캡슐 ⑧

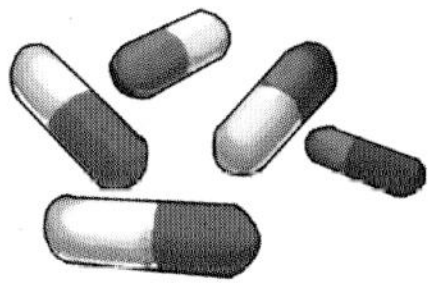

liquid medicine
[líkwɪd mèdɪsən]
물약 ⑨

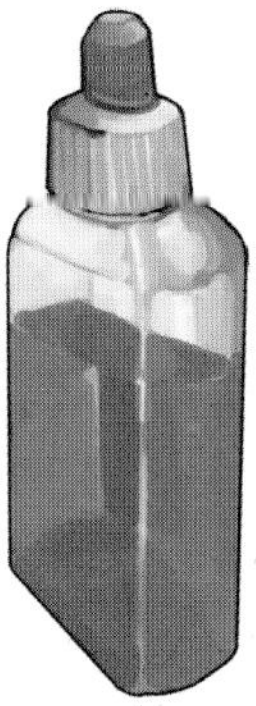

tweezers
[twíːzərz]
족집게, 핀셋 ⑩

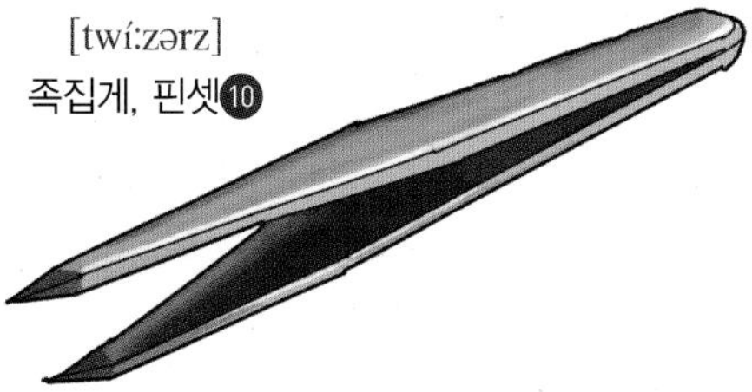

doctor speciality 진료과목

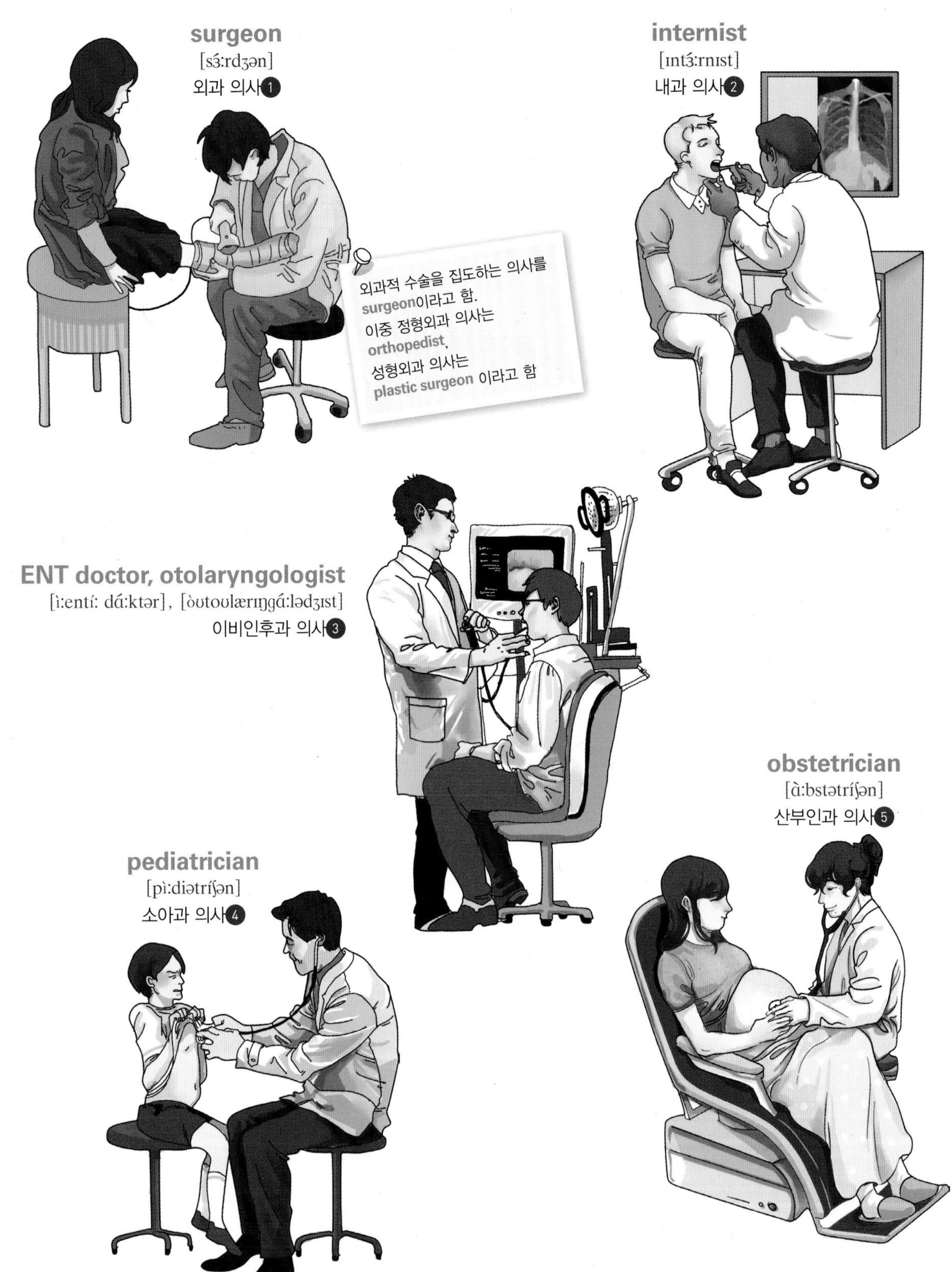

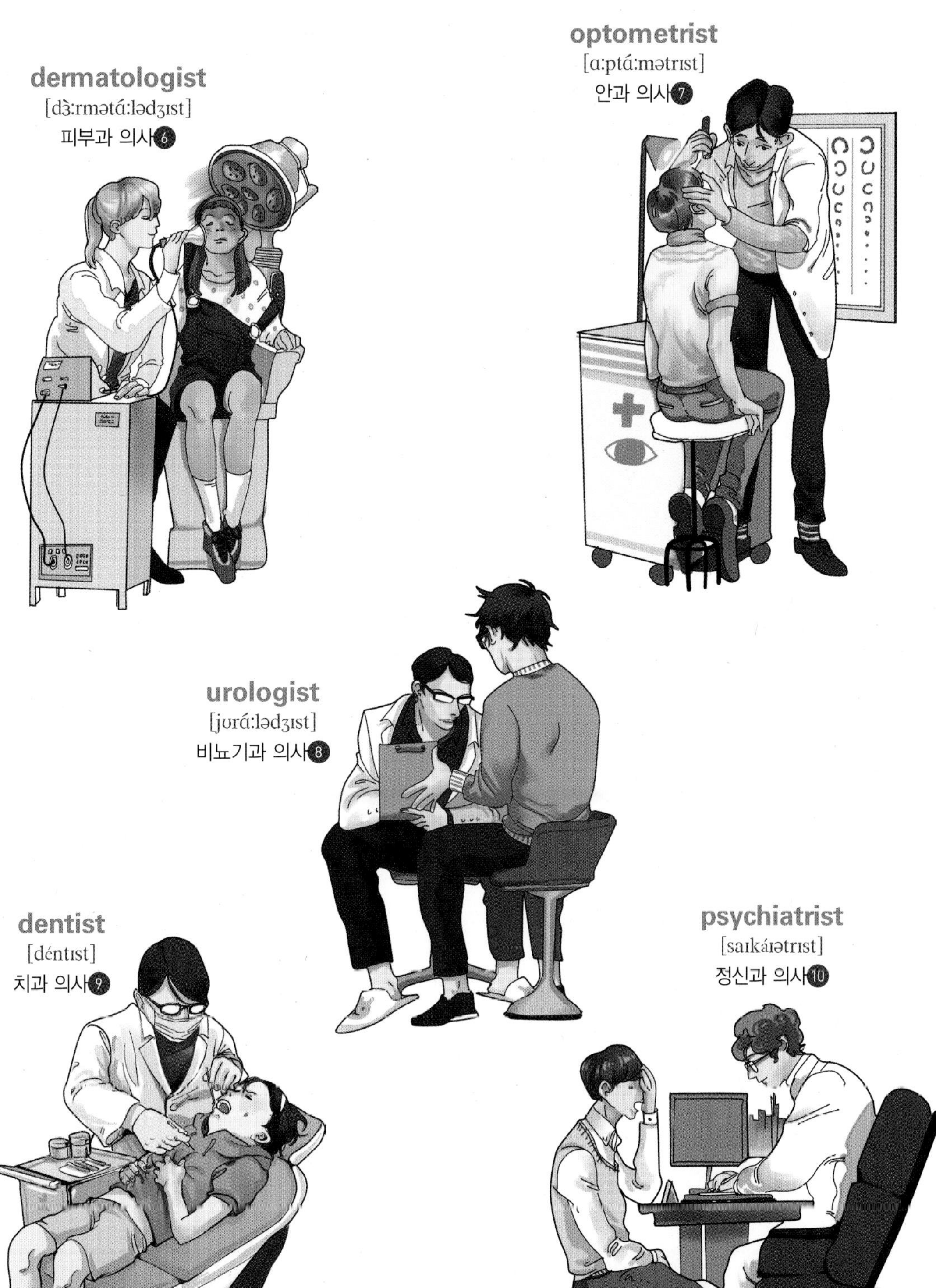
dermatologist
[dɜ̀:rmətɑ́:lədʒɪst]
피부과 의사 6
optometrist
[ɑ:ptɑ́:mətrɪst]
안과 의사 7
urologist
[jʊrɑ́:lədʒɪst]
비뇨기과 의사 8
dentist
[déntɪst]
치과 의사 9
psychiatrist
[saɪkáɪətrɪst]
정신과 의사 10

parts of school

classroom

writing

punctuation

mathematics

science

universe

9

SCHOOL AND STUDY

학교와 공부

9-1 parts of school 학교의 이모저모

❶ **gym, gymnasium** [dʒím], [dʒɪmnéɪziəm] 체육관
❷ **coach** [kóʊtʃ] 코치
❸ **auditorium** [ɔ̀:dɪtɔ́:riəm] (객석이 있는) 강당
❹ **language lab** [lǽŋgwɪdʒ lǽb] 언어 실습실
❺ **hallway** [hɔ́:lweɪ] 복도
❻ **loudspeaker** [láʊdspi:kər] 확성기, 스피커
❼ **locker** [lɑ́:kər] 사물함
❽ **cafeteria** [kæ̀fətíriə] 구내식당
❾ **water purifier** [wɔ́:tər pjʊ̀rɪfaɪər] 정수기
❿ **counseling office** [káʊnsəlɪŋ ɔ̀:fɪs] 상담실
⓫ **guidance counselor** [gáɪdəns kàʊnsələr] 학생 지도 상담사
⓬ **reading room** [rí:dɪŋ rù:m] 열람실(독서실)
⓭ **library** [láɪbreri] 도서관
⓮ **computer lab** [kəmpjú:tər lǽb] 컴퓨터실
⓯ **teachers' lounge**(미·영), **staff room**(영) [tí:tʃərs làʊndʒ] 교사 휴게실
⓰ **classroom** [klǽsru:m] 교실
⓱ **restroom**(미), **bathroom**(미), **toilet**(영) [réstru:m], [bǽθru:m] 화장실
⓲ **principal's office**(미) [prínsəpəlz ɔ̀:fɪs] **headmaster's(headmistress') office**(영) 교장실
⓳ **principal**(미) [prínsəpəl] **headmaster**(영), **headmistress**(영), **headteacher**(영) 교장
⓴ **teachers' room**(미·영), **staff room**(영) [tí:tʃərs rù:m] 교무실

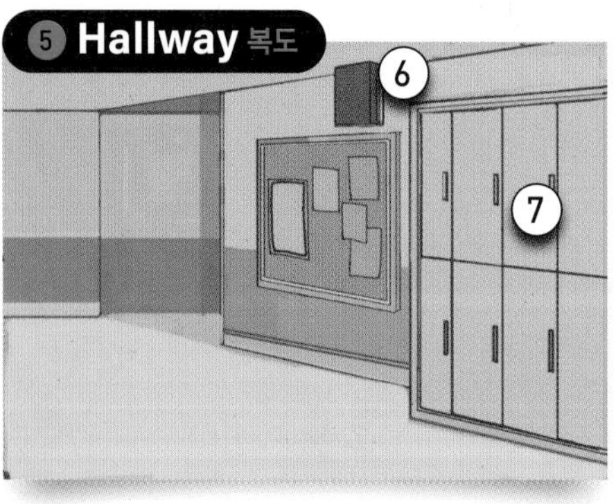

⑫ **Reading Room** 열람실

⑬ **Library** 도서관

⑭ **Computer Lab** 컴퓨터실

⑮ **Teachers' Lounge** 교사 휴게실

⑯ **Classroom** 교실

⑰ **Restroom** 화장실

⑱ **Principal's Office** 교장실

⑳ **Teachers' Room** 교무실

classroom 교실

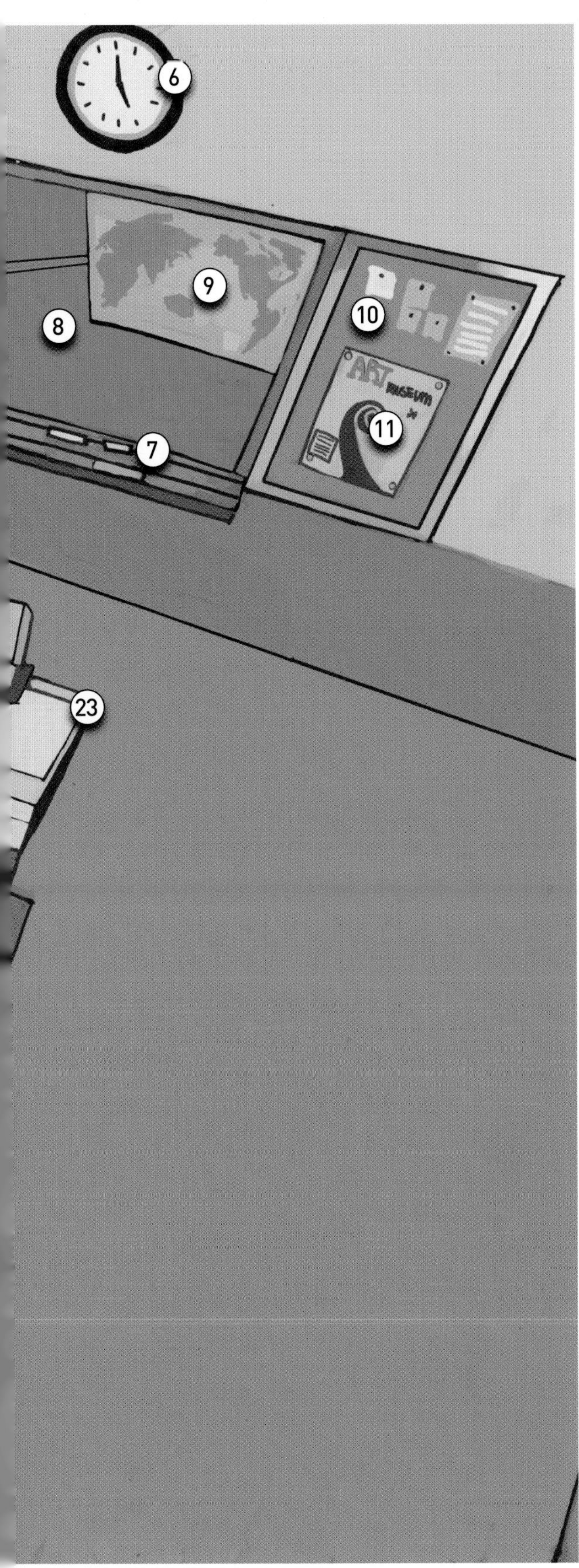

1. **alphabet** [ǽlfəbet] 알파벳
2. **whiteboard** [wáitbɔ:rd] 화이트보드
3. **marker** [mɑ́:rkər] 보드마커, 마커펜
4. **screen** [skrí:n] 스크린, 화면
5. **teacher** [tí:tʃər] 선생님
6. **clock** [klɑ́:k] 시계
7. **chalk** [tʃɔ́:k] 분필
8. **blackboard** [blǽkbɔ:rd] 칠판
9. **world map** [wɔ́:rld mǽp] 세계 지도
10. **bulletin board** [búlətɪn bɔ̀:rd] 게시판
11. **poster** [póustər] 포스터
12. **locker** [lɑ́:kər] 사물함
13. **bookshelf** [búkʃelf] 책꽂이
14. **backpack(미)** [bǽkpæ̀k] **rucksack(영)** 책가방, 배낭
15. **eraser(미·영)** [ɪréɪsər] **rubber(영)** 지우개
16. **textbook** [tékstbuk] 교과서
17. **LCD projector** [èlsi:dí: prədʒéktər] 액정 프로젝터
18. **computer** [kəmpjú:tər] 컴퓨터
19. **chair** [tʃér] 의자
20. **dictionary** [díkʃəneri] 사전
21. **desk(미·영)** [désk] **table(영)** 책상
22. **globe** [glóub] 지구본
23. **overhead projector** [óuvərhed prədʒèktər] 프로젝터
24. **ballpoint pen** [bɔ́:lpɔɪnt pèn] 볼펜
25. **pencil** [pénsəl] 연필
26. **pencil sharpener** [pénsəl ʃɑ́:rpnər] 연필깎기
27. **workbook** [wɔ́:rkbuk] 문제집
28. **student** [stú:dənt] 학생
29. **spiral notebook** [spáɪrəl nòutbuk] 스프링 공책
30. **mechanical pencil** [məkǽnɪkəl pénsəl] 샤프 연필

9-3 writing 글쓰기

p

letter
[létər]
글자(문자)❶

people

word
[wɜ́:rd]
단어❷

I am standing here.

sentence
[séntəns]
문장❸

There exixts a great stereotype about Alzheimer's disease. Alzheimer's and dementia are still a mystery in many ways. Perhaps that is a reason why people someitmes mistaken dementia as something aimilar to Alzheimer's disease, however, there is a great difference.

paragraph
[pǽrəgræf]
단락❹

Stripping away of my identity

There exixts a great stereotype about Alzheimer's disease. Alzheimer's and dementia are still a mystery in many ways. Perhaps that is a reason why people someitmes mistaken dementia as something aimilar to Alzheimer's disease, however, there is a great difference.

When people are faced with mentally ill elderly, most people will assume their condition as dementia, a disease they're familiar with. However, these two terms must not be used interchangeably because although related, they're remarkably different. According to National Institute on Aging (NIA), "[1]Dementia is a brain disorder that affects communication and performance of daily activities and Alzheimer's disease is a form of dementia that specifically affects parts of the brain that control thought, memory and language."

Shortly put, the biggest difference between the two is that Alzheimer's is not reversible. simply, it is a degenerative, incurable disease which sets the line from Dementia, which, on the other hand, is reversible or temporary. When we face people with either of the disease, we must carefully identify the correct root and treat and act accordingly.

[1]For comlplete chart, see ipckevin.com

essay(미·영), **paper**(미), **report**(영)
[éseɪ], [péɪpər] 에세이, 리포트❺

9-4 punctuation 구두점

.

period(미)
[píriəd]
full stop(영)
마침표❶

,

comma
[kɑ́:mə]
쉼표❷

?

question mark
[qwéstʃən mɑ̀:rk]
물음표❸

!

exclamation mark
[èkskləméɪʃən mɑ̀:rk]
느낌표❹

“ ”

quotation marks
[kwoutéɪʃən mɑ̀:rks]
큰따옴표❺

⑥ Stripping away of my identity

⑦ ⑧

⑨ There exixts a great stereotype about Alzheimer's disease. Alzheimer's and dementia are still a mystery in many ways. Perhaps that is a reason why people someitmes mistaken dementia as something aimilar to Alzheimer's disease, however, there is a great difference.

⑩ When people are faced with mentally ill elderly, most people will assume their condition as dementia, a disease they're familiar with. However, these two terms must not be used interchangeably because although related, they're remarkably different. According to National Institute on Aging (NIA), "[1]Dementia is a brain disorder that affects communication and performance of daily activities and Alzheimer's disease is a form of dementia that specifically affects parts of the brain that control thought, memory and language." ⑫

⑪ Shortly put, the biggest difference between the two is that Alzheimer's is not reversible. simply, it is a degenerative, incurable disease which sets the line from Dementia, which, on the other hand, is reversible or temporary. When we face people with either of the disease, we must carefully identify the correct root and treat and act accordingly.

[1]For comlplete chart, see ipckevin.com ⑬

- ⑥ **title** [táɪtl] 제목
- ⑦ **indentation** [ìndentéɪʃən] 들여 쓴 자리
- ⑧ **margin** [mɑ́:rdʒən] 여백
- ⑨ **introduction** [ìntrədʌ́kʃən] 서론
- ⑩ **body** [bɑ́:di] 본론
- ⑪ **conclusion** [kənklú:ʒən] 결론
- ⑫ **quotation** [kwoʊtéɪʃən] 인용구
- ⑬ **footnote** [fʊ́tnoʊt] 각주

09-04

apostrophe	colon	semicolon	parentheses(미)	hyphen
[əpɑ́:strəfi]	[kóʊlən]	[sémikòʊlən]	[pərénθəsi:s]	[háɪfən]
아포스트로피⑥	콜론⑦	세미콜론⑧	**brackets**(영) 괄호⑨	하이픈⑩

9-5 mathematics 수학①

2, 4, 6, 8, 10...

even numbers
[íːvən nʌ̀mbərz]
짝수①

1, 3, 5, 7, 9...

odd numbers
[ɑ́ːd nʌ̀mbərz]
홀수②

... −5 −4 −3 −2 −1 0 1 2 3 4 5 ...

negative integers
[négətɪv ìntɪdʒərz]
음의 정수③

positive integers
[pɑ́ːzətɪv ìntɪdʒərz]
양의 정수④

plus
[plʌ́s]
더하기⑤

−

minus
[máɪnəs]
빼기⑥

×

multiplied by, times
[mʌ́ltɪplaɪd bàɪ], [táɪmz]
곱하기⑦

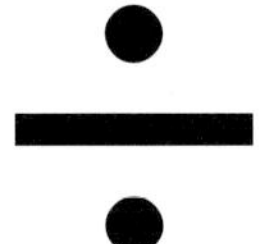

divided by
[dɪváɪdɪd bàɪ]
나누기⑧

%

percent
[pərsént]
백분율⑨

=

equals
[íːkwəlz]
등호⑩

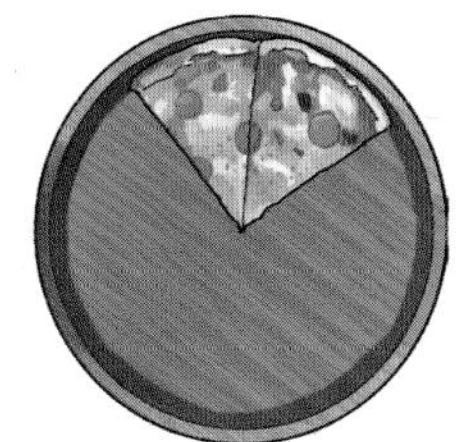

a quarter, one-quarter
[ə kwɔ́:rtər], [wʌ́n kwɔ̀:rtər]
4분의 1 ⓫

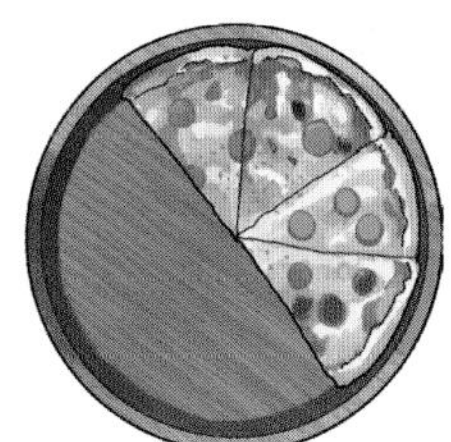

a half, one-half
[ə hǽf], [wʌ́n hæ̀f]
반, 2분의 1 ⓬

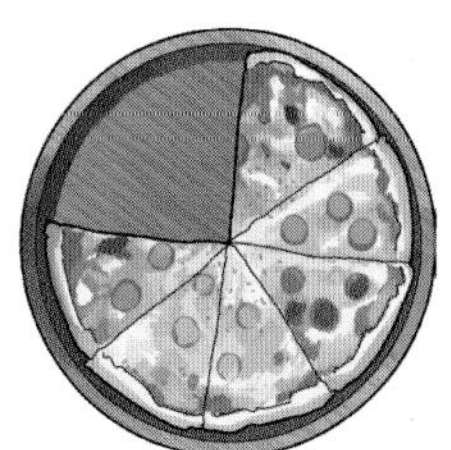

three fourths, three-quarters
[θrí: fɔ̀:rθs], [θrí: kwɔ̀:rtərz]
4분의 3 ⓭

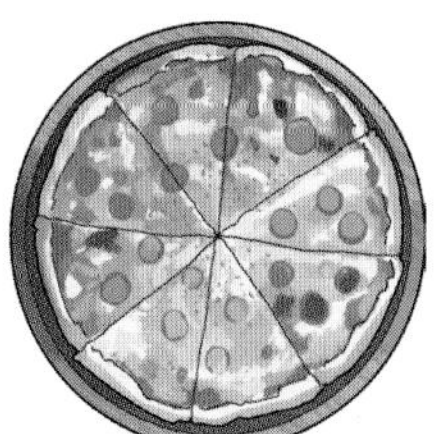

one whole
[wʌ́n hòʊl]
1(1분의 1) ⓮

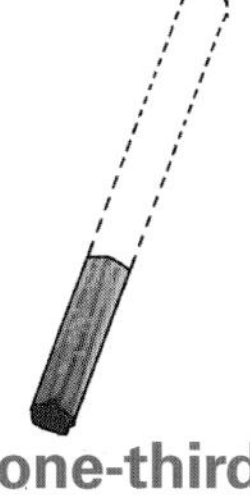

one-third
[wʌ́n θɜ́:rd]
3분의 1 ⓯

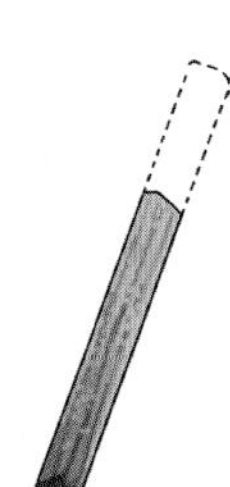

two-thirds
[tú: θɜ́:rdz]
3분의 2 ⓰

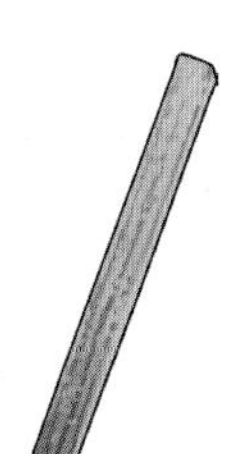

one whole
[wʌ́n hòul]
1(1분의 1)

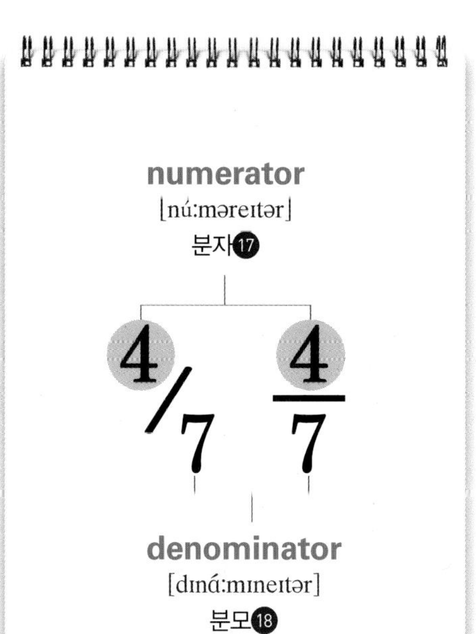

numerator
[nú:məreɪtər]
분자 ⓱

denominator
[dɪnɑ́:mɪneɪtər]
분모 ⓲

addition [ədíʃən]
덧셈 ⓳

$3+4=7$

sum [sʌ́m]
합계 ⓴

subtraction [səbtrǽkʃən]
뺄셈 ㉑

$7-3=4$

difference [dífərəns]
(뺄셈에서) 차 ㉒

multiplication
[mʌ̀ltɪplɪkéɪʃən] 곱셈 ㉓

$4\times3=12$

product [prɑ́:dəkt]
곱 ㉔

division [dɪvíʒən]
나눗셈 ㉕

$6\div2=3$

quotient [kwóuʃənt]
(나눗셈에서) 몫 ㉖

9-5 mathematics 수학❷

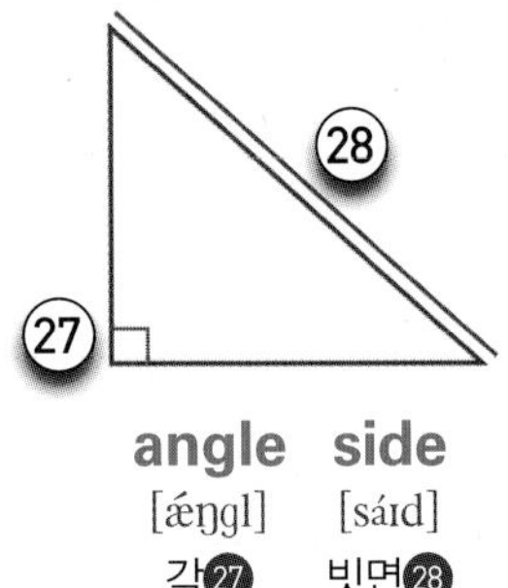

angle [ǽŋgl] 각㉗ **side** [sáɪd] 빗면㉘

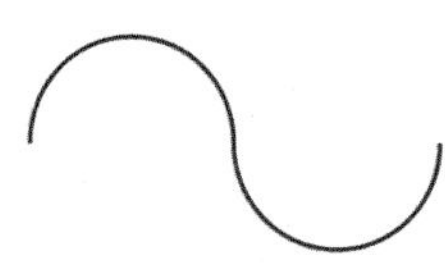

curved line [kɜ́:rvd làɪn] 곡선㉙

parallel lines [pǽrəlel làɪnz] 평행선㉚

endpoint [éndpɔ̀ɪnt] 단점(종점)㉛

perpendicular lines [pɜ̀:rpəndíkjələr láɪnz] 수직선㉜

straight line [stréɪt làɪn] 직선㉝

circle [sɜ́:rkl] 원㉞

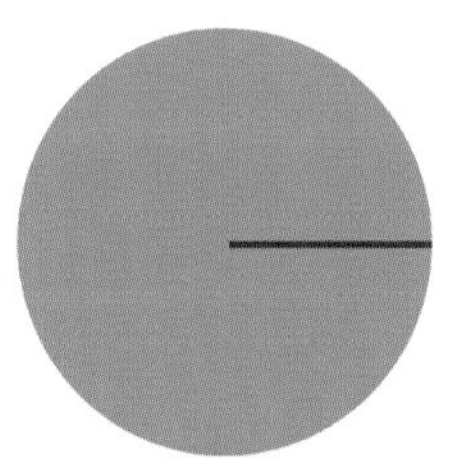

radius [réɪdiəs] 반지름㉟

diameter [daɪǽmɪtər] 지름㊱

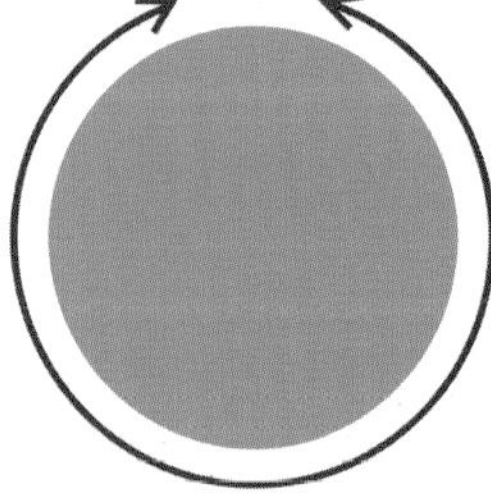

circumference [sərkʌ́mfərəns] 원주, 원의 둘레㊲

oval [óʊvəl] 타원형㊳

parallelogram
[pæ̀rəléləgræm]
평행 사변형 ㊴

rectangle
[réktæŋgl]
직사각형 ㊵

square
[skwér]
정사각형 ㊶

perimeter
[pərímɪtər]
둘레 ㊷

triangle
[tráɪæŋgl]
삼각형 ㊸

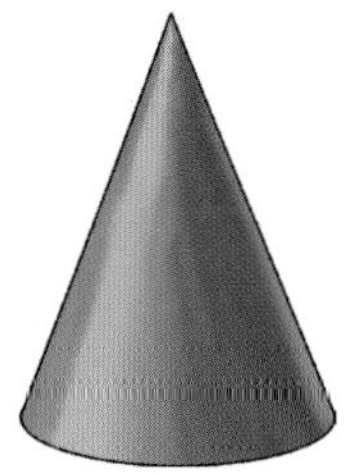

cone
[kóʊn]
원뿔 ㊹

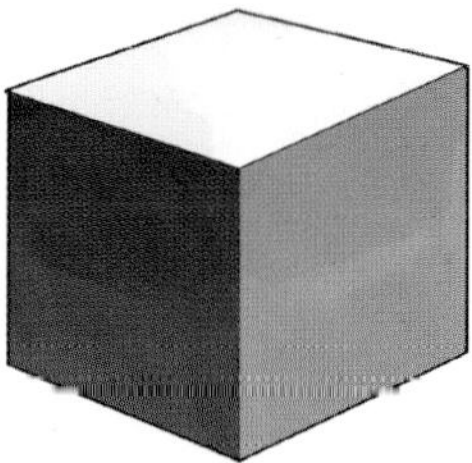

cube
[kjú:b]
정육면체 ㊺

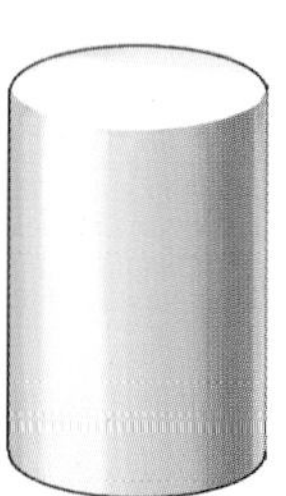

cylinder
[sílɪndər]
원통 ㊻

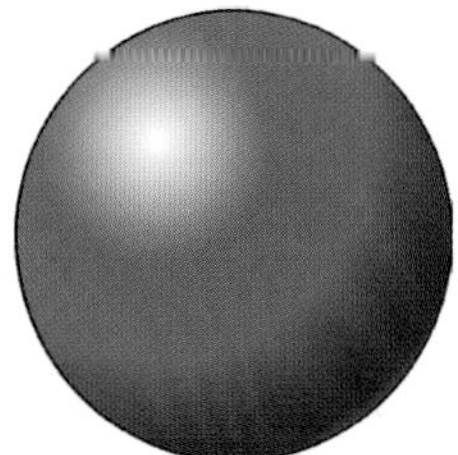

sphere
[sfír]
구 ㊼

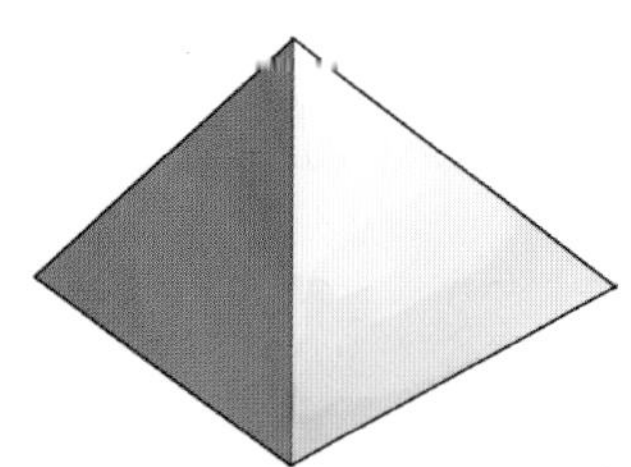

pyramid
[pírəmɪd]
각뿔 ㊽

cell [sél] 세포 ❶

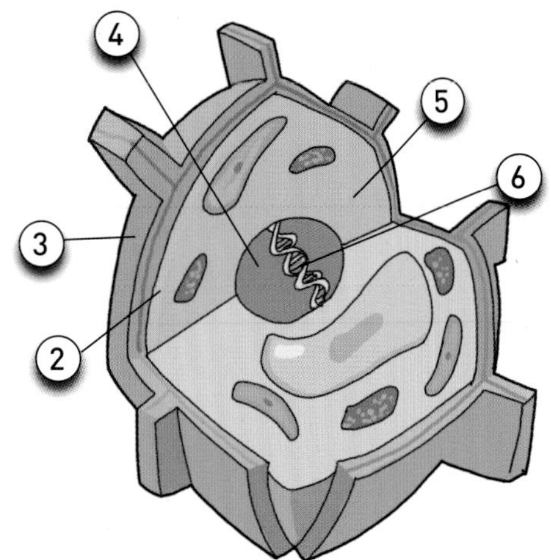

atom [ǽtəm] 원자 ❼

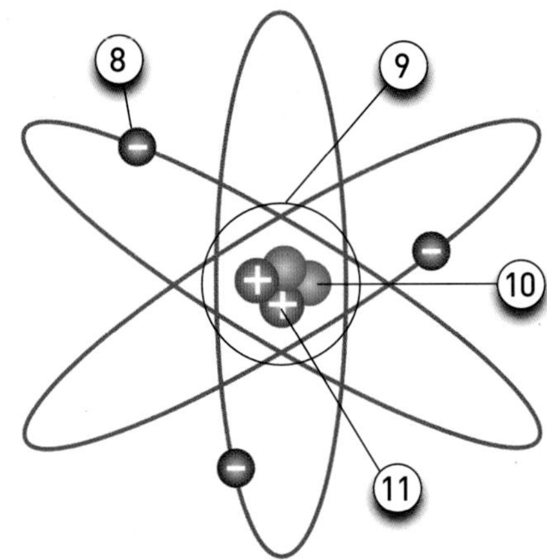

- ❷ **cell membrane** [sél mèmbreɪn] 세포막
- ❸ **cell wall** [sél wɔ̀:l] 세포벽
- ❹ **nucleus** [nú:kliəs] 세포핵
- ❺ **cytoplasm** [sáɪtoʊplæzm] 세포질
- ❻ **chromosome** [króʊməsoʊm] 염색체

- ❽ **electron** [ɪléktrɑ:n] 전자
- ❾ **atomic nucleus** [ətɑ̀:mɪk nú:kliəs] 원자핵
- ❿ **neutron** [nú:trɑ:n] 중성자
- ⓫ **proton** [próʊtɑ:n] 양자, 양성자

molecule [mɑ́:lɪkju:l] 분자 ⓬

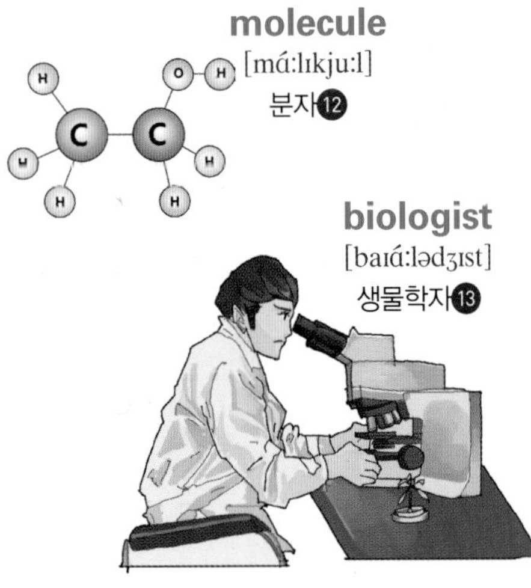

biologist [baɪɑ́:lədʒɪst] 생물학자 ⓭

formula [fɔ́:rmjələ] 공식 ⓮

physicist [fízɪsɪst] 물리학자 ⓯

chemist [kémɪst] 화학자 ⓰

photosynthesis [fòʊtoʊsínθəsɪs] 광합성 ⓱

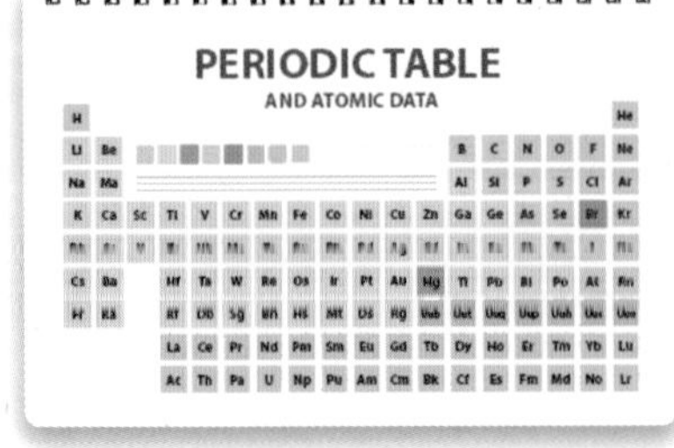

periodic table [pìriɑ́:dɪk téɪbl] 주기율표 ⓲

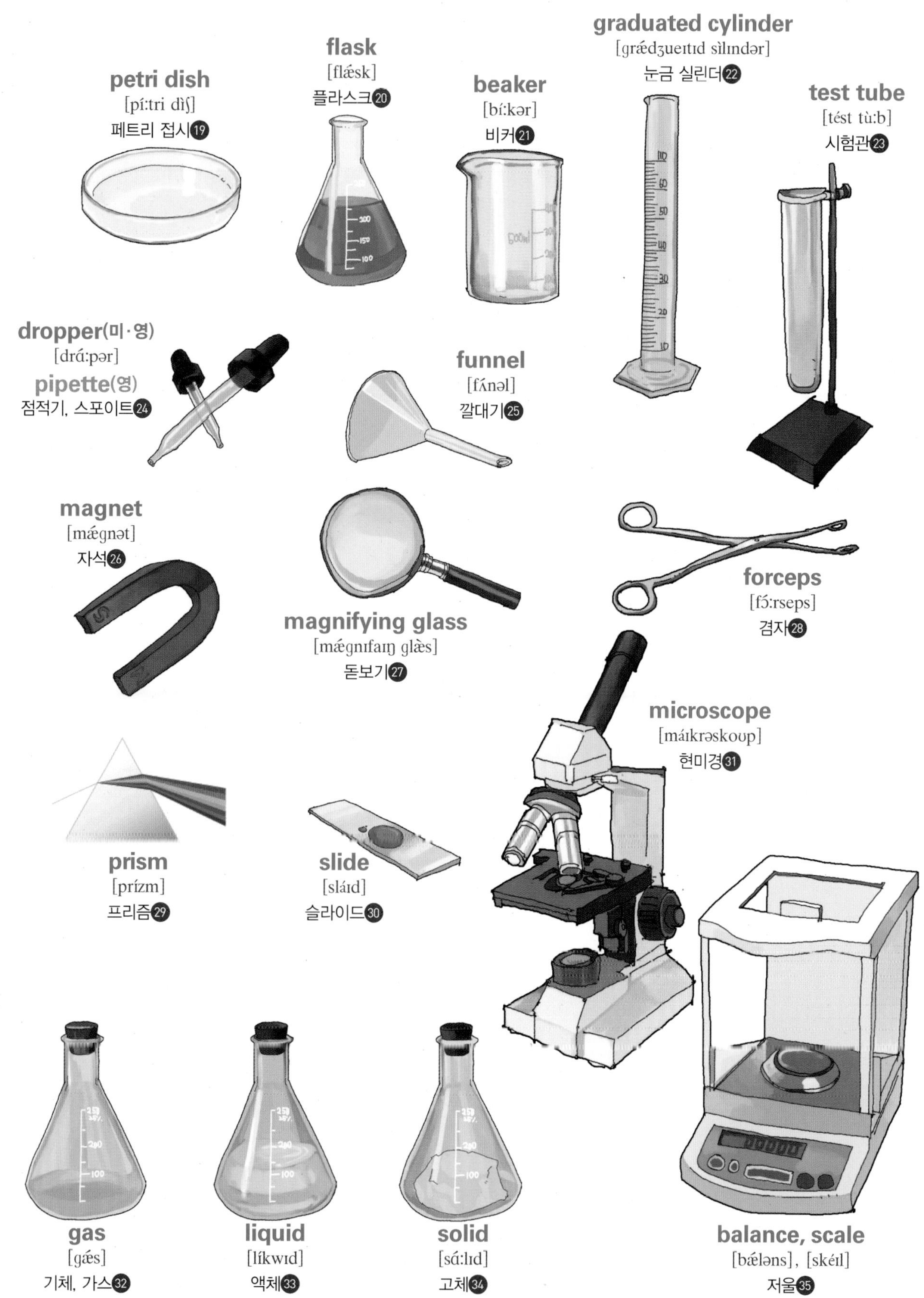
petri dish
[pí:tri dìʃ]
페트리 접시 19
flask
[flǽsk]
플라스크 20
beaker
[bí:kər]
비커 21
graduated cylinder
[grǽdʒueɪtɪd sìlɪndər]
눈금 실린더 22
test tube
[tést tù:b]
시험관 23
dropper(미·영)
[drá:pər]
pipette(영)
점적기, 스포이트 24
funnel
[fʌ́nəl]
깔대기 25
magnet
[mǽgnət]
자석 26
magnifying glass
[mǽgnɪfaɪŋ glæ̀s]
돋보기 27
forceps
[fɔ́:rseps]
겸자 28
prism
[prízm]
프리즘 29
slide
[sláɪd]
슬라이드 30
microscope
[máɪkrəskoup]
현미경 31
gas
[gǽs]
기체, 가스 32
liquid
[líkwɪd]
액체 33
solid
[sá:lɪd]
고체 34
balance, scale
[bǽləns], [skéɪl]
저울 35

universe 우주

1. **space station** [spéɪs stèɪʃən] 우주정거장
2. **star** [stɑ́:r] 별
3. **black hole** [blǽk hòʊl] 블랙홀
4. **galaxy** [gǽləksi] 은하계
5. **comet** [kɑ́:mət] 혜성
6. **space shuttle** [spéɪs ʃʌ́tl] 우주왕복선
7. **satellite** [sǽtəlaɪt] 위성
8. **astronaut** [ǽstrənɔ:t] 우주비행사
9. **meteor** [mí:tiər] 유성
10. **Moon** [mú:n] 달
11. **Sun** [sʌ́n] 태양
12. **Mercury** [mɜ́:rkjəri] 수성
13. **Venus** [ví:nəs] 금성
14. **Earth** [ɜ́:rθ] 지구
15. **Mars** [mɑ́:rz] 화성
16. **Jupiter** [dʒú:pɪtər] 목성
17. **Saturn** [sǽtɜ:rn] 토성
18. **Uranus** [jʊ́rənəs] 천왕성
19. **Neptune** [néptu:n] 해왕성
20. **Pluto** [plú:toʊ] 구 명왕성(지금은 태양계 행성 아님)

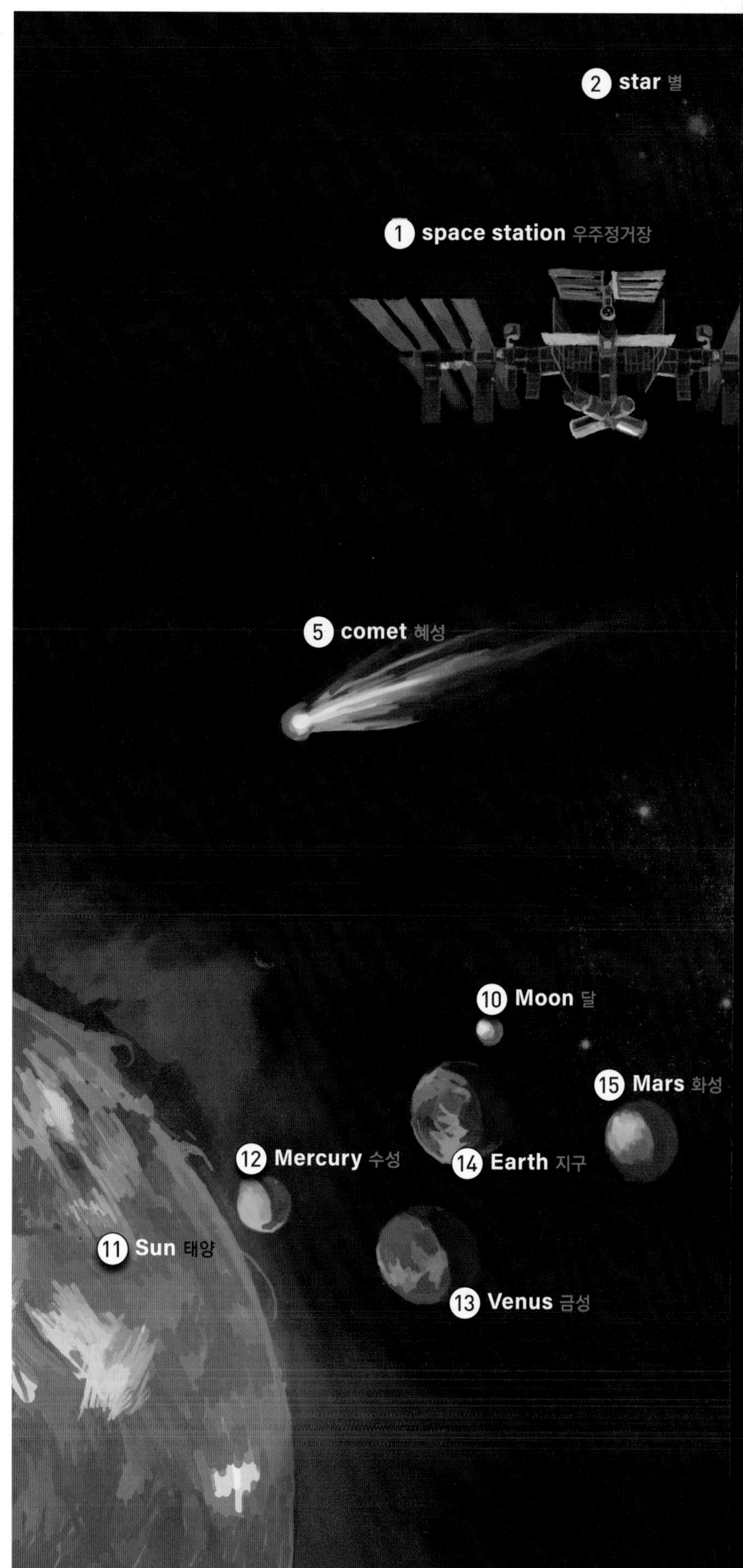

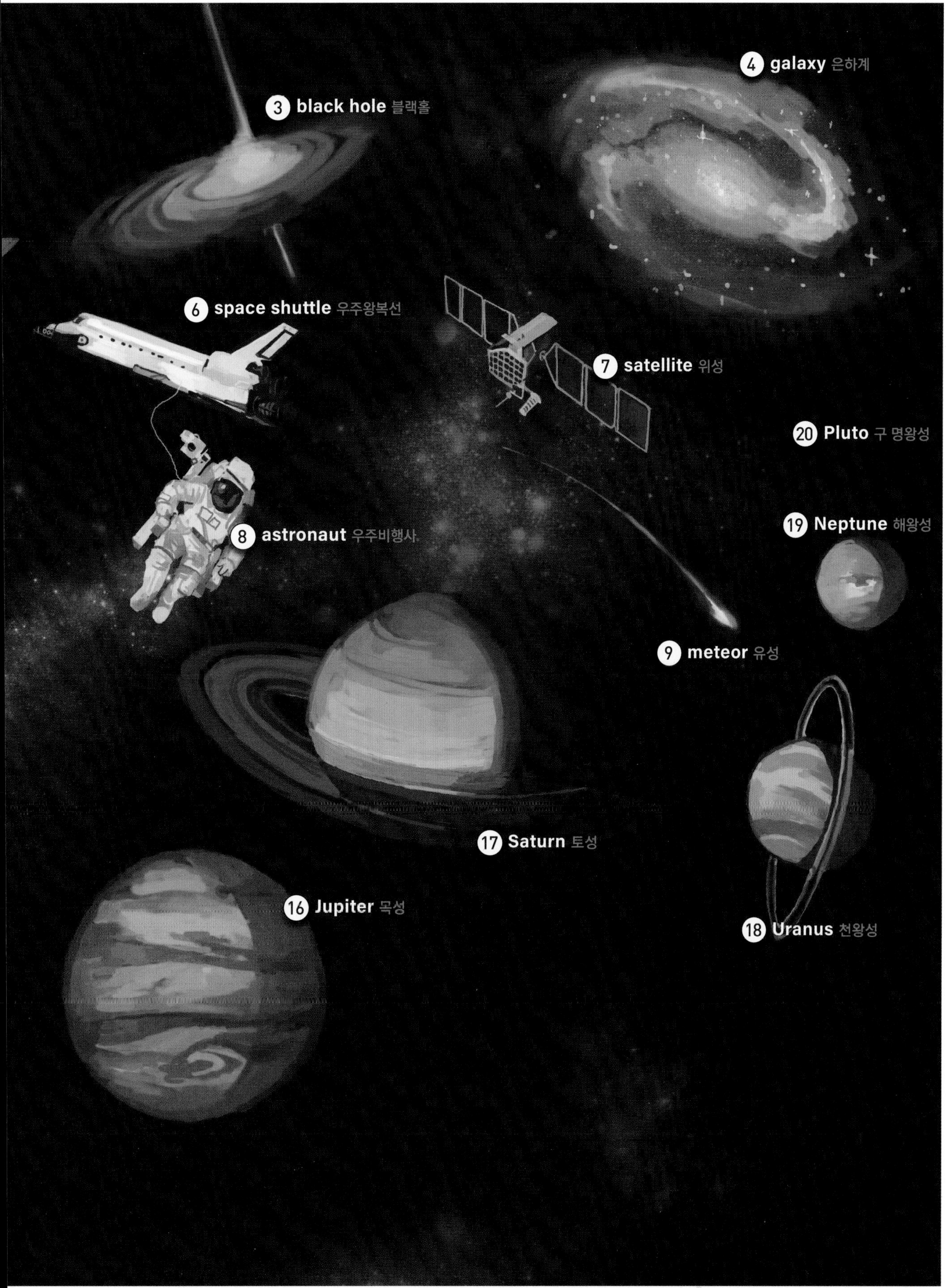

3 black hole 블랙홀

4 galaxy 은하계

6 space shuttle 우주왕복선

7 satellite 위성

20 Pluto 구 명왕성

8 astronaut 우주비행사

19 Neptune 해왕성

9 meteor 유성

17 Saturn 토성

16 Jupiter 목성

18 Uranus 천왕성

world map - continents and oceans

Flags - Africa

Flags - America

Flags - Asia

Flags - Europe

Flags - Oceania

10

WORLD

세계

10-1 world map - continents and oceans 세계지도 – 대륙과 대양

1. **Europe** [júrəp] 유럽
2. **Asia** [èɪʒə] 아시아
3. **Africa** [ǽfrɪkə] 아프리카
4. **Oceania** [òʊʃiά:niə] 오세아니아
5. **North America** [nɔ́:rθ əmèrɪkə] 북아메리카
6. **South America** [sáʊθ əmèrɪkə] 남아메리카

7 **Arctic Ocean** [ɑ́:rktɪk òʊʃən] 북극해

8 **Indian Ocean** [índiən òʊʃən] 인도양

9 **Pacific Ocean** [pəsífɪk òʊʃən] 태평양

10 **Atlantic Ocean** [ætlǽntɪk òʊʃən] 대서양

11 **Antarctic Ocean** [æntɑ́:rktɪk òʊʃən] 남극해

12 **Antarctica** [æntɑ́:rktɪkə] 남극대륙

Flags - Africa 국기 - 아프리카 ❶

North Africa 북아프리카

Algeria
[ældʒíəriə]
알제리❶

Egypt
[íːdʒɪpt]
이집트❷

Libya
[líbiə]
리비아❸

Morocco
[mərάːkou]
모로코❹

Sahrawi Arab Democratic Republic
[sɑːrάːwiː ǽrəb deməkrǽtɪk rɪpʌ́blɪk]
사하라 아랍 민주 공화국❺

Sudan
[suːdǽn]
수단❻

West Africa 서아프리카

Tunisia
[tjuːníːʒə]
튀니지❼

Cameroon
[kæ̀mərúːn]
카메룬❽

Gabon
[gæbɔ́ːŋ]
가봉❾

Ghana
[gάːnə]
가나❿

Guinea
[gíni]
기니⓫

Mali
[mάːli]
말리⓬

Nigeria
[naɪdʒíəriə]
나이지리아⑬

Senegal
[sènɪgɔ́ːl]
세네갈⑭

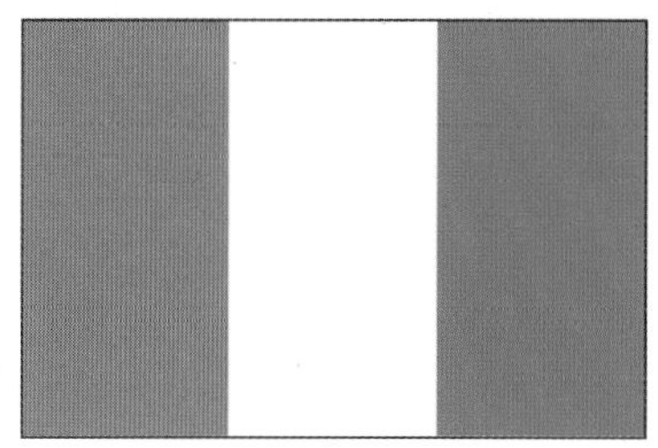

the Ivory Coast
[ði àɪvəri kóust]
코트디부아르⑮

Togo
[tóugou]
토고⑯

Central Africa 중앙아프리카

Burundi
[burúndi]
부룬디⑰

Central African Republic
[séntrəl ǽfrɪkən rɪpʌ́blɪk]
중앙아프리카 공화국⑱

Congo
[káŋgou]
콩고 민주 공화국⑲

Rwanda
[ruɑ́ːndə]
르완다⑳

Uganda
[juːgǽndə]
우간다㉑

East Africa 동아프리카

Ethiopia
[ìːθióupiə]
에티오피아㉒

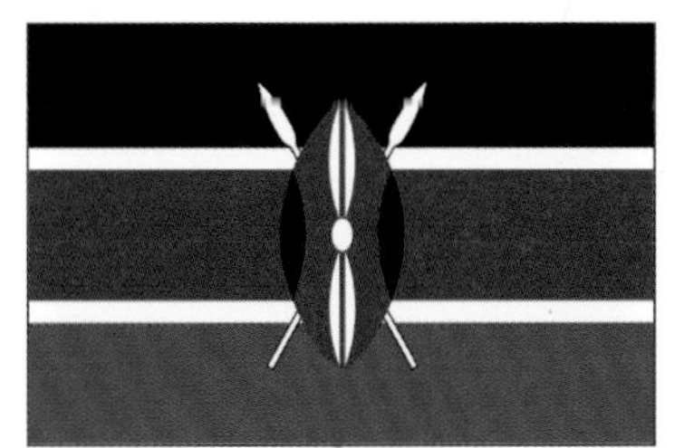

Kenya
[kénjə]
케냐㉓

Somalia
[soumɑ́ːliə]
소말리아㉔

Flags - Africa 국기 - 아프리카 ❷

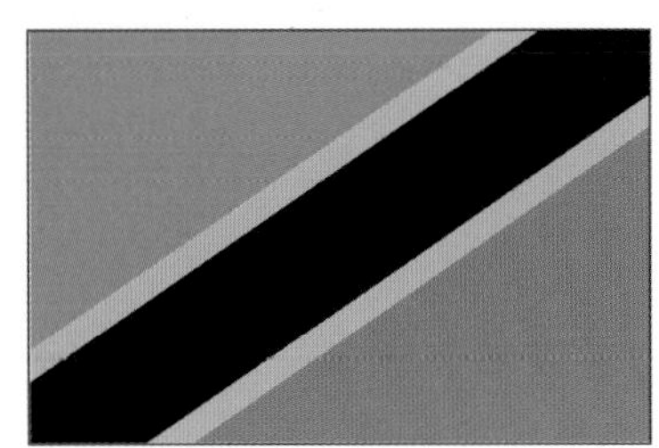

Tanzania
[tæ̀nzəníːə]
탄자니아㉕

Angola
[æŋgóʊlə]
앙골라㉖

Madagascar
[mæ̀dəgǽskər]
마다가스카르㉗

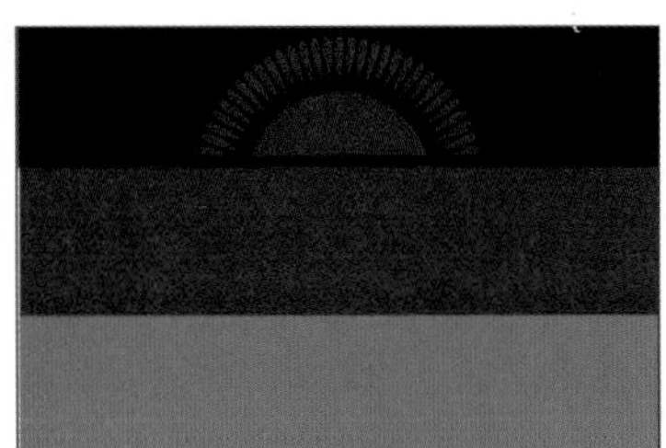

Malawi
[məlɑ́ːwi]
말라위㉘

Mozambique
[mòʊzæmbíːk]
모잠비크㉙

Namibia
[nəmíbiə]
나미비아㉚

South African Republic
[sáʊθ ǽfrɪkən rɪpʌ́blɪk]
남아프리카 공화국㉛

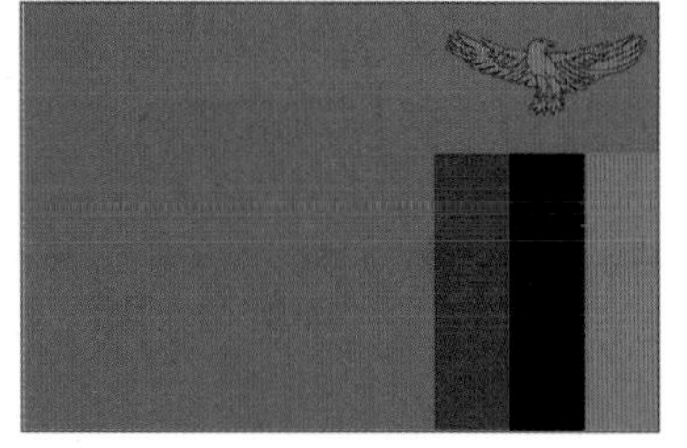

Zambia
[zǽmbiə]
잠비아㉜

Zimbabwe
[zɪmbɑ́ːbweɪ]
짐바브웨㉝

Flags - America 국기 – 아메리카❶

North America 북아메리카

Canada
[kǽnədə]
캐나다❶

USA(United States of America)
[juːeséɪ (juːnáɪtɪd stéɪts əv əmérɪkə)]
미국❷

Central America 중앙아메리카

Bahamas
[bəhάːməz]
바하마❸

Costa Rica
[kάːstə ríːkə]
코스타리카❹

Cuba
[kjúːbə]
쿠바❺

Dominica
[dəmínɪkə]
도미니카❻

Dominican Republic
[dəmínɪkən rɪpʌ́blɪk]
도미니카 공화국❼

El Salvador
[el sǽlvədɔ̀ːr]
엘살바도르❽

Guatemala
[gwὰːtəmάːlə]
과테말라❾

Honduras
[hɑndúrəs]
온두라스❿

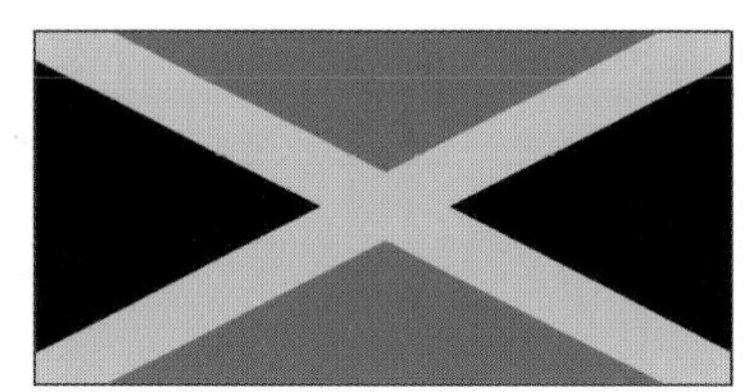

Jamaica
[dʒəméɪkə]
자메이카⓫

Mexico
[méksɪkòʊ]
멕시코⓬

10-3 Flags - America 국기 - 아메리카 ❶

Nicaragua
[nìkərɑ́:gwə]
니카라과⑬

Panama
[pǽnəmɑ:]
파나마⑭

Saint Lucia
[sèɪnt lú:ʃə]
세인트 루시아⑮

South America 남아메리카

Trinidad and Tobago
[trínədæ̀d ən təbéɪgoʊ]
트리니다드 토바고⑯

Argentina
[ɑ̀:rdʒəntí:nə]
아르헨티나⑰

Bolivia
[bəlíviə]
볼리비아⑱

Brazil
[brəzíl]
브라질⑲

Chile
[tʃíli]
칠레⑳

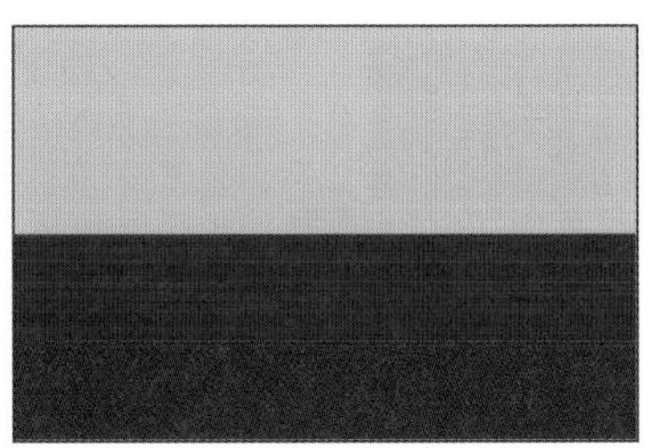

Colombia
[kəlʌ́mbiə]
콜롬비아㉑

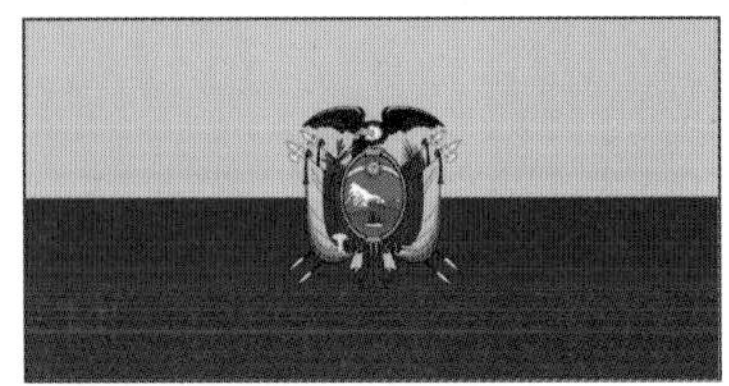

Ecuador
[ékwədɔ̀:r]
에콰도르㉒

Paraguay
[pǽrəgwèɪ]
파라과이㉓

Peru
[pərú:]
페루㉔

Uruguay
[júrəgwèɪ]
우루과이㉕

Venezuela
[vènəzwéɪlə]
베네수엘라㉖

10-4 Flags - Asia 국기 – 아시아 ❶

West Asia 서아시아

Armenia
[ɑːrmíːniə]
아르메니아❶

Azerbaijan
[àzərbaɪdʒɑ́ːn]
아제르바이잔 ❷

Bahrain
[bɑːréɪn]
바레인❸

Georgia
[dʒɔ́ːrdʒə]
조지아❹

Iraq
[ɪrǽk], [áɪræk]
이라크❺

Israel
[ízriəl]
이스라엘❻

Jordan
[dʒɔ́ːrdən]
요르단❼

Kuwait
[kuwéɪt]
쿠웨이트❽

Lebanon
[lébənən]
레바논❾

Oman
[oʊmɑ́ːn]
오만❿

Palestine
[pǽləstàɪn]
팔레스타인국⓫

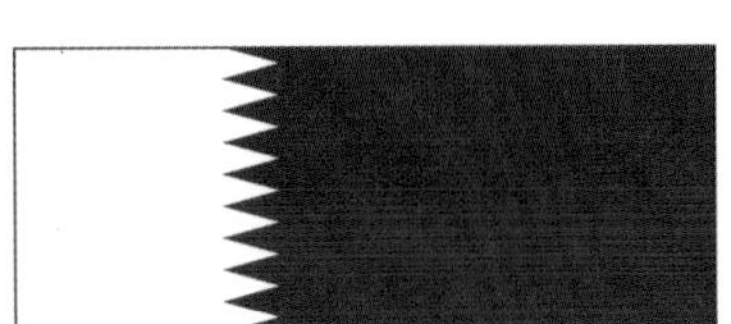

Qatar
[kɑ́ːtɑːr]
카타르⓬

Saudi Arabia
[sàudi əréɪbiə]
사우디아라비아⑬

Syria
[síriə]
시리아⑭

Turkey
[tə́:rki]
터키⑮

South Asia 남아시아

United Arab Emirates
[junáɪtɪd ǽrəb émərəts]
아랍에미리트⑯

Yemen
[jémən]
예멘⑰

Afghanistan
[æfgǽnəstæ̀n]
아프가니스탄⑱

Bangladesh
[bɑ̀:ŋglədéʃ]
방글라데시⑲

Bhutan
[bu:tɑ́:n]
부탄⑳

India
[índiə]
인도㉑

Iran
[aɪrǽn], [ɪrǽn]
이란㉒

Maldives
[mɔ́:ldi:vz]
몰디브㉓

Nepal
[nəpɔ́:l]
네팔㉔

Pakistan
[pǽkistæ̀n]
파키스탄㉕

Sri Lanka
[srì: lɑ́:ŋkə]
스리랑카㉖

Kazakhstan
[kɑ̀:zɑ:kstǽn]
카자흐스탄㉗

Central Asia 중앙아시아

Kyrgyzstan
[kìrgistǽn]
키르기스스탄㉘

Tajikistan
[tədʒíkəstæ̀n]
타지키스탄㉙

Turkmenistan
[tə́:rkmenəstǽn]
투르크메니스탄㉚

Uzbekistan
[uzbékistæ̀n]
우즈베키스탄㉛

Southeast Asia 동남아시아

Brunei
[bru:nái]
브루나이㉜

Cambodia
[kæmbóudiə]
캄보디아㉝

East Timor
[ì:st tí:mɔ:r]
동티모르㉞

Indonesia
[ìndəní:ʒə]
인도네시아㉟

Laos
[lɑ́:ous]
라오스㊱

Malaysia
[məléɪʒə]
말레이시아 37

Myanmar
[mjǽnmɑːr]
미얀마 38

Philippines
[fíləpìːnz]
필리핀 39

Singapore
[síŋgəpɔ̀ːr]
싱가포르 40

Thailand
[táɪlæ̀nd]
태국 41

Vietnam
[viètnάːm]
베트남 42

East Asia 동아시아

South Korea
[sàuθ kəríːə]
대한민국 43

North Korea
[nɔ̀ːrθ kəríːə]
북한 44

China
[tʃáɪnə]
중국 45

Japan
[dʒəpǽn]
일본 46

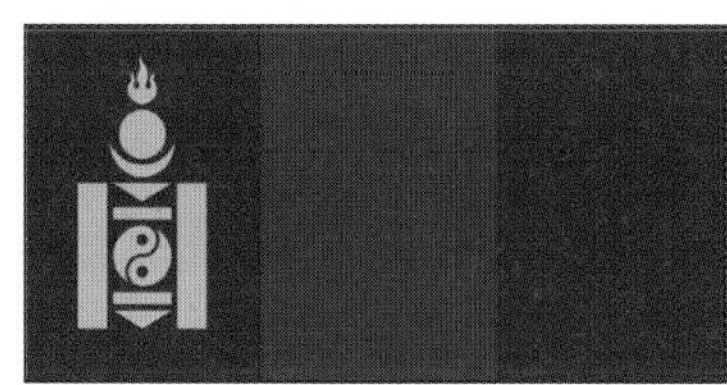

Mongolia
[mɑŋgóʊlɪə]
몽골 47

Taiwan
[tàɪwάːn]
타이완(대만) 48

10-5 Flags - Europe 국기 - 유럽❶

Western Europe 서유럽

Austria
[ɔ́:striə]
오스트리아❶

Belgium
[béldʒəm]
벨기에❷

France
[frǽns]
프랑스❸

Germany
[dʒə́:rməni]
독일❹

Luxembourg
[lʌ́ksəmbə̀:rg]
룩셈부르크❺

Monaco
[mɑ́nəkòu]
모나코❻

Netherlands
[néðərləndz]
네덜란드❼

Switzerland
[swítsərlənd]
스위스❽

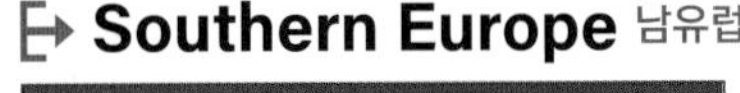

Southern Europe 남유럽

Albania
[ælbéiniə]
알바니아❾

Croatia
[krouéiʃə]
크로아티아❿

Greece
[grí:s]
그리스⓫

Italy
[ítəli]
이탈리아⓬

Macedonia
[mæ̀sədóuniə]
마케도니아⑬

Montenegro
[mɑ̀ntəníːgrou]
몬테네그로⑭

Portugal
[pɔ́ːrtʃugəl]
포르투갈⑮

Serbia
[sə́ːrbiə]
세르비아⑯

Slovenia
[slouvíːniə]
슬로베니아⑰

Spain
[spéɪn]
스페인⑱

Vatican
[vǽtɪkən]
바티칸⑲

Eastern Europe 동유럽

Belarus
[bèlærús]
벨라루스⑳

Bulgaria
[bʌlgériə]
불가리아㉑

Hungary
[hʌ́ŋgəri]
헝가리㉒

Poland
[póulənd]
폴란드㉓

Rumania
[ruméɪniə]
루마니아㉔

Flags - Europe 국기 - 유럽 ❷

Russia
[rʌ́ʃə]
러시아㉕

Slovakia
[slouvɑ́:kiə]
슬로바키아㉖

the Czech Republic
[ðʌ tʃèk ripʌ́blik]
체코㉗

Ukraine
[ju:kréin]
우크라이나㉘

Northern Europe 북유럽

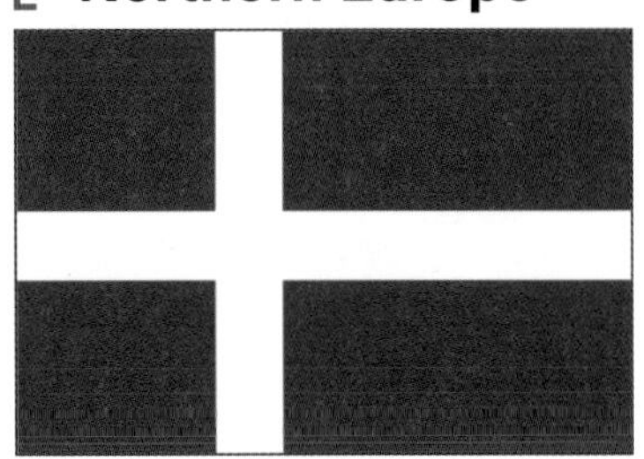

Denmark
[dénmɑ:rk]
덴마크㉙

Estonia
[estóuniə]
에스토니아㉚

Finland
[fínlənd]
핀란드㉛

Iceland
[áislənd]
아이슬란드㉜

Ireland
[áiərlənd]
아일랜드㉝

Latvia
[lǽtviə]
라트비아㉞

Lithuania
[lìθuéiniə]
리투아니아㉟

Norway
[nɔ́:rwei]
노르웨이㊱

Sweden
[swíːdən]
스웨덴㊲

the United Kingdom
[ðʌ juːnàɪtɪd kíŋdəm]
영국㊳

Flags - Oceania 국기 오세아니아

Australia
[ɔːstréɪljə]
오스트레일리아❶

Fiji
[fíːdʒiː]
피지❷

Kiribati
[kìəribáːti]
키리바시❸

Marshall Islands
[máːrʃəl àɪləndz]
마셜제도❹

Micronesia
[màɪkrəníːʒə]
미크로네시아 연방❺

Nauru
[nɑːúːruː]
나우루❻

New Zealand
[nùː zíːlənd]
뉴질랜드❼

Palau
[pɑːláʊ]
팔라우❽

Papua New Guinea
[pápuə njuː gìni]
파푸아 뉴기니❾

Samoa
[səmóʊə]
사모아❿

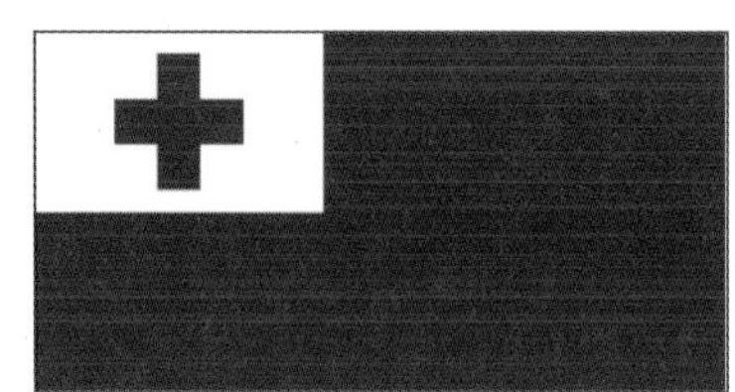

Tonga
[táŋgə]
통가⓫

Tuvalu
[túːvəlùː]
투발루⓬

Vanuatu
[và:nuá:tu:]
바누아투⑬

trees

flowers

kinds of animals

mammals

birds

fish

amphibians

reptiles

invertebrates

insects and arachnids

11

PLANTS AND ANIMALS

식물과 동물

trees 나무

1. **birch tree** [bə́ːrtʃ trìː] 자작나무
2. **acacia tree** [əkéɪʃə trìː] 아카시아나무
3. **mulberry tree** [mʌ́lberi trìː] 뽕나무
4. **cherry tree** [tʃéri trìː] 벚나무
5. **cherry blossoms** [tʃéri blɑ̆ːsəmz] 벚꽃
6. **pine tree** [páɪn trìː] 소나무
7. **pine cone** [páɪn kòʊn] 솔방울
8. **fir tree** [fə́ːr trìː] 전나무
9. **juniper tree** [dʒúːnɪpər trìː] 향나무
10. **metasequoia** [mètəsikwɔ́ɪə] 메타세쿼이아
11. **ginkgo, maidenhair tree** [gíŋkgoʊ], [méɪdənher trìː] 은행나무
12. **oak tree** [óʊk trìː] 떡갈나무
13. **maple tree** [méɪpl trìː] 단풍나무
14. **willow tree** [wíloʊ trìː] 버드나무
15. **ivy** [áɪvi] 담쟁이덩굴

flowers 꽃

rose
[róuz]
장미 1
baby's breath
[béɪbiz brèθ]
안개꽃 2
carnation
[kɑːrnéɪʃən]
카네이션 3
chrysanthemum
[krɪsǽnθəməm]
국화 4
iris
[áɪrɪs]
붓꽃 5
lily
[líli]
백합 6
daffodil
[dǽfədɪl]
수선화 7
orchid
[ɔ́ːrkɪd]
난초 8
tulip
[túːlɪp]
튤립 9
cosmos flower
[kɑ́ːzmous flàuər]
코스모스 10
daisy
[déɪzi]
데이지 11
dandelion
[dǽndɪlaɪən]
민들레 12

forget-me-not
[fərgét mi nɑ́:t]
물망초13
forsythia
[fərsíθiə]
개나리14
morning glory
[mɔ́:rniŋ glɔ́:ri]
나팔꽃15
violet
[váɪələt]
제비꽃16
lotus
[lóʊtəs]
연꽃19
pansy
[pǽnzi]
팬지17
rose of Sharon, hibiscus
[róʊz əv ʃǽrən], [haɪbískəs]
무궁화18
weed
[wí:d]
잡초20
sunflower
[sʌ́nflaʊər]
해바라기22
cactus
[kǽktəs]
선인장21

kinds of animals 동물 종류

❶ **mammals** [mǽməlz] 포유류

❷ **ungulate mammals** [ʌ́ŋgjulət mæ̀məlz] 발굽포유동물

❸ **insectivorous mammals** [ìnsektívərəs mæ̀məlz] 식충포유동물(곤충이나 작은 동물을 잡아먹음)

❹ **marsupials** [mɑːrsúːpiəlz] 유대류

❺ **rodents** [róudənts] 설치류

❻ **carnivorous mammals** [kɑːrnívərəs mæ̀məlz] 육식포유동물

❼ **marine mammals** [məríːn mæ̀məlz] 해양포유동물

BIRDS 9
10 INSECTS &
11 ARACHNIDS
12 AMPHIBIANS
13 REPTILES
TO
E ZOO
FISH 14
15 INVERTEBRATES
16 MOLLUSKS
17 CRUSTACEANS

8 **primates** [praɪméɪts] 영장류
9 **birds** [bɜ́:rdz] 조류
10 **insects** [ínsekts] 곤충류
11 **arachnids** [ərǽknɪdz] 거미류
12 **amphibians** [æmfíbiənz] 양서류
13 **reptiles** [réptaɪlz] 파충류
14 **fish** [fíʃ] 어류
15 **invertebrates** [ɪnvɜ́:rtɪbrəts] 무척추동물
16 **mollusks** [mɑ́:ləsks] 연체동물
17 **crustaceans** [krʌstéɪʃənz] 갑각류

mammals 포유류 ①

giraffe
[dʒərǽf]
기린 14
camel
[kǽməl]
낙타 15
elephant
[élɪfənt]
코끼리 16
hippopotamus
[hìpəpɑ́:təməs]
하마 17
rhinoceros
[raɪnɑ́:sərəs]
코뿔소 18
bear
[bér]
곰 19
polar bear
[póʊlər bèr]
북극곰 20
panda
[pǽndə]
판다 21
tiger
[táɪgər]
호랑이 22
lion
[láɪən]
사자 23

mammals 포유류 ③

raccoon
[rækúːn]
너구리 36
skunk
[skʌ́ŋk]
스컹크 37
meerkat
[mírkæt]
미어캣 38
sloth
[slóuθ]
나무늘보 39
weasel
[wíːzəl]
족제비 40
monkey
[mʌ́ŋki]
원숭이 41
baboon
[bæbúːn]
개코원숭이 42
gibbon
[gíbən]
긴팔원숭이 43
chimpanzee
[tʃìmpænzíː]
침팬지 44
gorilla
[gərílə]
고릴라 45
orangutan
[ərǽŋətæn]
오랑우탄 46

mouse, rat
[máʊs], [rǽt]
쥐47
hamster
[hǽmstər]
햄스터48
guinea pig
[gíni pìg]
기니피그49
beaver
[bíːvər]
비버50
rabbit
[rǽbɪt]
토끼51
squirrel
[skwə́ːrəl]
다람쥐52
hedgehog
[hédʒhɔːg]
고슴도치53
mole
[móʊl]
두더지54
koala
[koʊáːlə]
코알라56
kangaroo
[kæ̀ŋgərúː]
캥거루55
pouched mouse
[páʊtʃt màʊs]
주머니쥐57

whale
[wéɪl]
고래 58

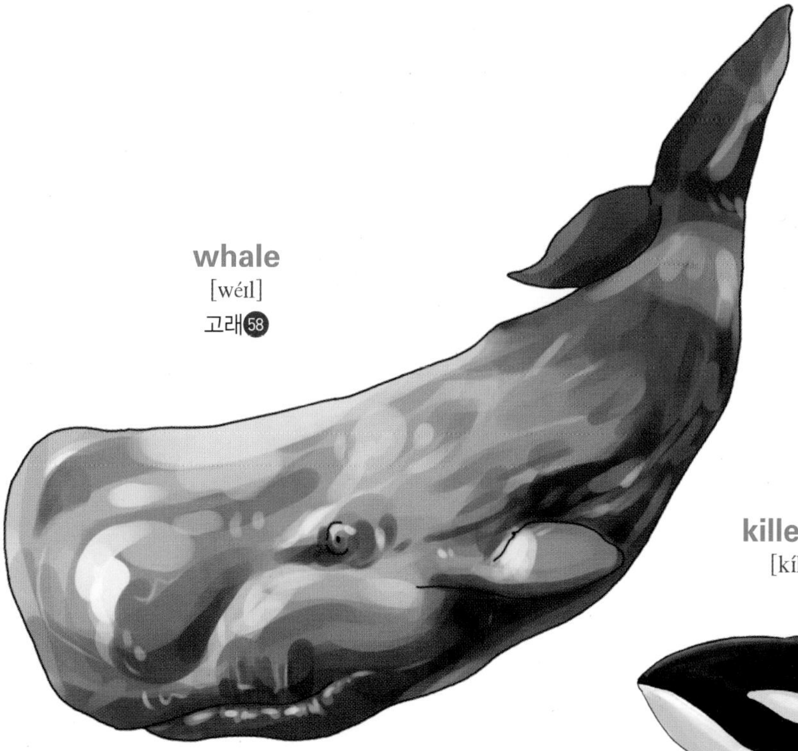

dolphin
[dɑ́:lfɪn]
돌고래 59

killer whale, orca
[kílər wèɪl], [ɔ́:rkə]
범고래 60

elephant seal
[élɪfənt sì:l]
바다코끼리 61

seal
[sí:l]
바다표범 63

sea lion
[sí: làɪən]
바다사자 62

armadillo
[ɑ̀:rmədílou]
아르마딜로 65

fur seal
[fɜ́:r sì:l]
물개 64

bat
[bǽt]
박쥐 66

birds 조류 ❶

hummingbird
[hʌ́mɪŋbɜ̀ːrd]
벌새❶
sparrow
[spǽroʊ]
참새❷
quail
[kwéɪl]
메추라기❸
swallow
[swɑ́ːloʊ]
제비❹
magpie
[mǽgpaɪ]
까치❺
crow
[króʊ]
까마귀❻
dove, pigeon
[dʌ́v], [pídʒɪn]
비둘기❼
pheasant
[fézənt]
꿩❽
jay
[dʒéɪ]
어치❾

owl
[áʊl]
부엉이⑩

skylark, lark
[skáɪlɑ:rk], [lɑ́:rk]
종달새⑪

nightingale
[náɪtɪŋgeɪl]
꾀꼬리⑫

starling
[stɑ́:rlɪŋ]
찌르레기⑭

parrot
[pǽrət]
앵무새⑬

woodpecker
[wʊ́dpekər]
딱따구리⑮

toucan
[tú:kæn]
근부리새⑯

birds 조류 ❷

hawk
[hɔ́:k]
매 17
eagle
[íːgl]
독수리 18
crane
[kréɪn]
두루미, 학 20
(머리 꼭대기에 붉은 반점, 목이 검은색)
stork
[stɔ́:rk]
황새 21
(머리와 목이 모두 흰색)
flamingo
[fləmíŋgoʊ]
홍학 19
swan
[swɑ́:n]
백조 22
kingfisher
[kíŋfɪʃər]
물총새 23
seagull
[síːgʌl]
갈매기 24

hen
[hén]
암탉25

chick
[tʃík]
병아리26

rooster
[rú:stər]
수탉27

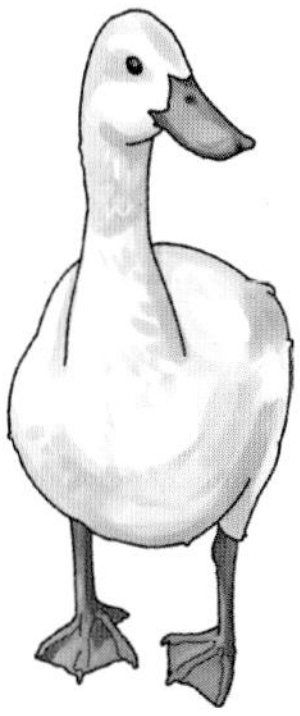

duck
[dʌ́k]
오리28

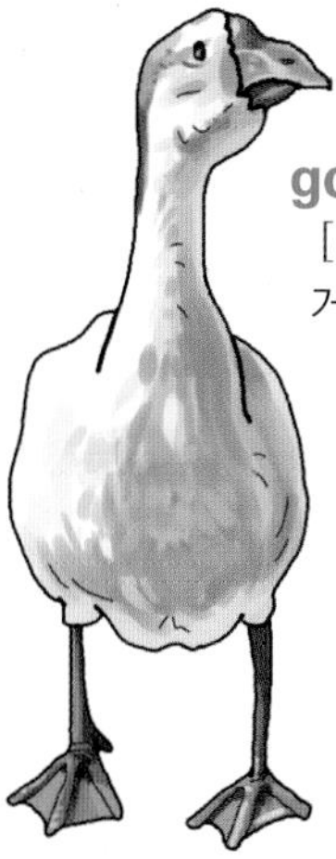

goose
[gú:s]
거위29

turkey
[tɜ́:rki]
칠면조30

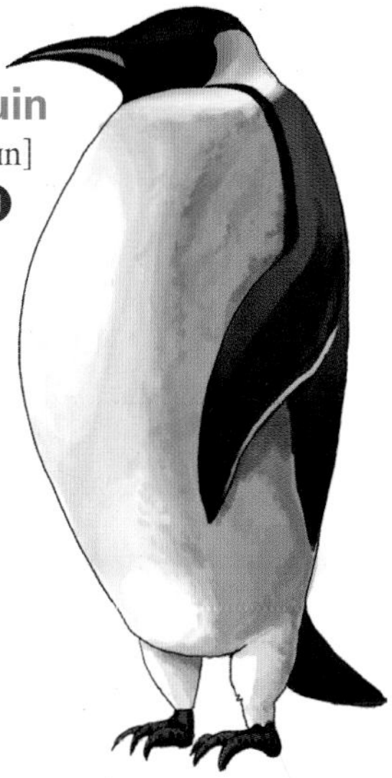

penguin
[péŋgwɪn]
펭귄31

peacock
[pí:kɑ:k]
공작32

ostrich
[ɑ́:strɪtʃ]
타조33

carp
[kɑ́:rp]
붕어❶
catfish
[kǽtfɪʃ]
메기❷
loach
[lóʊtʃ]
미꾸라지❸
goldfish
[góʊldfɪʃ]
금붕어❹
minnow
[mínoʊ]
피라미❺
ricefish
[ráɪsfɪʃ]
송사리❻
salmon
[sǽmən]
연어❼
trout
[tráʊt]
송어❽

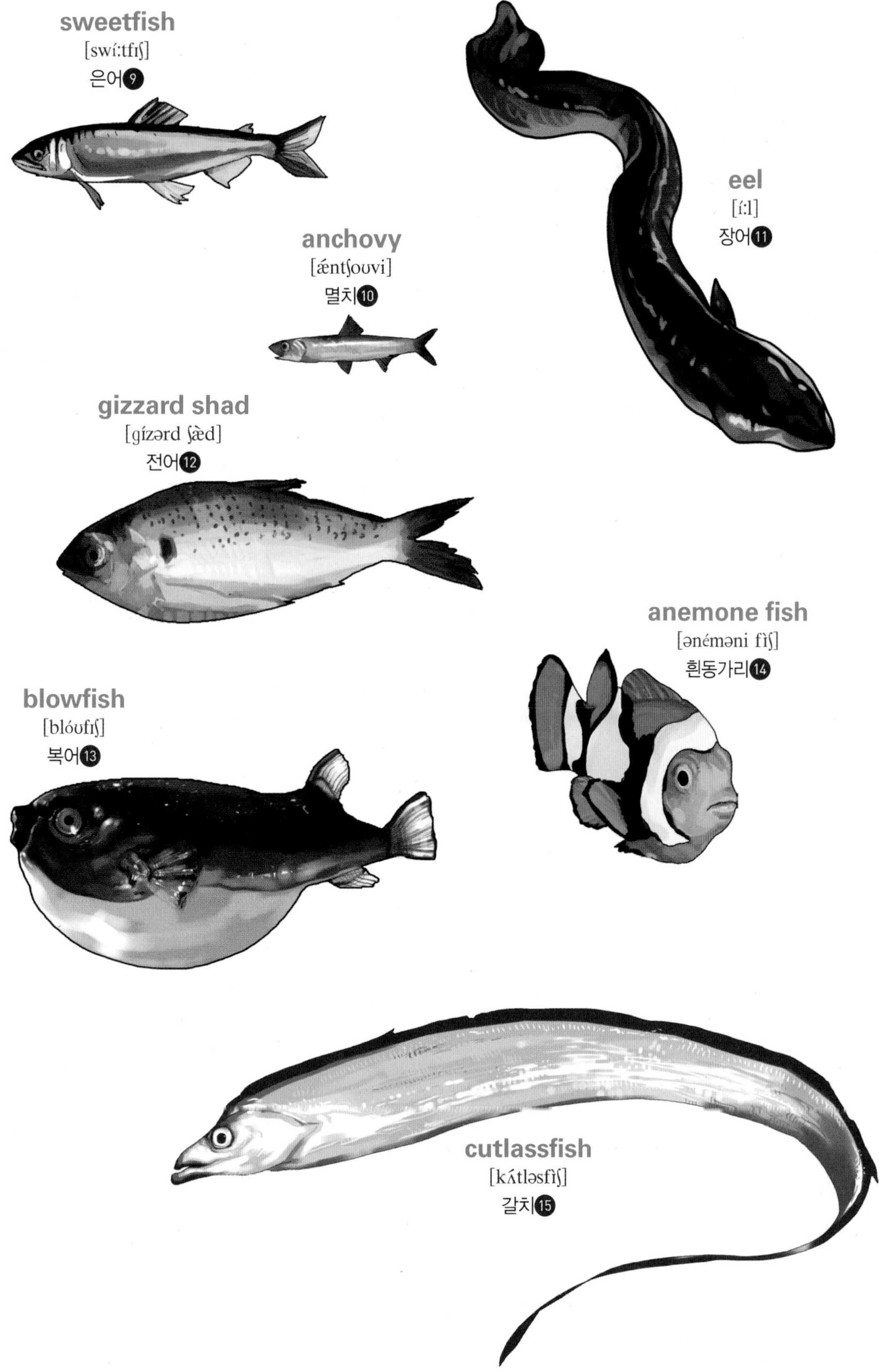
sweetfish
[swíːtfɪʃ]
은어 9
eel
[íːl]
장어 11
anchovy
[ǽntʃoʊvi]
멸치 10
gizzard shad
[gízərd ʃǽd]
전어 12
anemone fish
[ənéməni fìʃ]
흰동가리 14
blowfish
[blóʊfɪʃ]
복어 13
cutlassfish
[kʌ́tləsfìʃ]
갈치 15

11-6 fish 어류 ②

flying fish
[fláiŋ fìʃ]
날치⑯
mackerel
[mǽkərəl]
고등어⑰
saury
[sɔ́:ri]
꽁치⑱
sardine
[sɑ̀:rdí:n]
정어리⑲
shad
[ʃǽd]
청어⑳
snapper
[snǽpər]
도미㉑
fat bass
[fǽt bǽs]
돗돔㉒
halibut, flatfish
[hǽlıbət], [flǽtfıʃ]
광어㉓

tuna
[tú:nə]
참치㉔

shark
[ʃɑ́:rk]
상어㉕

gray mullet
[gréɪ mʌ́lɪt]
숭어㉖

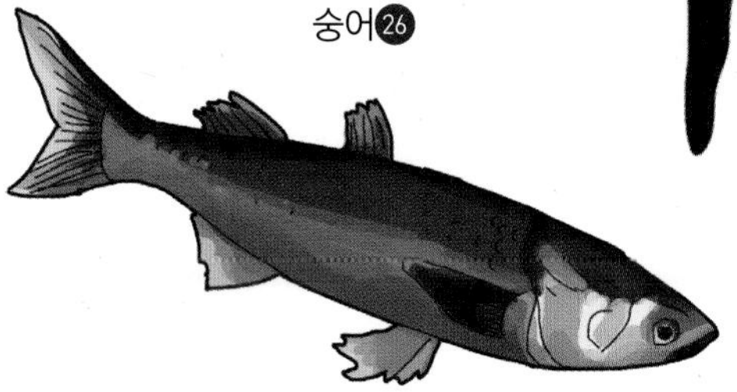

stingray
[stíŋreɪ]
가오리㉗

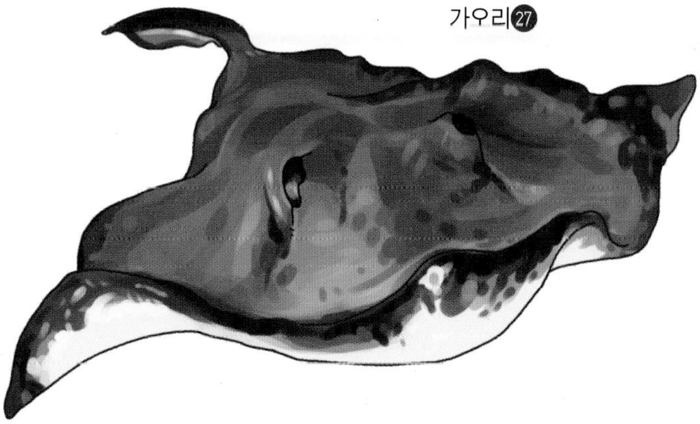

skate
[skéɪt]
홍어㉘

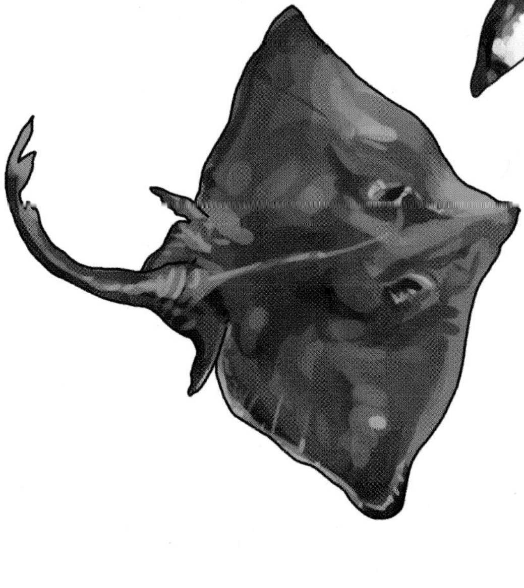

sea horse
[sí: hɔ́:rs]
해마㉙

amphibians 양서류

frog
[frɔ́:g]
개구리 ❶

tadpole
[tǽdpoul]
올챙이 ❷

toad
[tóud]
두꺼비 ❸

salamander
[sǽləmændər]
도롱뇽 ❹

lizard
[lízərd]
도마뱀 ❷

snake
[snéɪk]
뱀 ❶

chameleon
[kəmíːliən]
카멜레온 ❸

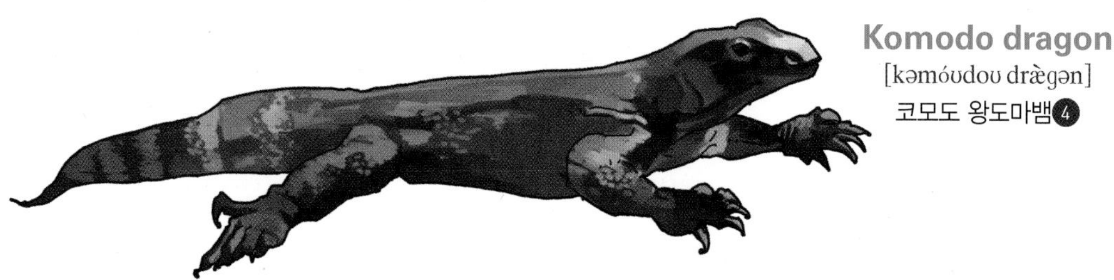

Komodo dragon
[kəmóudou drǽgən]
코모도 왕도마뱀 ❹

turtle
[tɜ́ːrtl]
거북이 ❺

iguana
[ɪgwɑ́ːnə]
이구아나 ❻

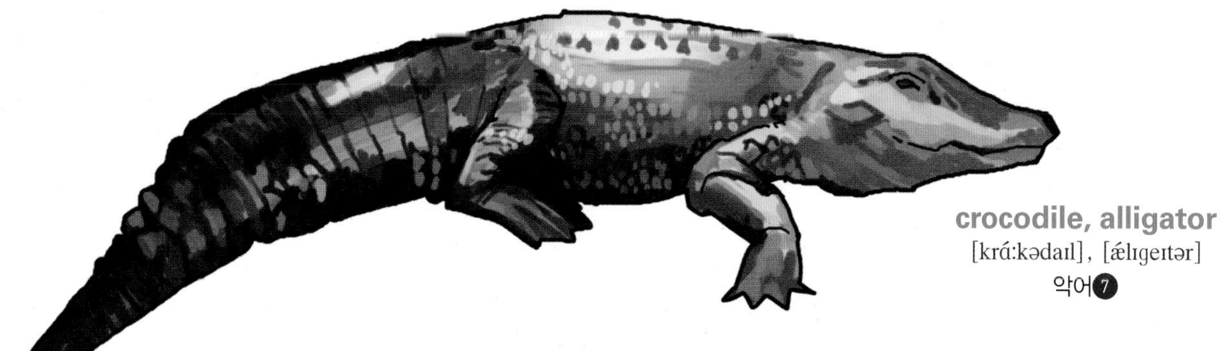

crocodile, alligator
[krɑ́ːkədaɪl], [ǽlɪgeɪtər]
악어 ❼

invertebrates 무척추동물

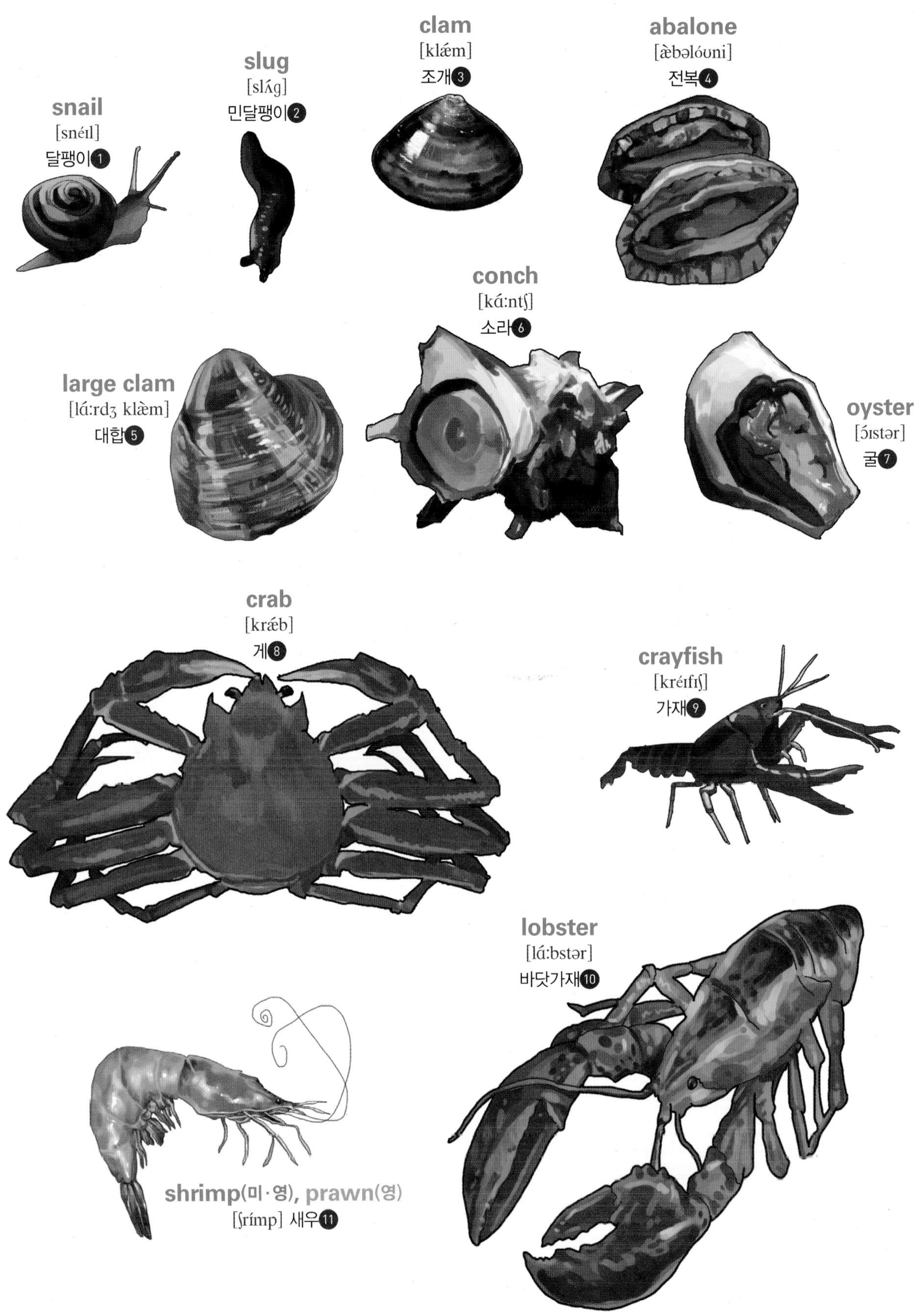

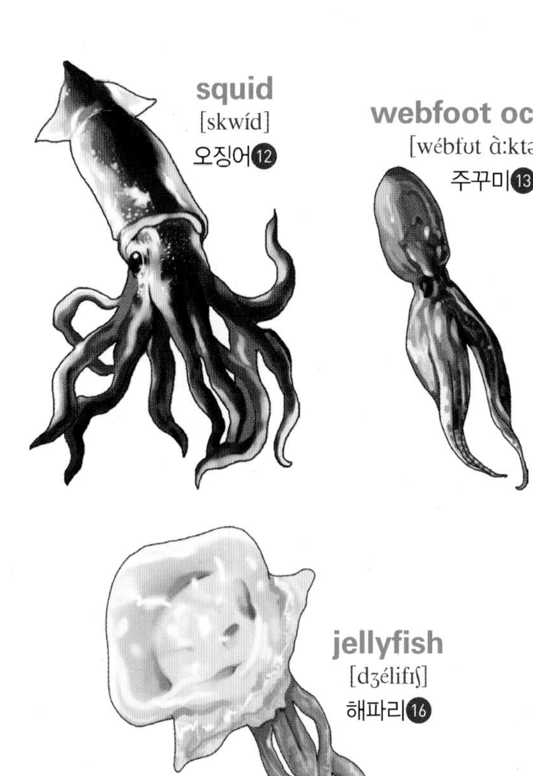

squid
[skwíd]
오징어⑫

webfoot octopus
[wébfʊt ɑ̀:ktəpəs]
주꾸미⑬

baby octopus
[béɪbi ɑ̀:ktəpəs]
꼴뚜기⑭

small octopus, long-legged octopus
[smɔ́:l ɑ̀:ktəpəs], [lɔ́:ŋlegd ɑ̀:ktəpəs]
낙지⑮

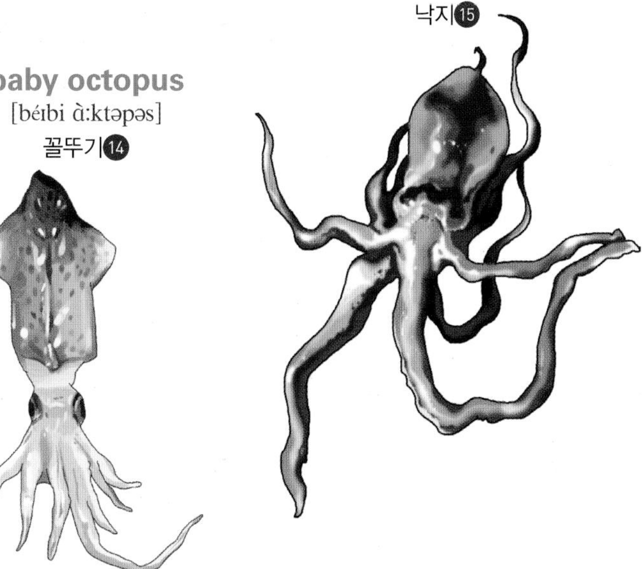

jellyfish
[dʒélifɪʃ]
해파리⑯

octopus
[ɑ́:ktəpəs]
문어⑲

sea squirt
[sí: skwə̀:rt]
멍게⑰

sea urchin, sea chestnut
[sí: ə̀:rtʃɪn], [sí: tʃèsnʌt]
성게⑱

coral
[kɔ́:rəl]
산호㉑

sea anemone
[sí: ənèməni]
말미잘㉒

starfish
[stɑ́:rfɪʃ]
불가사리⑳

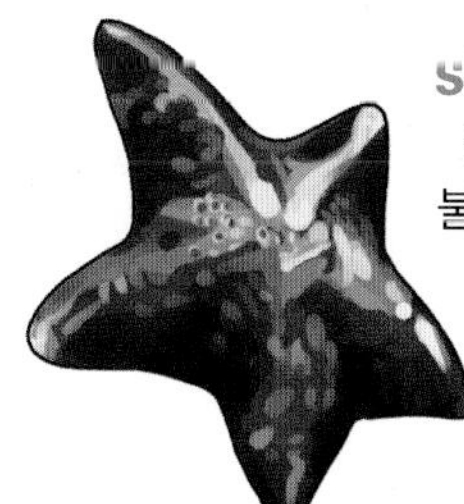

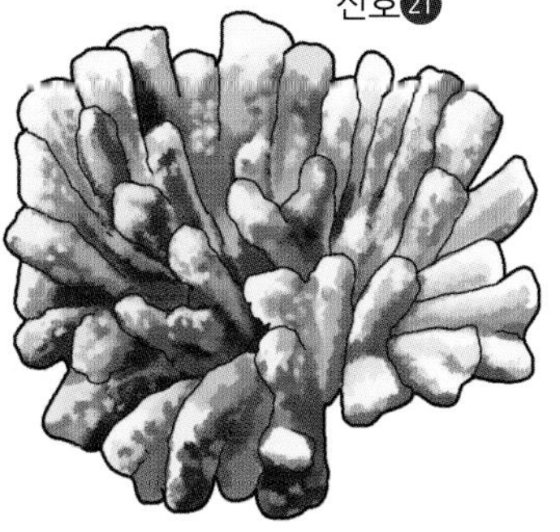

insects and arachnids 곤충류와 거미류

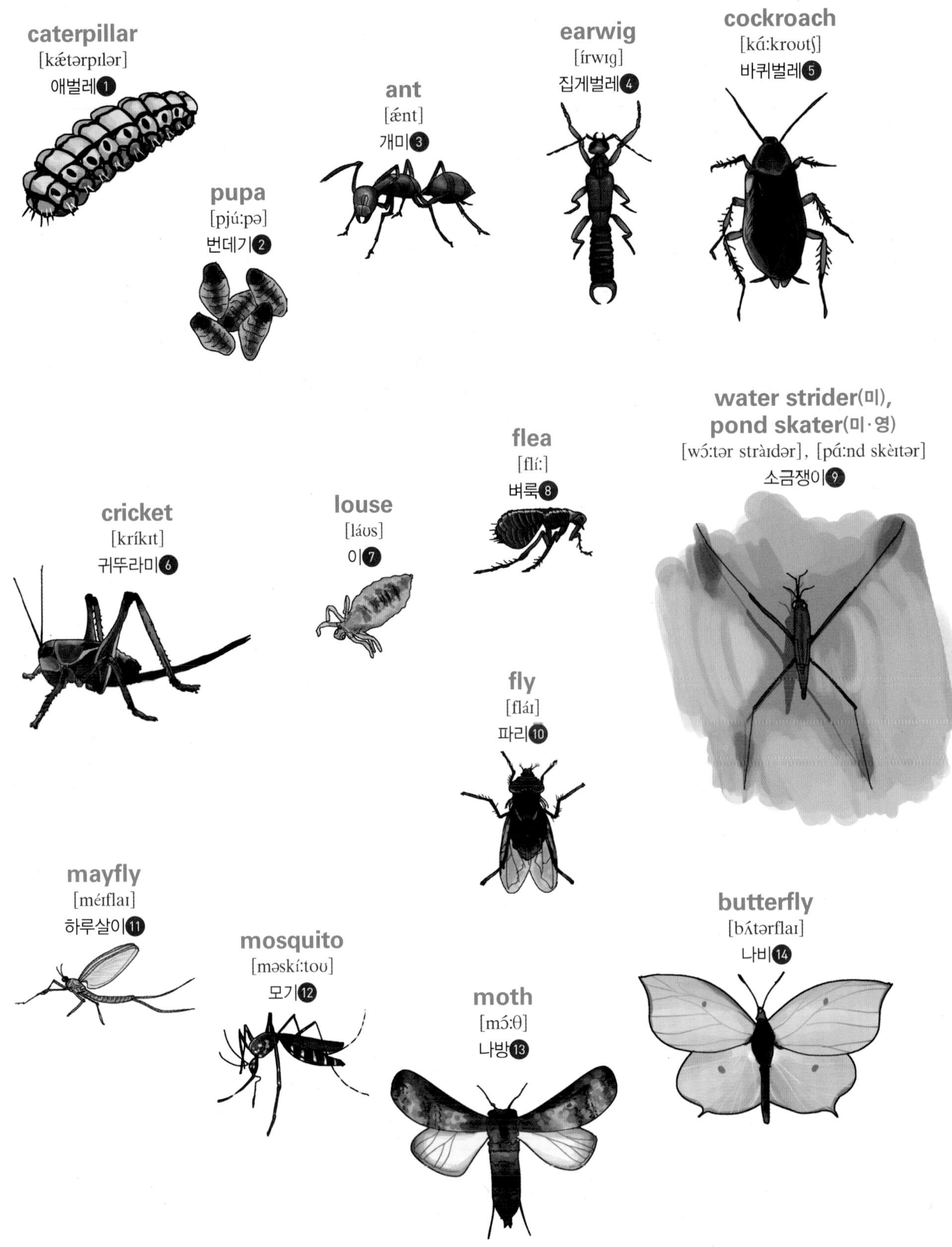

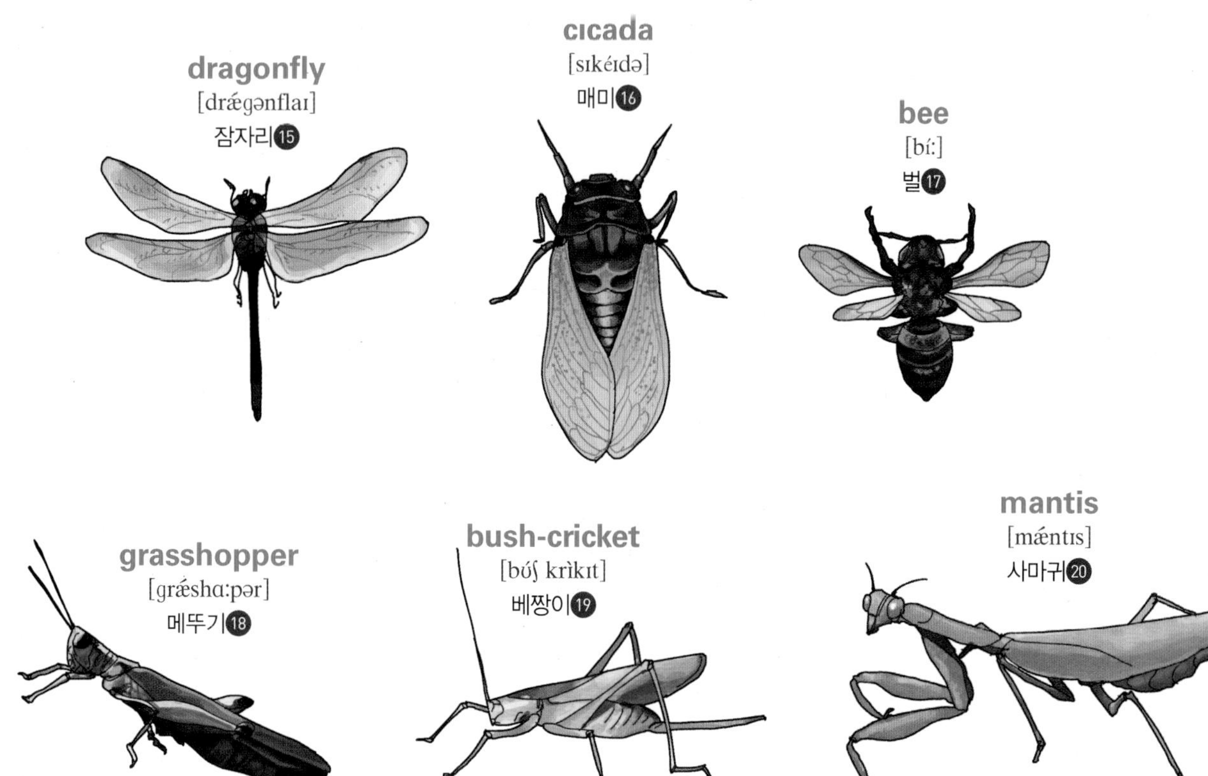

dragonfly
[drǽgənflaɪ]
잠자리⑮

cicada
[sɪkéɪdə]
매미⑯

bee
[bíː]
벌⑰

grasshopper
[grǽshɑːpər]
메뚜기⑱

bush-cricket
[bʊ́ʃ krìkɪt]
베짱이⑲

mantis
[mǽntɪs]
사마귀⑳

ladybug
[léɪdibʌ̀g]
무당벌레㉑

lightning bug
[láɪtnɪŋ bʌ̀g]
반딧불이, 개똥벌레㉒

beetle
[bíːtl]
딱정벌레㉓

scarab
[skǽrəb]
풍뎅이㉔

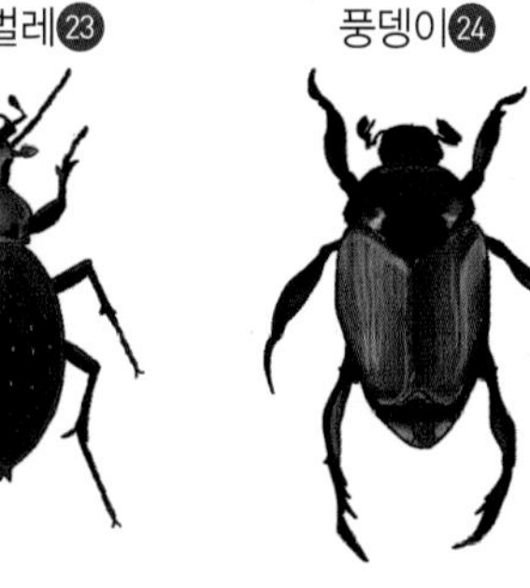

long horned beetle
[lɔ́ːŋ hɔ̀ːrnd bìːtl]
장수하늘소㉕

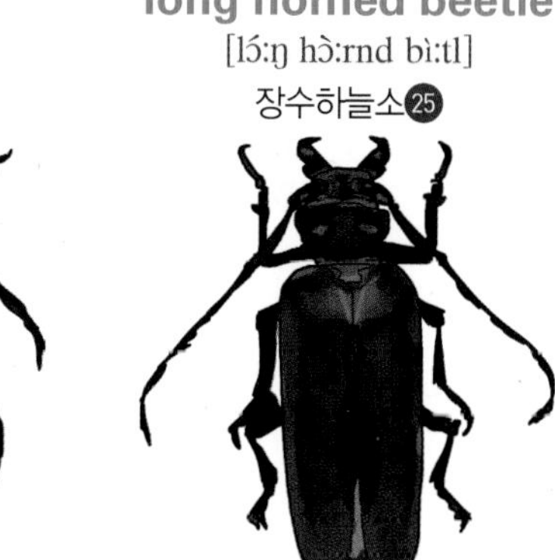

stag beetle
[stǽg bìːtl]
사슴벌레㉖

spider
[spáɪdər]
거미㉗

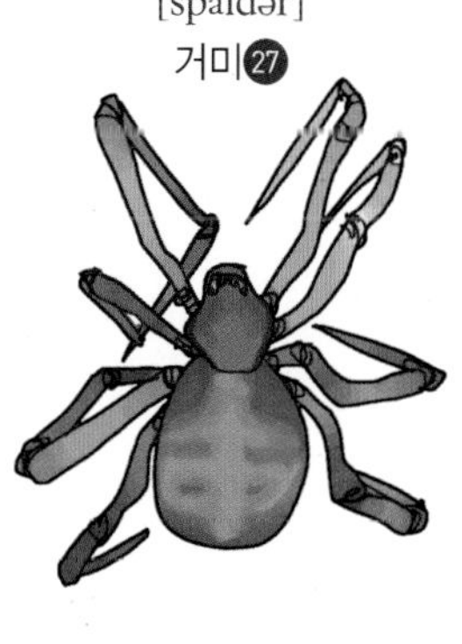

scorpion
[skɔ́ːrpiən]
전갈㉘

types of sports

sports equipments

winter sports

beach

camping

park

hotel

12

SPORTS AND OUTDOORS ACTIVITIES

스포츠와 야외 활동

types of sports 스포츠 종류 ❶

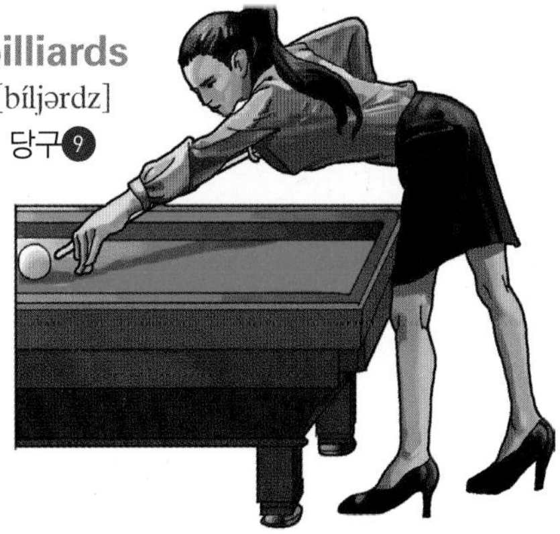

billiards
[bíljərdz]
당구 9

tennis
[ténɪs]
테니스 8

golf
[gɑ́:lf]
골프 11

bowling
[bóʊlɪŋ]
볼링 10

track and field, athletics
[trǽk ən fí:ld], [æθlétɪks]
육상 경기 12

the high jump
[ðə hái dʒʌ̀mp]
높이뛰기 13

martial arts
[mɑ́:rʃəl ɑ̀:rts]
무술 14
taekwondo
[taɪkwɑ̀:ndóʊ]
태권도 15
judo
[dʒú:doʊ]
유도 16
kendo
[kéndoʊ]
검도 17
boxing
[bɑ́:ksɪŋ]
복싱 18
wrestling
[réslɪŋ]
레슬링 19
fencing
[fénsɪŋ]
펜싱 20

swimming
[swímɪŋ]
수영 21
yoga
[jóʊgə]
요가 22
speed skating
[spíːd skèɪtɪŋ]
스피드 스케이팅 23
windsurfing
[wíndsɜːrfɪŋ]
윈드서핑 24
skiing
[skíːɪŋ]
스키 25
snowboard, snowboarding
[snóʊbɔːrd], [snóʊbɔ̀ːrdiŋ]
스노보드 26

sports equipments 스포츠 용품 ❶

soccer ball(미), **football**(영)
[sɑ́:kər bɔ̀:l] 축구공❶

football(미)
[fútbɔ:l]
American football(영)
미식축구공❷

shoulder pads
[ʃóuldər pæ̀dz]
미식축구 어깨 보호대❸

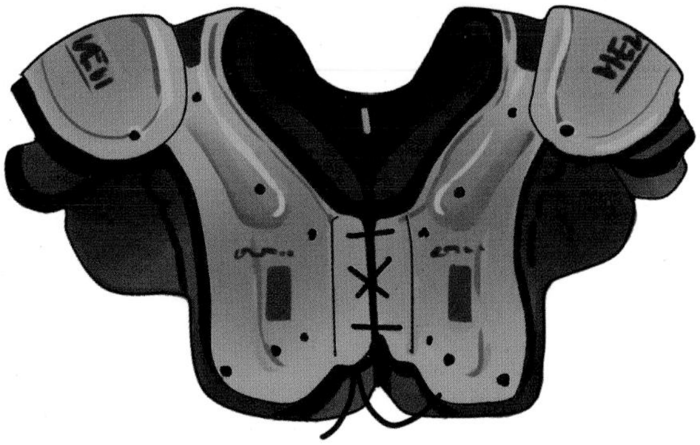

football helmet(미)
[fútbɔ:l hèlmɪt]
American football helmet(영)
미식축구 헬멧❹

baseball
[béɪsbɔ:l]
야구공❺

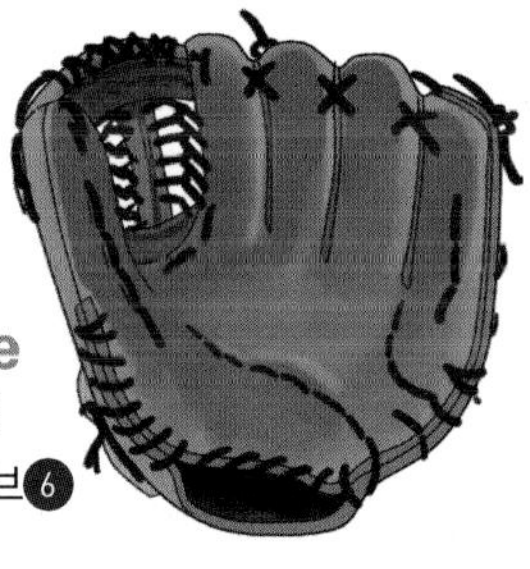

glove
[glʌ́v]
야구 글러브❻

uniform
[jú:nɪfɔ:rm]
유니폼❼

baseball bat
[béɪsbɔ:l bæ̀t]
야구 방망이❽

catcher's mask
[kǽtʃərz mæ̀sk]
포수(야구) 마스크❾

basketball
[bǽskɪtbɔːl]
농구공⑩

volleyball
[vɑ́ːlibɔːl]
배구공⑪

table tennis table, ping-pong table
[téɪbl ténɪs tèɪbl], [píŋ pɔ́ːŋ tèɪbl]
탁구대⑫

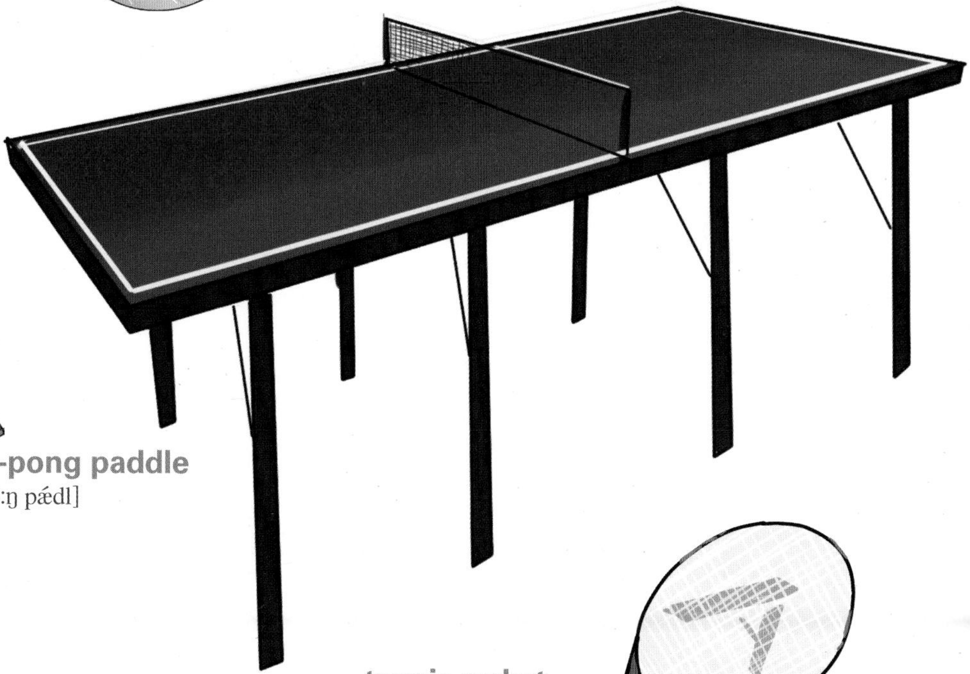

table tennis paddle, ping-pong paddle
[téɪbl ténɪs pǽdl], [píŋ pɔ́ːŋ pǽdl]
탁구채⑬

badminton racket
[bǽdmɪntən rǽkɪt]
배드민턴 라켓⑭

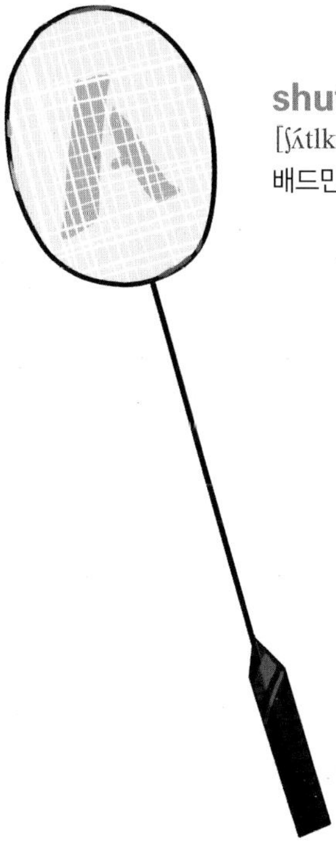

shuttlecock(미·영), **birdie**(미)
[ʃʌ́tlkɑːk], [bɜ́ːrdi]
배드민턴공⑮

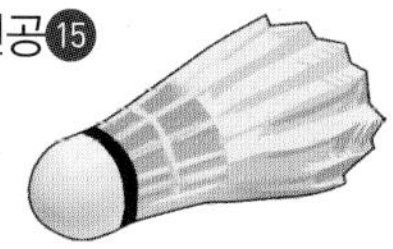

tennis racket
[ténɪs rǽkɪt]
테니스 라켓⑯

bowling ball
[bóʊlɪŋ bɔ̀ːl]
볼링공⑰

bowling pins
[bóʊlɪŋ pìnz]
볼링핀⑱

sports equipments 스포츠 용품 ②

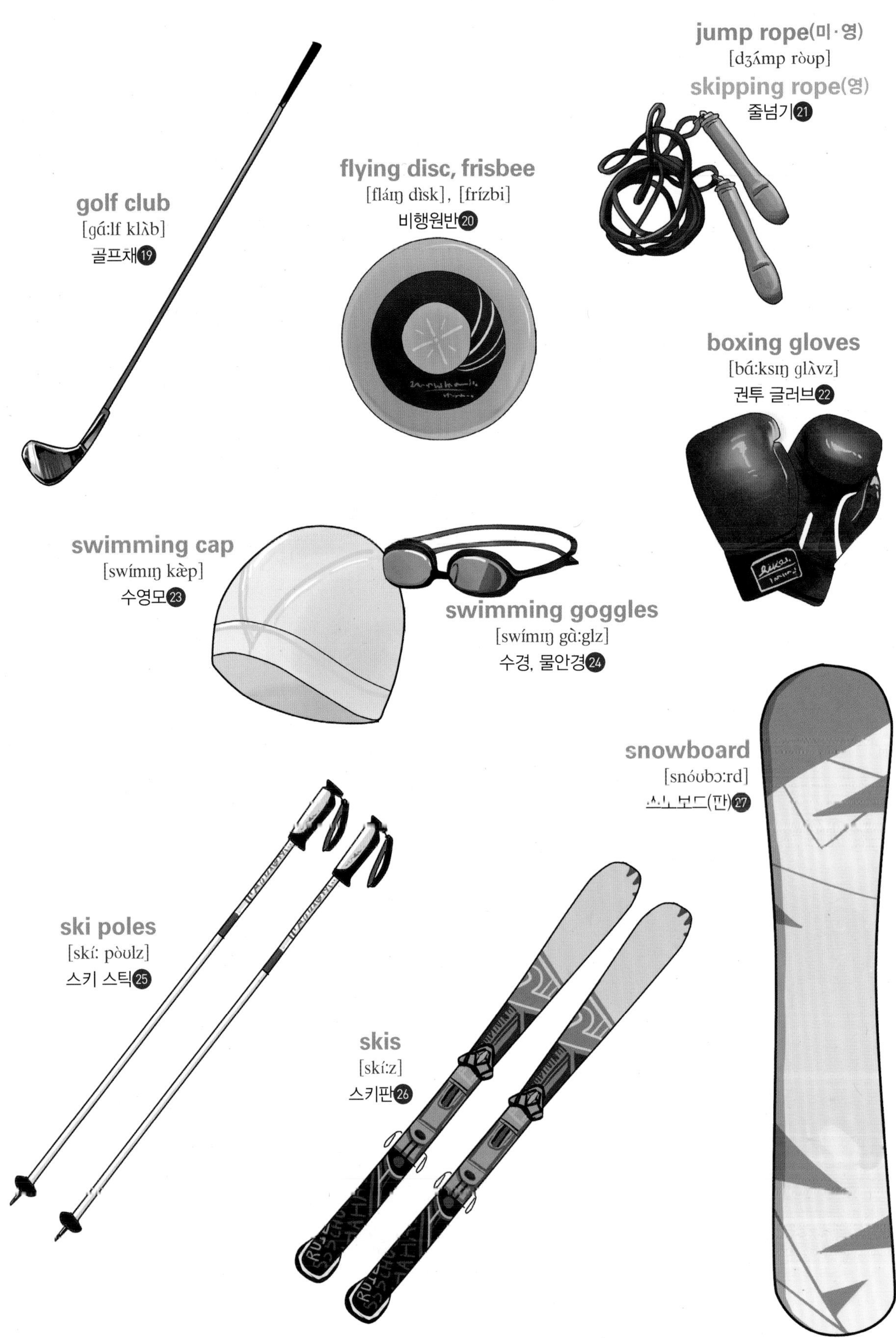

ice skates(미·영), **skates**(미)
[áɪs skèɪts], [skéɪts]
스케이트화 ㉘

ski boots
[skíː bòʊts]
스키·스노보드용 부츠 ㉙

hockey stick
[háːki stìk]
하키용 스틱 ㉚

shin guards
[ʃín gàːrdz]
정강이 보호대 ㉛

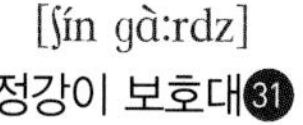

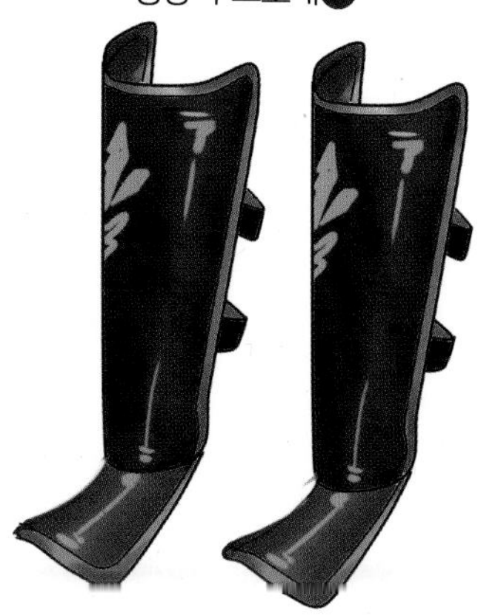

inline skates
[ínlaɪn skèɪts]
인라인 스케이트화 ㉜

skateboard
[skéɪtbɔːrd]
스케이트보드 ㉝

bow
[bóʊ]
활 ㉞

arrow
[ǽroʊ]
화살 ㉟

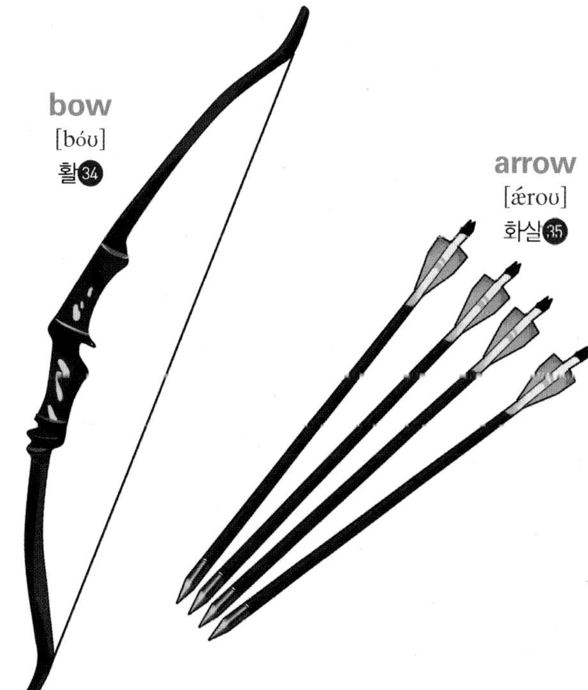

target
[táːrgɪt]
과녁 ㊱

winter sports 겨울 스포츠

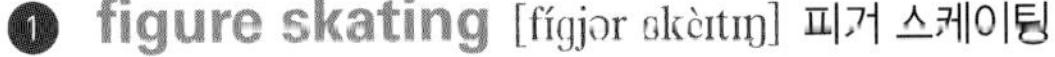

1. **figure skating** [fígjər skèitiŋ] 피거 스케이팅
2. **curling** [kə́:rliŋ] 컬링
3. **ice hockey** [áis hɑ̀:ki] 아이스하키
4. **sledding slope** [slédiŋ slòup] 눈썰매장
5. **toboggan** [təbɑ́:gən] 터보건 썰매
6. **sled** [sléd] 썰매
7. **snowboarding** [snóubɔ:rdiŋ] 스노보드 타기
8. **snowboarder** [snóubɔ:rdər] 스노보드 타는 사람
9. **snowboard** [snóubɔ:rd] 스노보드
10. **skiing** [skí:iŋ] 스키 타기
11. **skier** [skí:ər] 스키 타는 사람
12. **snowmobile** [snóumoubi:l] 설상차, 스노모빌
13. **skating** [skéitiŋ] 스케이트 타기
14. **skater** [skéitər] 스케이트 타는 사람
15. **ice rink** [áis rìŋk] 스케이트장
16. **chairlift** [tʃérlift] (스키장 등의) 좌식 리프트
17. **bobsleigh**(미·영), **bobsled**(미)
    [bɑ́:bslei], [bɑ́:bsled] 봅슬레이

7
8
9
10
11
12
13
14
15
16
17

beach 바닷가

1. **lifeguard** [láɪfgɑ:rd] 인명 구조원
2. **beach volleyball** [bí:tʃ vɑ́:libɔ:l] 비치발리볼
3. **parasol(미·영), umbrella(미)** [pǽrəsɔ:l], [ʌmbrélə] 파라솔
4. **beach chair** [bí:tʃ tʃèr] 비치체어
5. **sunscreen(미·영)** [sʌ́nskri:n] **sunblock(영)** 선크림
6. **blanket** [blǽŋkɪt] 담요
7. **cooler(미·영)** [kú:lər] **icebox(영)** 아이스박스
8. **sand** [sǽnd] 모래
9. **pail** [péɪl] 들통
10. **sand castle** [sǽnd kǽsl] 모래성
11. **sea shell** [sí: ʃèl] 조개껍데기
12. **ship** [ʃíp] (큰) 배, 선박
13. **pier** [pír] 부두
14. **breakwater, seawall** [bréɪkwɔ:tər], [sí:wɔ:l] 방파제
15. **lighthouse** [láɪthaʊs] 등대
16. **sailboat** [séɪlboʊt] 돛단배
17. **water-skier** [wɔ́:tər skì:ər] 수상스키 타는 사람
18. **motorboat** [móʊtərboʊt] 모터보트
19. **snorkel** [snɔ́:rkəl] 스노클, 잠수용 호흡 기구
20. **snorkeler** [snɔ́:rkələr] 스노클링 하는 사람
21. **flippers** [flípərz] 오리발
22. **scuba diver** [skú:bə dáɪvər] 스쿠버다이빙 하는 사람
23. **water wing** [wɔ́:tər wìŋ] 팔에 끼는 부낭
24. **swimmer** [swímər] 수영하는 사람
25. **submarine** [sʌ̀bmərí:n] 잠수함
26. **windsurfer** [wɪndsɜ̀:rfər] 윈드서핑 하는 사람
27. **sailboard, wind surf board** [séɪlbɔ:rd], [wínd sɜ́:rf bɔ́:rd] 윈드서핑용 보드
28. **surfer** [sɜ́:rfər] 서핑 하는 사람
29. **surfboard** [sɜ́:rfbɔ:rd] 서핑보드

25
16
12
15
26
14
27
13
17
28
18
29
19
22
20
21
24
23
11

12-5 camping 캠핑

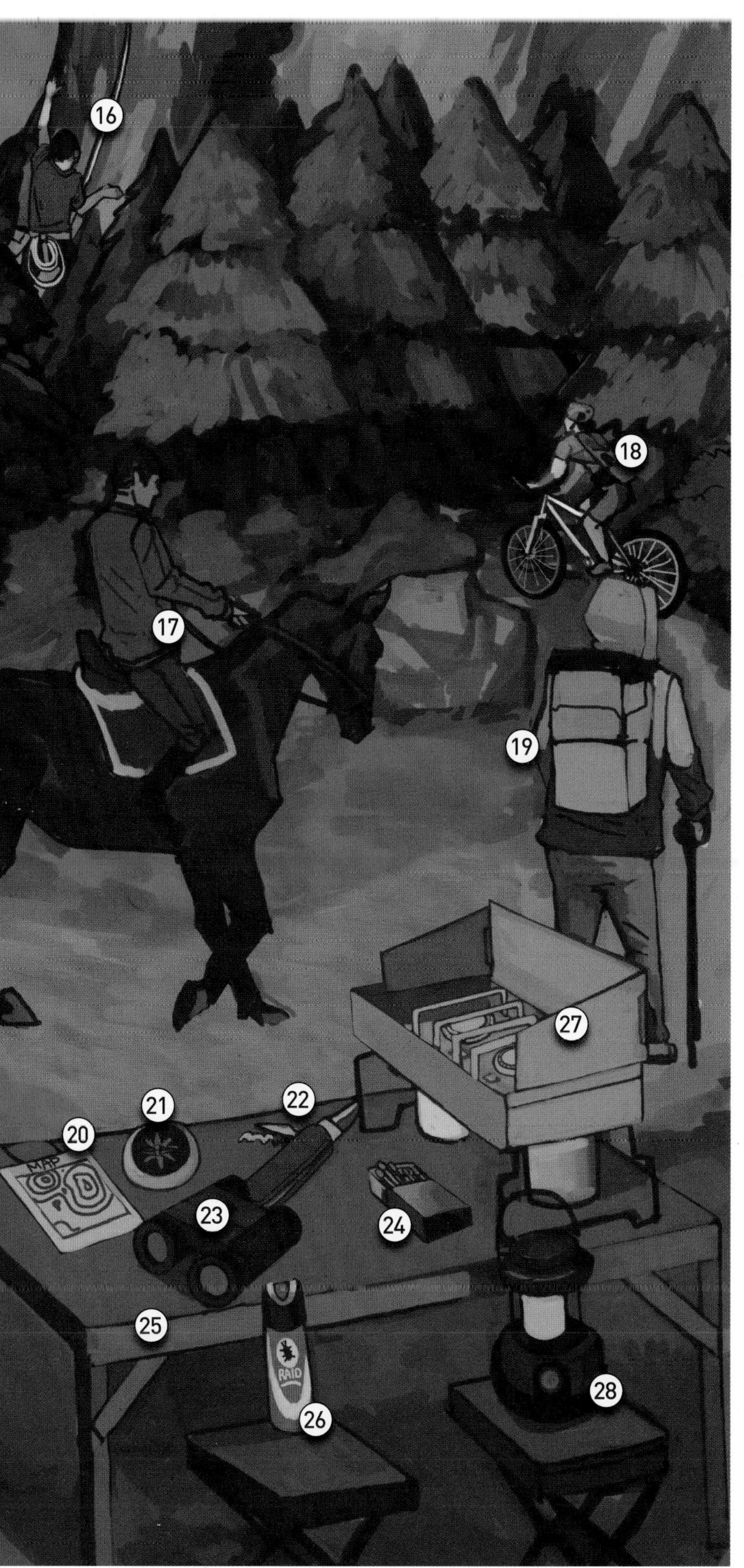

1. **canoeing** [kənúːɪŋ] 카누 타기
2. **fishing rod** [fíʃɪŋ rɑ̀ːd] 낚싯대
3. **fishing net** [fíʃɪŋ nèt] 낚시 그물
4. **fishing** [fíʃɪŋ] 낚시
5. **boat** [bóʊt] 배
6. **life jacket, life vest** [láɪf dʒǽkɪt], [láɪf vèst] 구명조끼
7. **rafting** [rǽftɪŋ] 급류타기
8. **backpacking** [bǽkpæ̀kɪŋ] 등짐지고 걷기
9. **canteen, water bottle** [kæntíːn], [wɔ́ːtər bɑ́ːtl] 여행용 물통
10. **hiking trail** [háɪkɪŋ trèɪl] 하이킹 코스
11. **tent** [tént] 텐트
12. **sleeping bag** [slíːpɪŋ bæ̀g] 침낭
13. **backpack**(미), **rucksack**(영) [bǽk pæ̀k] 백팩, 배낭
14. **rope** [róʊp] 밧줄
15. **campfire** [kǽmpfaɪər] 캠프파이어, 모닥불
16. **rock climbing** [rɑ́ːk klàɪmɪŋ] 암벽 등반
17. **horseback riding** [hɔ́ːrsbæk ràɪdɪŋ] 승마
18. **mountain biking** [máʊntən bàɪkɪŋ] 산악 자전거 타기
19. **hiking** [háɪkɪŋ] 하이킹, 도보 여행
20. **trail map** [tréɪl mæ̀p] 길 안내 지도
21. **compass** [kʌ́mpəs] 나침반
22. **multi-use knife** [mʌ́ltijuːz nàɪf] 다용도 칼
23. **binoculars** [bɪnɑ́ːkjələrz] 쌍안경
24. **match** [mǽtʃ] 성냥
25. **camping table** [kǽmpɪŋ tèɪbl] 캠핑 테이블
26. **insect repellent** [ínsekt ripélənt] 벌레 퇴치기
27. **camping stove** [kǽmpɪŋ stòʊv] 캠핑용 버너
28. **lantern** [lǽntərn] 랜턴

park 공원

1 **jungle gym**(미), **climbing frame**(영) [dʒʌ́ŋgl dʒìm] 정글짐
2 **swings** [swíŋz] 그네
3 **sandbox**(미·영), **sandpit**(영) [sǽndbὰ:ks] 모래장
4 **seesaw** [sí:sɔ:] 시소
5 **slide** [sláɪd] 미끄럼틀
6 **horizontal bar** [hɔ̀:rəzά:ntəl bά:r] 철봉
7 **street vendor** [strí:t vèndər] 매점, 가판대
8 **bench** [béntʃ] 벤치
9 **skateboarder** [skéɪtbɔ:rdər] 스케이트보드 타는 사람
10 **water fountain** [wɔ́:tər fàuntən] 분수대
11 **tricycle** [tráɪsɪkl] 세발자전거
12 **in-line skater** [ínlaɪn skèɪtər] 인라인스케이트 타는 사람
13 **lake** [léɪk] 호수
14 **picnic basket** [píknɪk bæ̀skɪt] 소풍 바구니
15 **picnic table** [píknɪk tèɪbl] 소풍 테이블
16 **trash can**(미), **rubbish bin**(영) [trǽʃ kæ̀n] 쓰레기통
17 **tennis court** [ténɪs kɔ̀:rt] 테니스장
18 **path** [pǽθ] 도로, 산책로, 오솔길
19 **bike path, bike trail** [báɪk pæ̀θ], [báɪk trèɪl] 자전거 도로
20 **circus** [sɜ́:rkəs] 서커스
21 **merry-go-round** [méri góu ráund] 회전목마
22 **Ferris wheel** [féris wì:l] 대관람차

14
15
16
17
13
18
19
20
CIRCUS
21
22

hotel 호텔

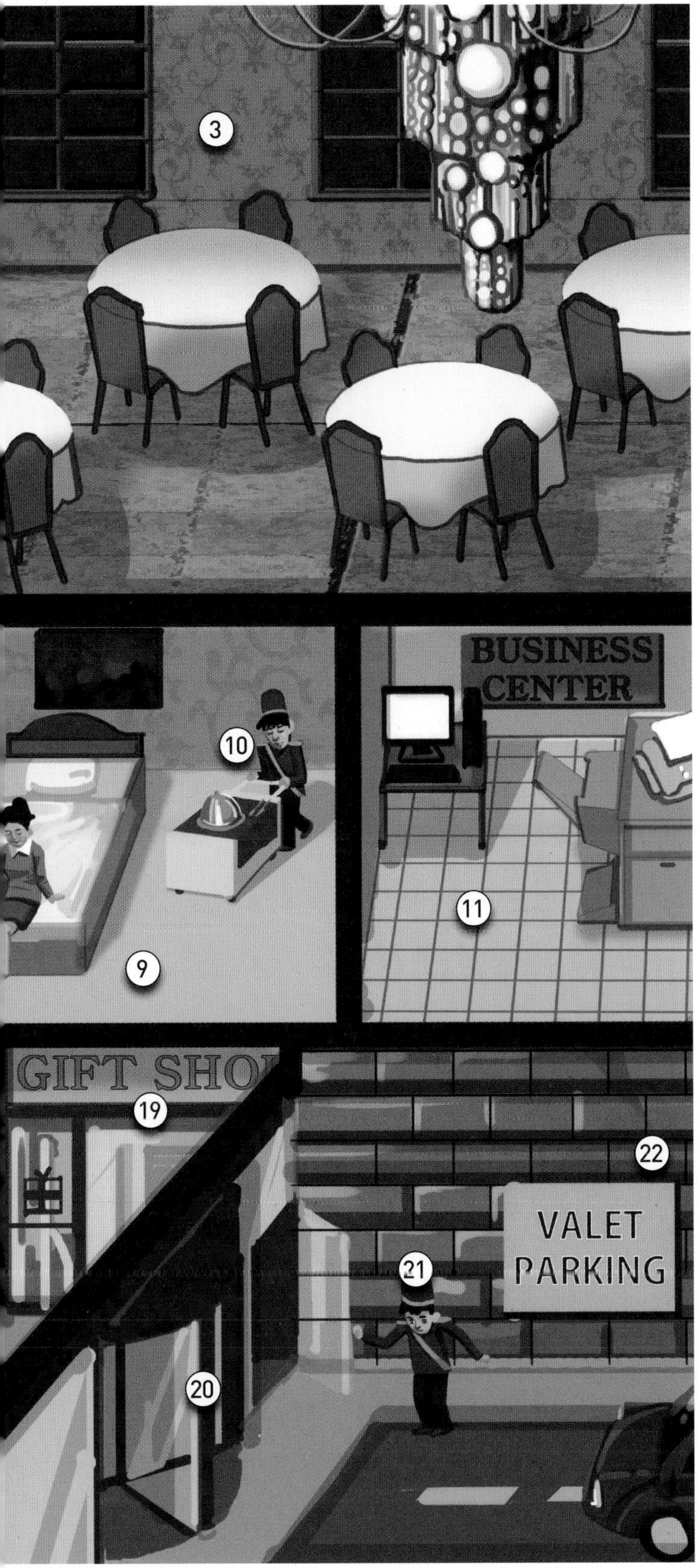

1. **sauna** [sɔ́:nə] 사우나실
2. **suite** [swí:t] 스위트룸(거실과 침실이 연결된 호텔 객실)
3. **ballroom** [bɔ́:lru:m] 대연회장
4. **gym** [dʒím] 헬스장
5. **meeting room** [mí:tɪŋ rù:m] 회의실
6. **double room** [dʌ̀bl rú:m] 더블룸, 2인용 객실
7. **housekeeping cart** [háʊski:pɪŋ kɑ̀:rt] 청소도구 카트
8. **housekeeper** [háʊski:pər] 객실 청소 담당 직원
9. **single room** [sìŋgl rú:m] 싱글룸, 1인용 객실
10. **room service** [rú:m sɜ̀:rvɪs] 룸서비스
11. **business center** [bíznəs sèntər] 비즈니스 센터
12. **swimming pool** [swímɪŋ pù:l] 수영장
13. **front desk, reception** [frɔ́:nt dèsk], [rɪsépʃən] (숙박) 안내 데스크
14. **desk clerk, receptionist** [désk klɜ̀:rk], [rɪsépʃənɪst] 데스크 직원
15. **lobby** [lɑ́:bi] 로비
16. **elevator(미 · 영)** [élɪveɪtər] **lift(영)** 엘리베이터
17. **luggage cart** [lʌ́gɪdʒ kɑ̀:rt] (벨보이가 끄는) 짐수레
18. **concierge** [kɔ:nsjérʒ] 호텔 안내원, 접객 담당자
19. **gift shop** [gíft ʃɑ̀:p] 선물가게
20. **revolving door** [rɪvɑ́:lvɪŋ dɔ̀:r] 회전문
21. **bellboy** [bélbɔɪ] 벨보이(호텔에서 손님들의 짐을 운반함)
22. **valet parking** [vælér pɑ̀:rkɪŋ] 발렛 파킹, 대리 주차

hobbies

performances

types of movies

types of TV programs

types of music

musical instruments

electronics and photography

toys

13

HOBBIES AND ENTERTAINMENT

취미와 여가

13-1 hobbies 취미

meditating
[médɪteɪtɪŋ]
명상하기❶

listening to music
[lísnɪŋ tə m:jú:zɪk]
음악 감상하기❷

watching movies
[wɑ́:tʃɪŋ mú:viz]
영화 감상하기❸

chatting
[tʃǽtɪŋ]
수다떨기❹

gaming
[géɪmɪŋ]
게임하기❺

collecting
[kəléktɪŋ]
수집하기❻

embroidering
[ɪmbrɔ́ɪdərɪŋ]
자수하기❼

knitting
[nítɪŋ]
뜨개질하기❽

painting
[péɪntɪŋ]
그림 그리기❾

doing jigsaw puzzles
[dú:ɪŋ dʒígsɔ: pʌ́zlz]
조각 그림 맞추기❿

gardening
[gɑ́:rdniŋ]
식물 기르기⑪
walking
[wɔ́:kiŋ]
산책하기⑫
fishing
[fíʃiŋ]
낚시하기⑬
camping
[kǽmpiŋ]
캠핑하기⑭
inline skating
[ínlain skèitiŋ]
인라인스케이트 타기⑮
cycling
[sáikliŋ]
자전거 타기⑯
hiking
[háikiŋ]
도보여행,
가볍게
등산하기⑰
driving
[dráiviŋ]
드라이브하기⑱
yachting
[jɑ́:tiŋ]
요트 타기⑲
rafting
[rǽftiŋ]
급류타기⑳
travelling
[trǽvəliŋ]
여행하기㉑

13-2 performances 공연

classical music concert 클래식 콘서트

13

14

15

16

17

1. **stage lighting** [stéidʒ làitiŋ] 무대 조명
2. **drummer** [drʌ́mər] 드러머
3. **singer** [síŋər] 가수, 싱어
4. **guitarist** [gitɑ́:rist] 기타리스트
5. **stage** [stéidʒ] 무대
6. **speaker** [spí:kər] 스피커
7. **audience** [ɔ́:diəns] 관객
8. **set** [sét] 연극 세트장
9. **actor, actress** [ǽktər], [ǽktris] 연극 배우
10. **usher** [ʌ́ʃər] 좌석 안내원
11. **program** [próugræm] 프로그램 (안내 책자)
12. **seat** [sí:t] 관객석
13. **choir** [kwáiər] 합창단
14. **dancer** [dǽnsər] 무용수
15. **opera singer** [ɑ́:pərə sìŋər] 오페라 가수
16. **orchestra** [ɔ́:rkistrə] 오케스트라
17. **conductor** [kəndʌ́ktər] 지휘자

13-3 types of movies 영화 종류

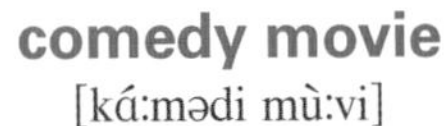

comedy movie
[ká:mədi mù:vi]
코미디 영화 ❶

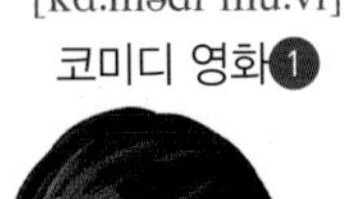

mystery movie
[místəri mù:vi]
미스터리 영화 ❷

action movie
[ǽkʃən mù:vi]
액션 영화 ❸

tragedy
[trǽdʒədi]
비극 영화 ❹

western film
[wéstərn fìlm]
서부 영화 ❺

romantic film
[ròumǽntɪk fìlm]
로맨스 영화 ❻

horror movie
[hɔ́:rər mù:vi]
공포 영화 ❼

animated film
[ǽnɪmeɪtɪd fìlm]
애니메이션 영화 ❽

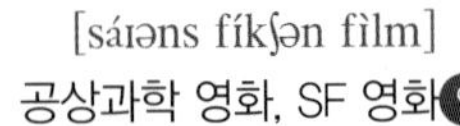

science fiction film
[sáɪəns fíkʃən fìlm]
공상과학 영화, SF 영화 ❾

fantasy film
[fǽntəsi fìlm]
판타지 영화 ❿

documentary film
[dɑ̀:kjuméntəri fìlm]
다큐멘터리 영화 ⓫

types of TV programs TV 프로그램 종류

soap opera
[sóʊp ɑ̀:pərə]
드라마 ①

sitcom
[sítkɑ:m]
시트콤 ②

cartoon
[kɑ:rtú:n]
만화 ③

children's program
[tʃíldrənz próʊgræm]
어린이 프로그램 ④

nature program
[néɪtʃər pròʊgræm]
자연 프로그램 ⑤

shopping program
[ʃɑ́:pɪŋ pròʊgræm]
쇼핑 프로그램 ⑥

reality show
[riǽləti ʃòʊ]
리얼리티쇼 ⑨

game show
[géɪm ʃòʊ]
퀴즈 프로그램 ⑦

news
[nú:z]
뉴스 ⑧

talk show
[tɔ́:k ʃòʊ]
토크쇼 ⑩

sports
[spɔ́:rts]
스포츠 ⑪

types of music 음악 종류

pop
[pá:p]
팝 1

rock
[rá:k]
락 2

folk music
[fóʊk mjú:zɪk]
포크송 3

country music
[kʌ́ntri mjù:zɪk]
컨트리송 4

hip hop
[híp hɑ:p]
힙합 5

reggae
[régeɪ]
레게 6

jazz
[dʒǽz]
재즈 7

blues
[blú:z]
블루스 8

gospel
[gá:spəl]
복음성가, 가스펠 뮤직 9

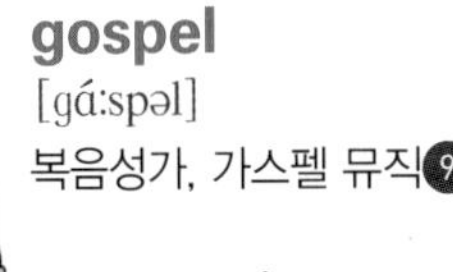

classical music
[klǽsɪkəl mjú:zɪk]
클래식 음악 10

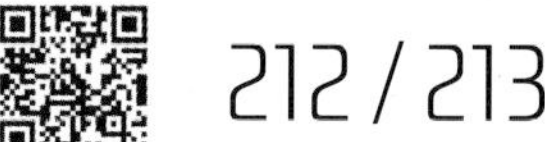

keyboard instruments 건반악기

accordion [əkɔ́:rdiən] 아코디언 ❶

electric keyboard [ɪléktrɪk kì:bɔ:rd] 전자피아노 ❷

organ [ɔ́:rgən] 오르간 ❸

piano [piǽnoʊ] 피아노 ❹

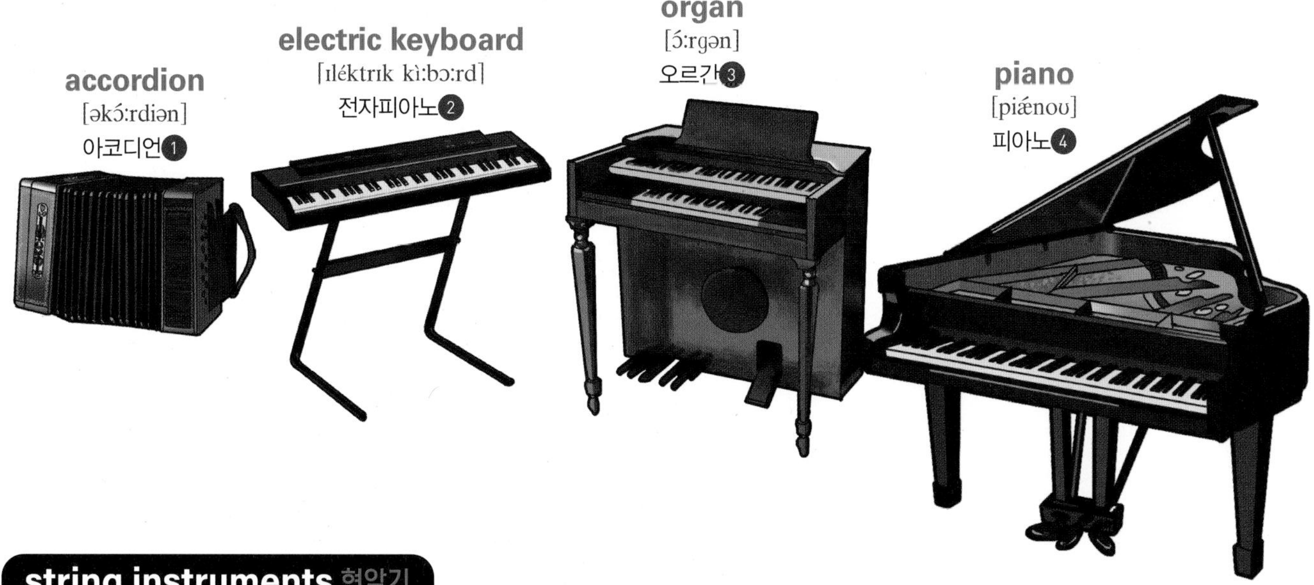

string instruments 현악기

violin [vaɪəlín] 바이올린 ❺

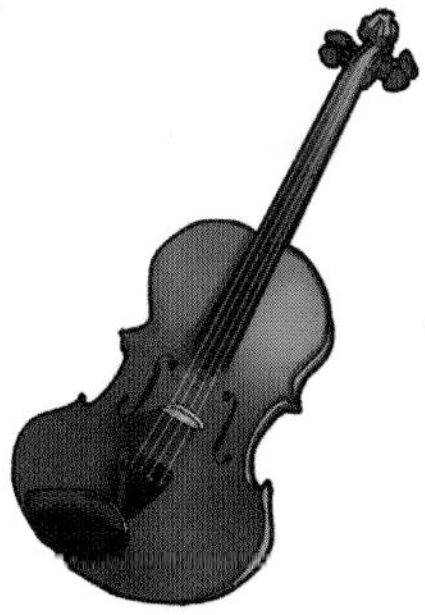

viola [vióʊlə] 비올라 ❻

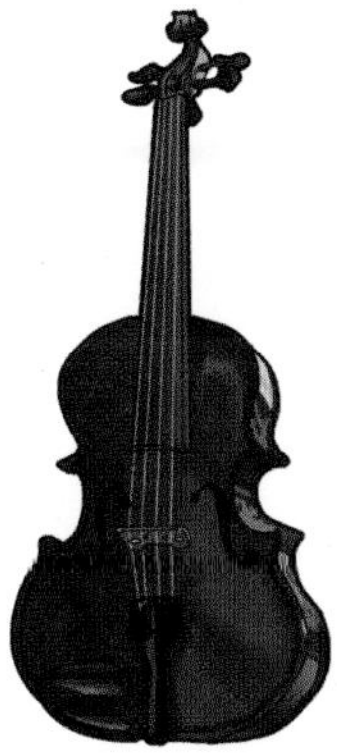

cello [tʃéloʊ] 첼로 ❼

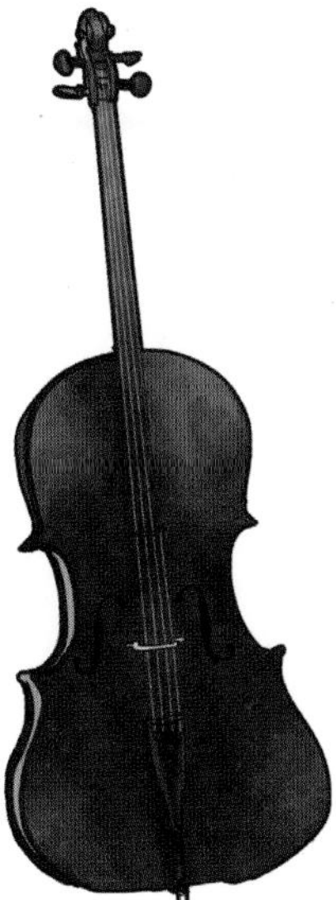

double bass [dʌ́bl béɪs] 더블베이스 ❽

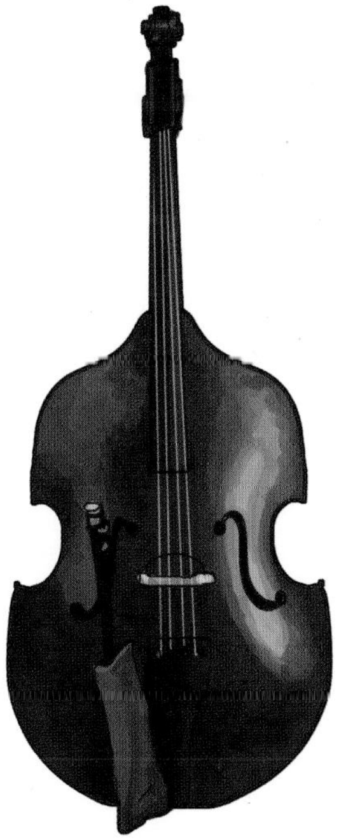

harp [hɑ́:rp] 하프 ❾

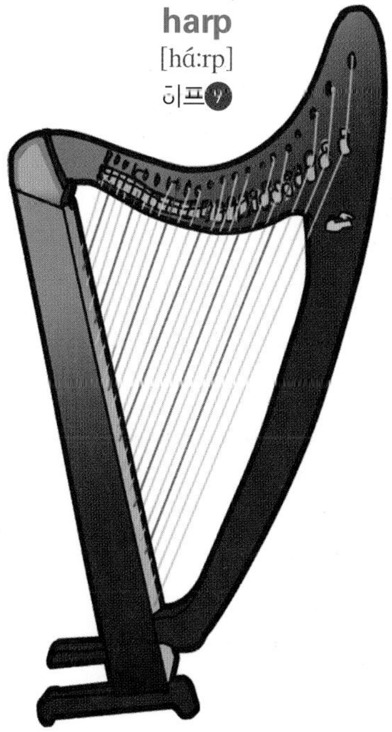

guitar [gɪtɑ́:r] 기타 ❿

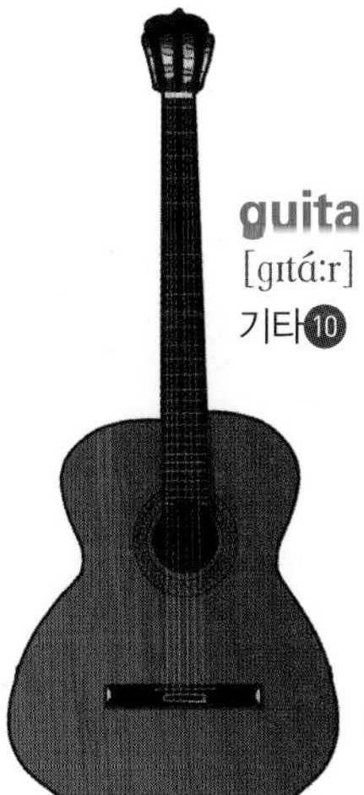

ukulele [jù:kəléɪli] 우쿨렐레 ⓫

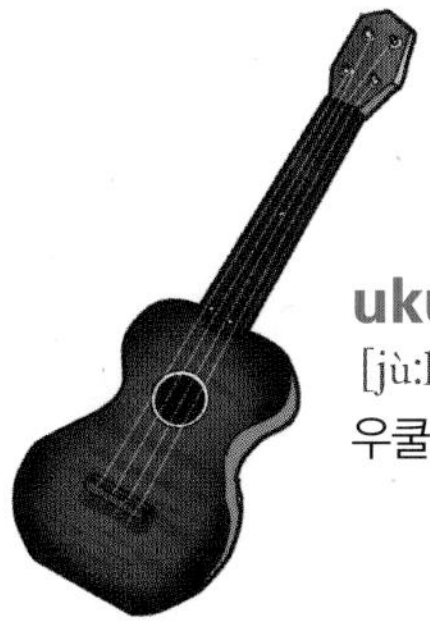

musical instruments 악기②

wind instruments 관악기

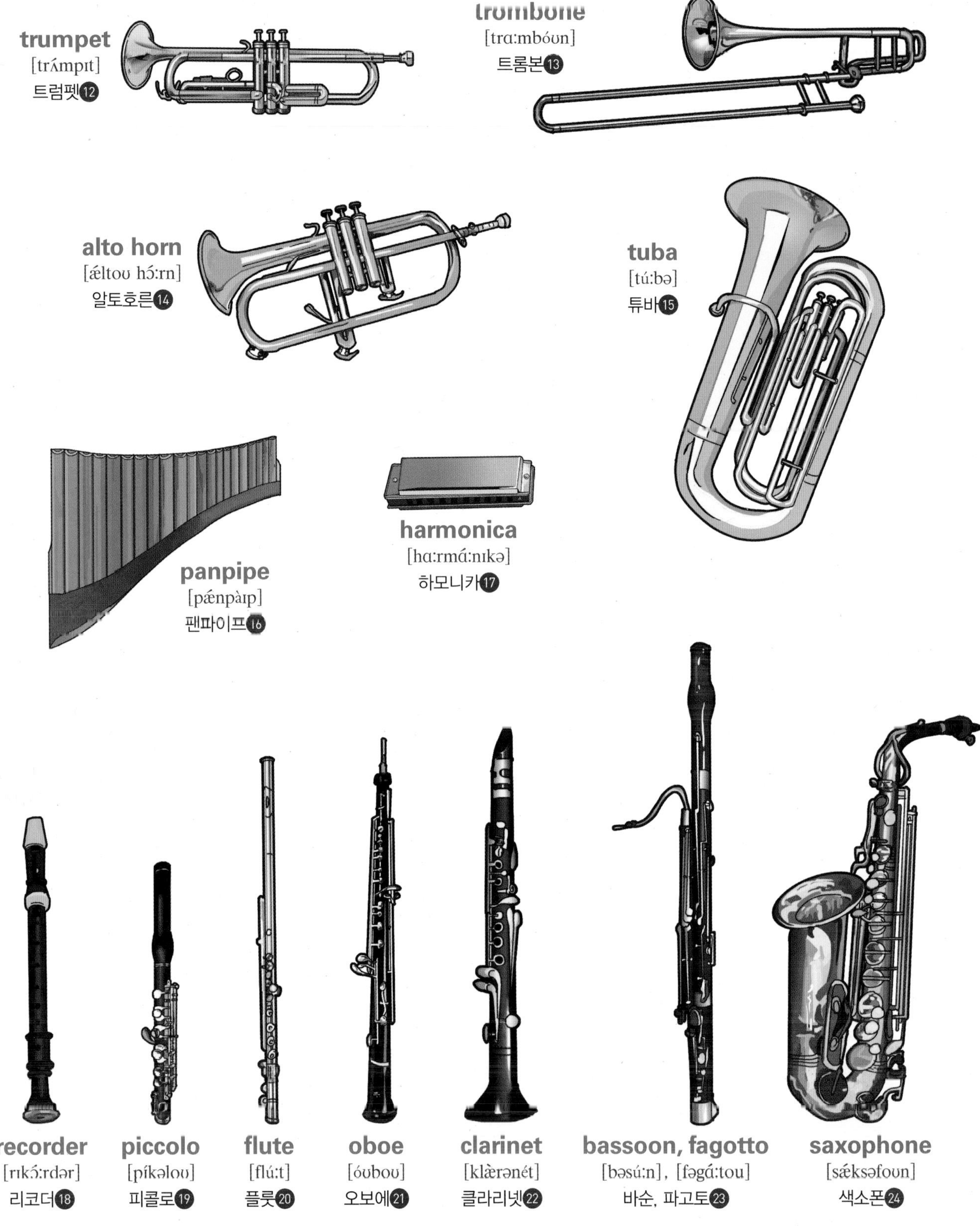

percussion instruments 타악기

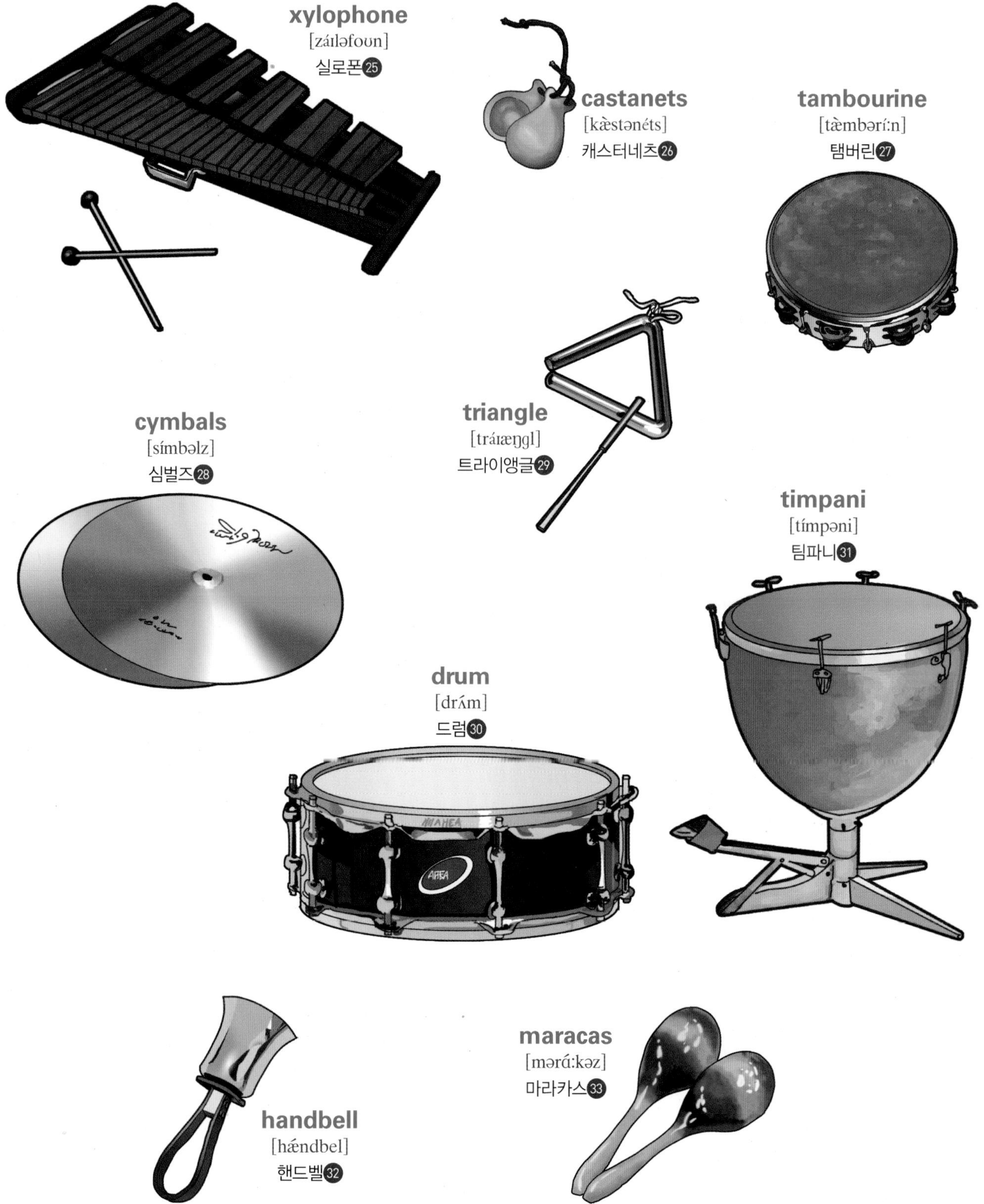

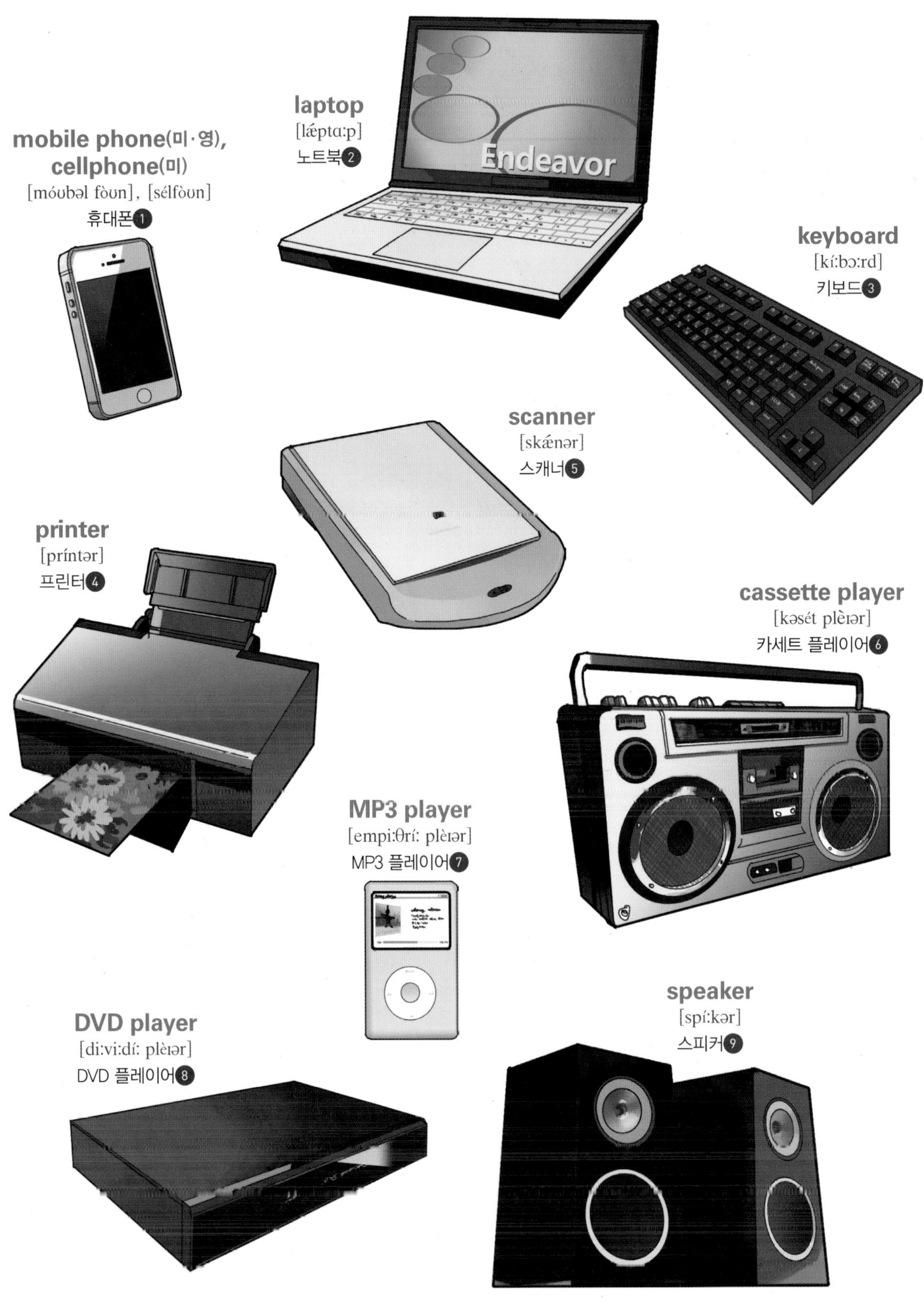
laptop
[lǽptɑ:p]
노트북❷
mobile phone(미·영),
cellphone(미)
[móubəl fòun], [sélfòun]
휴대폰❶
keyboard
[kí:bɔ:rd]
키보드❸
scanner
[skǽnər]
스캐너❺
printer
[príntər]
프린터❹
cassette player
[kəsét plèiər]
카세트 플레이어❻
MP3 player
[empi:θrí: plèiər]
MP3 플레이어❼
speaker
[spí:kər]
스피커❾
DVD player
[di:vi:dí: plèiər]
DVD 플레이어❽
Endeavor

microphone
[máɪkrəfoʊn]
마이크 11

electronic dictionary
[ɪlektrɑ́:nɪk dɪ̀kʃəneri]
전자사전 12

headphones
[hédfoʊnz]
헤드폰 10

battery
[bǽtəri]
건전지 13

camcorder
[kǽmkɔ:rdər]
캠코더 16

memory card
[méməri kɑ̀:rd]
메모리카드 15

charger
[tʃɑ́:rdʒər]
충전기 14

film
[fílm]
필름 18

camera
[kǽmərə]
카메라 17

tripod
[tráɪpɑ:d]
삼각대 19

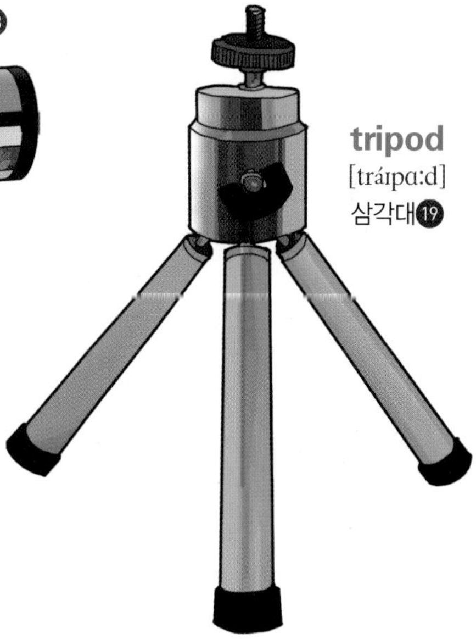

toys 장난감

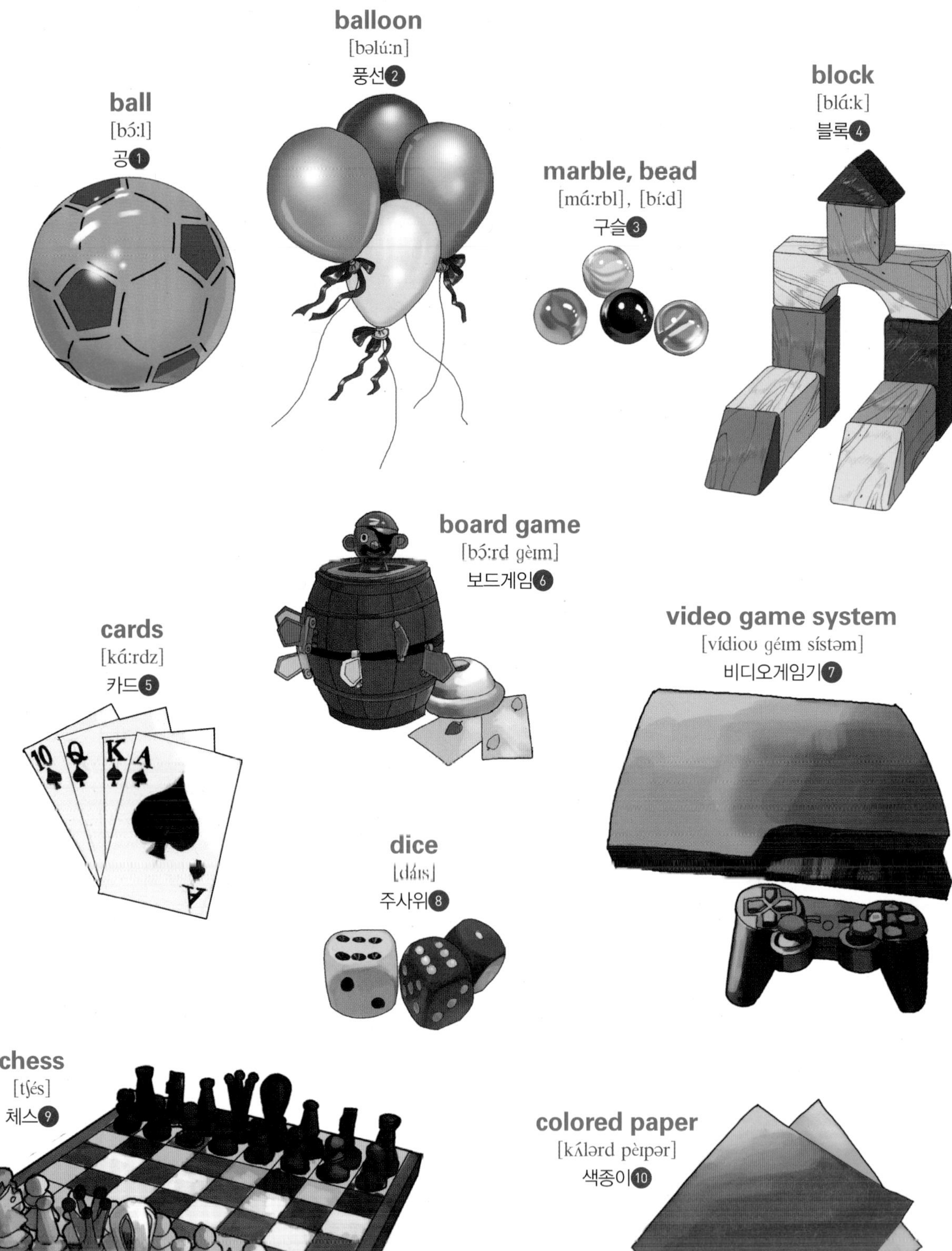

chess
[tʃés]
체스 9

colored paper
[kʌ́lərd pèɪpər]
색종이 10

mobile
[móubəl], [móubail]
모빌⑪

model plane
[mɑ́:dəl plèin]
모형 비행기⑫

paper doll
[péipər dɑ̀:l]
종이인형⑬

teddy bear
[tédi ber]
곰인형⑮

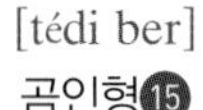

figure
[fígjər]
(캐릭터) 피규어⑯

roly-poly toy
[ròulipóuli tɔ̀i]
오뚝이⑭

robot
[róubɑ:t]
로봇⑰

water gun
[wɔ́:tər gʌ̀n]
물총⑱

statuette
[stæ̀tʃuét]
조각상⑲

wooden horse
[wúdən hɔ̀:rs]
목마⑳

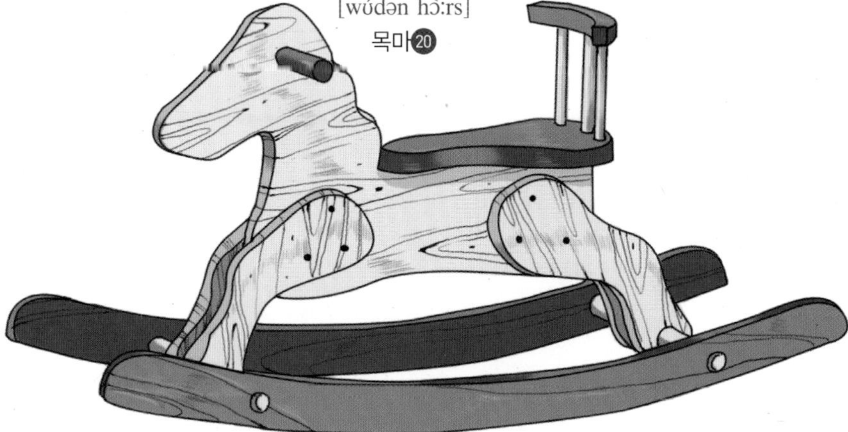

numbers

colors

calendar

time and time of day

seasons

temperature

weather condition

describing opposites

14

BASIC WORDS

기본 단어

14-1 numbers 숫자

_ cardinal number 기수

Number	Word	Pronunciation	Korean	No.
0	zero	[zíroʊ]	영	1
1	one	[wʌ́n]	일(하나)	2
2	two	[túː]	이(둘)	3
3	three	[θríː]	삼(셋)	4
4	four	[fɔ́ːr]	사(넷)	5
5	five	[fáɪv]	오(다섯)	6
6	six	[síks]	육(여섯)	7
7	seven	[sévən]	칠(일곱)	8
8	eight	[éɪt]	팔(여덟)	9
9	nine	[náɪn]	구(아홉)	10
10	ten	[tén]	십(열)	11
11	eleven	[ɪlévən]	십일(열하나)	12
12	twelve	[twélv]	십이(열둘)	13
13	thirteen	[θɜ̀ːrtíːn]	십삼(열셋)	14
14	fourteen	[fɔ̀ːrtíːn]	십사(열넷)	15
15	fifteen	[fìftíːn]	십오(열다섯)	16
16	sixteen	[sìkstíːn]	십육(열여섯)	17
17	seventeen	[sèvəntíːn]	십칠(열일곱)	18
18	eighteen	[èɪtíːn]	십팔(열여덟)	19
19	nineteen	[nàɪntíːn]	십구(열아홉)	20
20	twenty	[twénti]	이십(스물)	21
21	twenty-one	[twénti wʌ̀n]	이십일(스물하나)	22
30	thirty	[θɜ́ːrti]	삼십(서른)	23
40	forty	[fɔ́ːrti]	사십(마흔)	24
50	fifty	[fífti]	오십(쉰)	25
60	sixty	[síksti]	육십(예순)	26
70	seventy	[sévənti]	칠십(일흔)	27
80	eighty	[éɪti]	팔십(여든)	28
90	ninety	[náɪnti]	구십(아흔)	29
100	one hundred	[wʌ́n hʌ̀ndrəd]	백	30
101	one hundred one(미) one hundred and one(미 · 영)	[wʌ́n hʌ̀ndrəd wʌn], [wʌ́n hʌ̀ndrəd ən wʌ́n]	백일	31
1,000	one thousand	[wʌ́n θàʊzənd]	천	32
10,000	ten thousand	[tén θàʊzənd]	만	33
100,000	one hundred thousand	[wʌ́n hʌ̀ndrəd θàʊzənd]	십만	34
1,000,000	one million	[wʌ́n mìljən]	백만	35
10,000,000	ten million	[tén mìljən]	천만	36

_ ordinal number 서수

1st	**first** [fə́:rst] 첫 번째 37	11th	**eleventh** [ɪlévənθ] 열한 번째 47	21st	**twenty-first** [twénti fə̀:rst] 스물한 번째 57
2nd	**second** [sékənd] 두 번째 38	12th	**twelfth** [twélfθ] 열두 번째 48	30th	**thirtieth** [θə́:rtiɪθ] 서른 번째 58
3rd	**third** [θə́:rd] 세 번째 39	13th	**thirteenth** [θə̀:rtí:nθ] 열세 번째 49	40th	**fortieth** [fɔ́:rtiɪθ] 마흔 번째 59
4th	**fourth** [fɔ́:rθ] 네 번째 40	14th	**fourteenth** [fɔ̀:rtɪ́:nθ] 열네 번째 50	50th	**fiftieth** [fíftiɪθ] 쉰 번째 60
5th	**fifth** [fifθ] 다섯 번째 41	15th	**fifteenth** [fiftí:nθ] 열다섯 번째 51	60th	**sixtieth** [síkstiɪθ] 예순 번째 61
6th	**sixth** [síksθ] 여섯 번째 42	16th	**sixteenth** [sìkstí:nθ] 열여섯 번째 52	70th	**seventieth** [sévəntiɪθ] 일흔 번째 62
7th	**seventh** [sévənθ] 일곱 번째 43	17th	**seventeenth** [sévəntì:nθ] 열일곱 번째 53	80th	**eightieth** [éɪtiɪθ] 여든 번째 63
8th	**eighth** [éɪtθ] 여덟 번째 44	18th	**eighteenth** [èɪtí:nθ] 열여덟 번째 54	90th	**ninetieth** [náɪntiɪθ] 아흔 번째 64
9th	**ninth** [náɪnθ] 아홉 번째 45	19th	**nineteenth** [nàintí:nθ] 열아홉 번째 55	100th	**one hundredth** [wʌ́n hʌ̀ndrədθ] 백 번째 65
10th	**tenth** [ténθ] 열 번째 46	20th	**twentieth** [twéntiɪθ] 스무 번째 56	1000th	**one thousandth** [wʌ́n θàuzənθ] 천 번째 66

_ roman numeral 로마 숫자

1	2	3	4	5	6	7	8	9	10
I	II	III	IV	V	VI	VII	VIII	IX	X
20	**30**	**40**	**50**	**60**	**70**	**80**	**90**	**100**	**1,000**
XX	XXX	XL	L	LX	LXX	LXXX	XC	C	M

colors 색깔

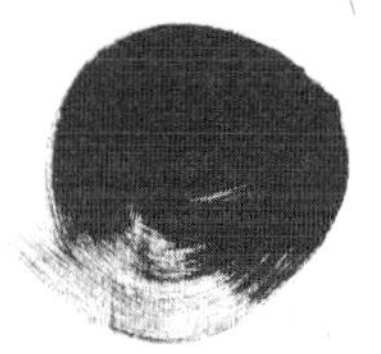

red
[réd]
빨강색❶

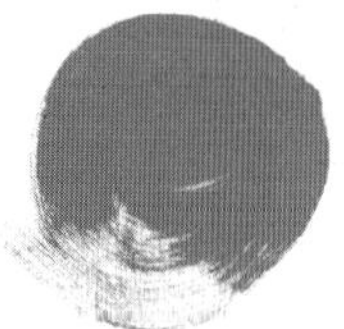

orange
[ɔ́:rɪndʒ]
주황색❷

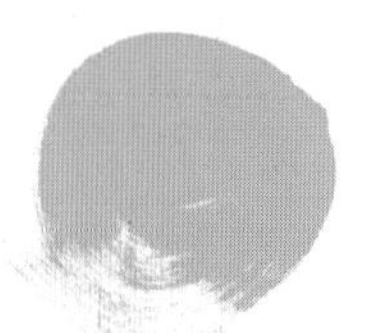

yellow
[jéloʊ]
노랑색❸

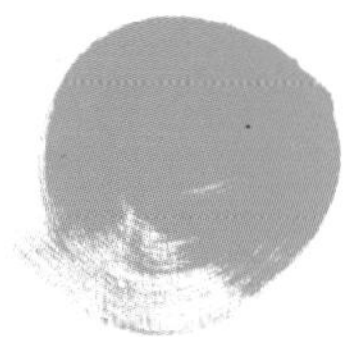

lime green
[láɪm grì:n]
연두색❹

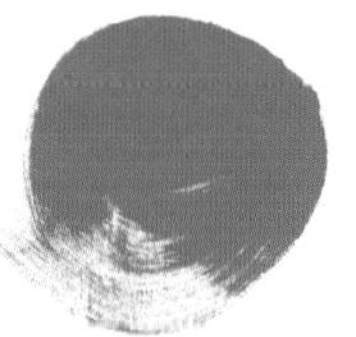

green
[grí:n]
초록색❺

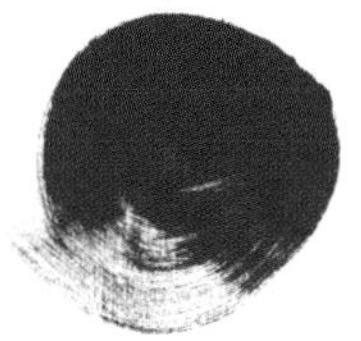

olive green
[ɑ́:lɪv grì:n]
황록색❻

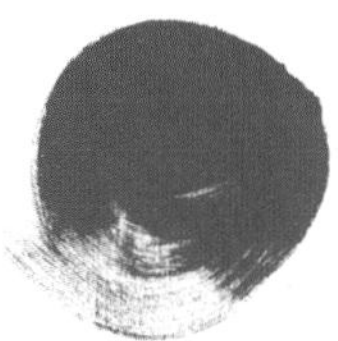

teal
[tí:l]
청록색❼

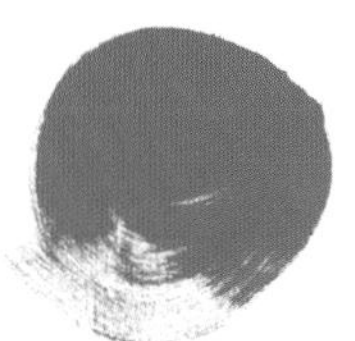

blue
[blú:]
파랑색❽

navy
[néɪvi]
남색❾

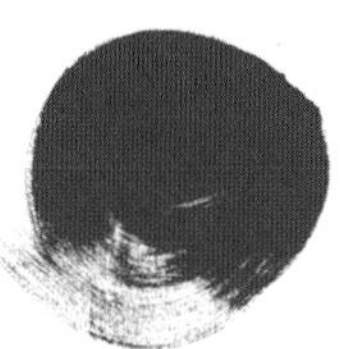

purple
[pɜ́:rpl]
보라색❿

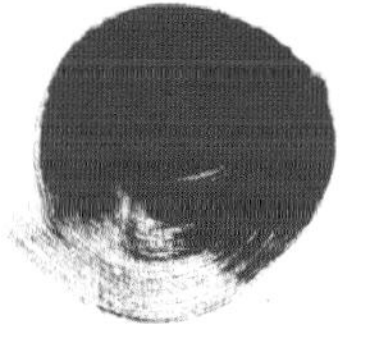

violet
[váɪələt]
연보라색⓫

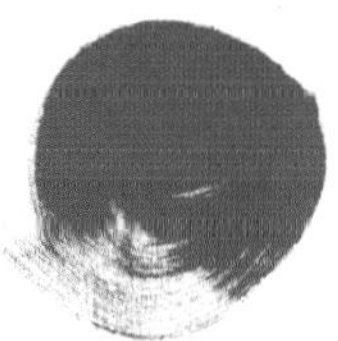

gray
[gréɪ]
회색⓬

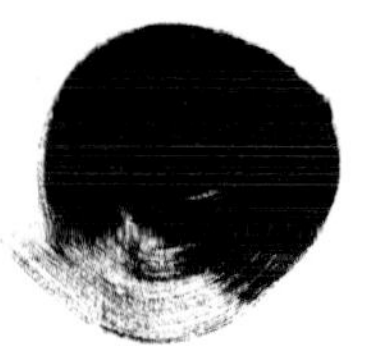

black
[blǽk]
검정색⓭

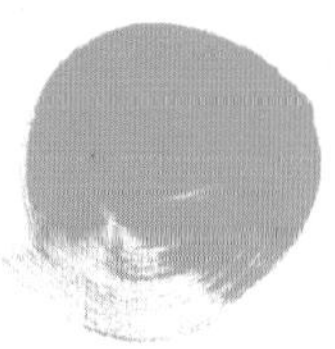

beige
[béɪʒ]
베이지색⓮

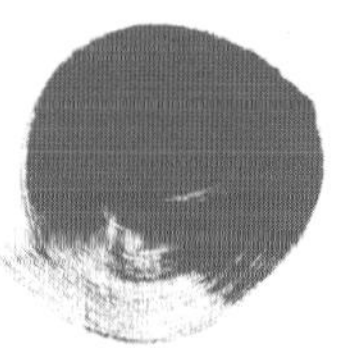

pink
[píŋk]
분홍색⓯

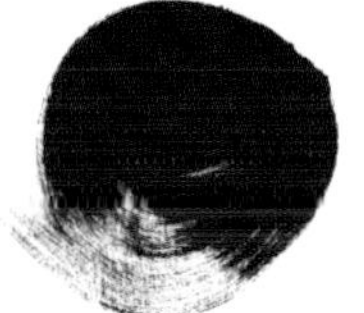

brown
[bráʊn]
갈색⓰

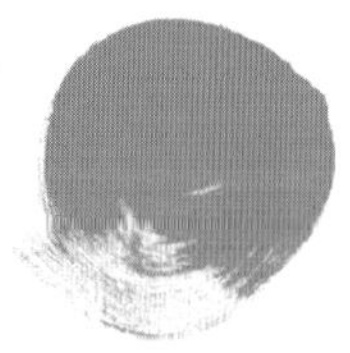

coral
[kɔ́:rəl]
산호색, 코랄색⓱

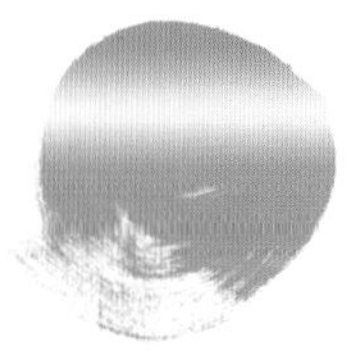

gold
[góʊld]
금색⓲

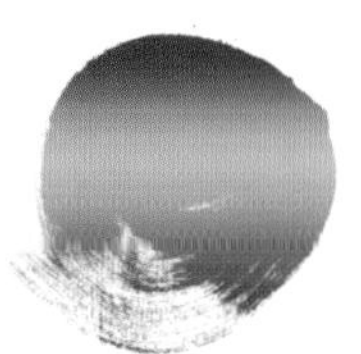

silver
[sílvər]
은색⓳

white
[wáɪt]
흰색⓴

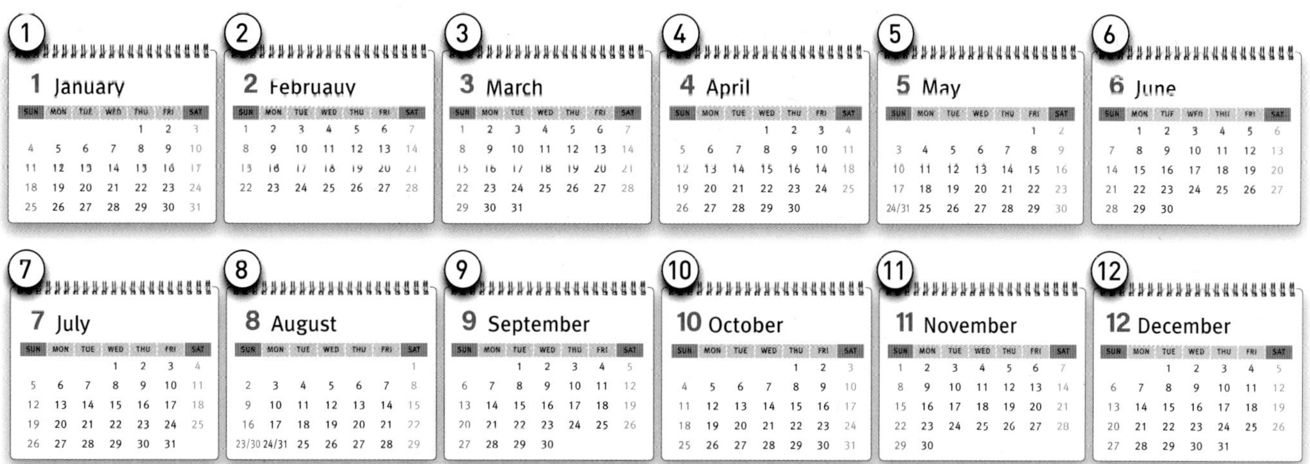

1. **January** [dʒǽnjueri] 1월
2. **February** [fébrueri] 2월
3. **March** [mɑ́:rtʃ] 3월
4. **April** [éiprəl] 4월
5. **May** [méi] 5월
6. **June** [dʒú:n] 6월
7. **July** [dʒulái] 7월
8. **August** [ɔ́:gəst] 8월
9. **September** [septémbər] 9월
10. **October** [ɑ:któubər] 10월
11. **November** [nouvémbər] 11월
12. **December** [disémbər] 12월

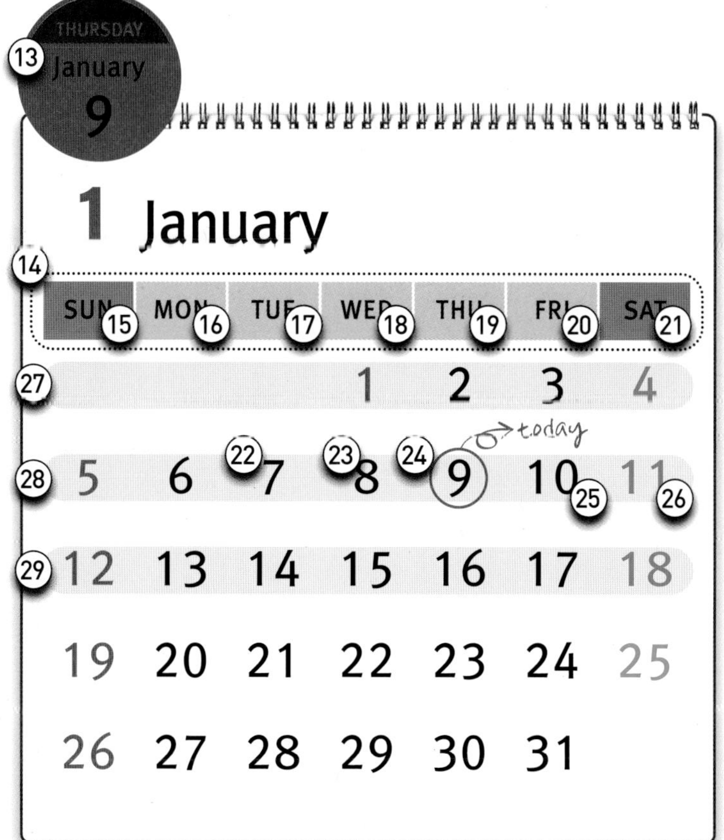

13. **date** [déit] 날짜
14. **weekday** [wí:kdei] 요일
15. **Sunday** [sʌ́ndei] 일요일
16. **Monday** [mʌ́ndei] 월요일
17. **Tuesday** [tú:zdei] 화요일
18. **Wednesday** [wénzdei] 수요일
19. **Thursday** [θə́:rzdei] 목요일
20. **Friday** [fráidei] 금요일
21. **Saturday** [sǽtərdei] 토요일
22. **the day before yesterday** [ðə déi bifɔ́:r jéstərdei] 그저께
23. **yesterday** [jéstərdei] 어제
24. **today** [tədéi] 오늘
25. **tomorrow** [təmɑ́:rou] 내일
26. **the day after tomorrow** [ðə déi ǽftər təmɑ́:rou] 내일 모레
27. **last week** [lǽst wí:k] 지난주
28. **this week** [ðis wí:k] 이번 주
29. **next week** [nékst wí:k] 다음 주

time and time of day 시간 및 하루 중 특정 시간

_ period of time 시간의 길이

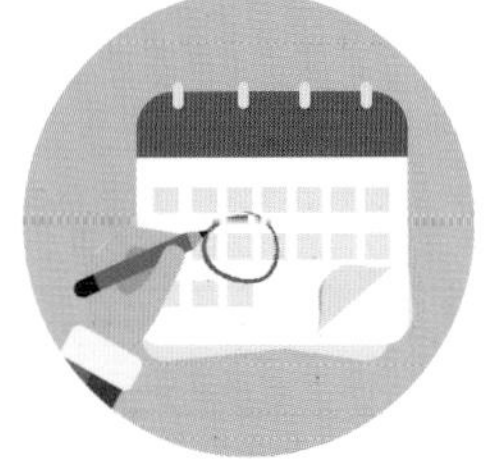

day
[déɪ]
날❶

week
[wíːk]
주❷

month
[mʌ́nθ]
월❸

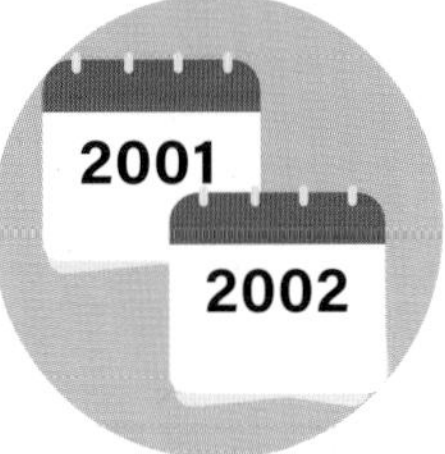

year
[jír]
년❹

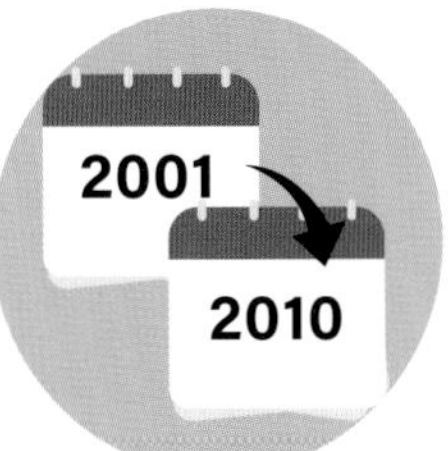

decade
[dékeɪd]
십년❺

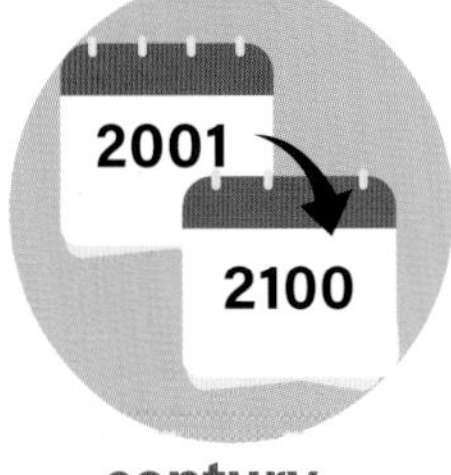

century
[séntʃəri]
백년, 세기❻

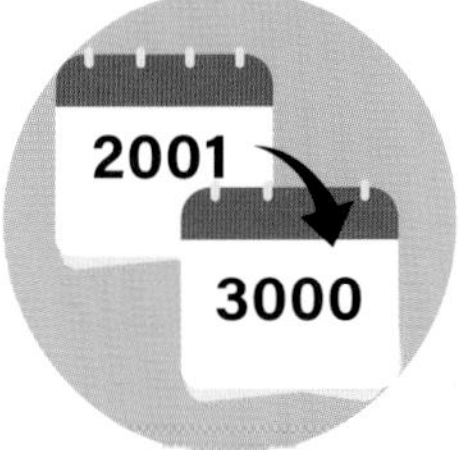

millennium
[mɪléniəm]
천년, 밀레니엄❼

_ time 시간

hour
[áʊər]
시❽

minute
[mínɪt]
분❾

second
[sékənd]
초❿

seven o'clock
[sévən əklɑ́ːk]
7시⓫

seven fifteen, a quarter past seven
[sévən fɪftíːn],
[ə kwɔ́ːrtər pæ̃st sévən]
7시 15분⓬

seven-thirty, half past seven
[sévən θɜ́ːrti],
[hǽf pǽst sévən]
7시 30분⓭

seven forty-five, a quarter to eight
[sévən fɔ́ːrti fáɪv],
[ə kwɔ́ːrtər tə éɪt]
7시 45분⓮

seven fifty-five, five to eight
[sévən fífti fáɪv],
[fáɪv tə éɪt]
7시 55분⓯

_ time of day 하루 중 특정 시간

sunrise
[sʌ́nraɪz]
동틀녘 16

morning
[mɔ́ːrnɪŋ]
아침 17

noon, midday
[núːn], [mìddéɪ]
정오, 한낮 18

afternoon
[æ̀ftərnúːn]
오후 19

sunset
[sʌ́nset]
해질녘 20

evening
[íːvənɪŋ]
저녁 21

night
[náɪt]
밤 22

midnight
[mídnaɪt]
자정 23

14-5 seasons 계절

spring
[spríŋ]
봄❶

summer
[sʌ́mər]
여름❷

fall(미), **autumn**(미·영)
[fɔ́:l], [ɔ́:təm]
가을❸

winter
[wíntər]
겨울❹

14-6 temperature 기온

hot
[hɑ́:t]
더운❶

warm
[wɔ́:rm]
따뜻한❷

cool
[kú:l]
시원한❸

cold
[kóuld]
추운❹

freezing
[frí:ziŋ]
매우 추운❺

weather condition 날씨, 기상 상태

sunny
[sʌ́ni]
햇살 좋은, 화창한❶

cloudy
[kláʊdi]
구름이 낀❷

humid
[hjúːmɪd]
습도가 높은❸

raining
[réɪnɪŋ]
비가 오는❹

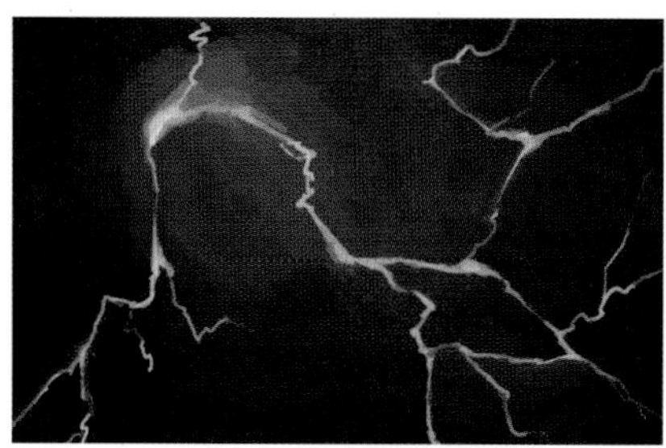

thunderstorm
[θʌ́ndərstɔːrm]
뇌우❺

hail
[héɪl]
우박❻

windy
[wíndi]
바람이 부는❼

dust storm
[dʌ́st stɔ̀ːrm]
모래 폭풍❽

foggy
[fɔ́ːgi]
안개가 낀❾

smoggy
[smɔ́ːgi]
스모그가 많은❿

snowing
[snóʊɪŋ]
눈이 오는⓫

snowstorm
[snóʊstɔːrm]
눈보라⓬

14-8 describing opposites 반대말 묘사하기

big ↔ small
[bíg] [smɔ́:l]
큰❶ 작은❷

tall ↔ short
[tɔ́:l] [ʃɔ́:rt]
키가 큰❸ 키가 작은❹

good ↔ bad
[gúd] [bǽd]
좋은❺ 나쁜❻

fast ↔ slow
[fǽst] [slóu]
빠른❼ 느린❽

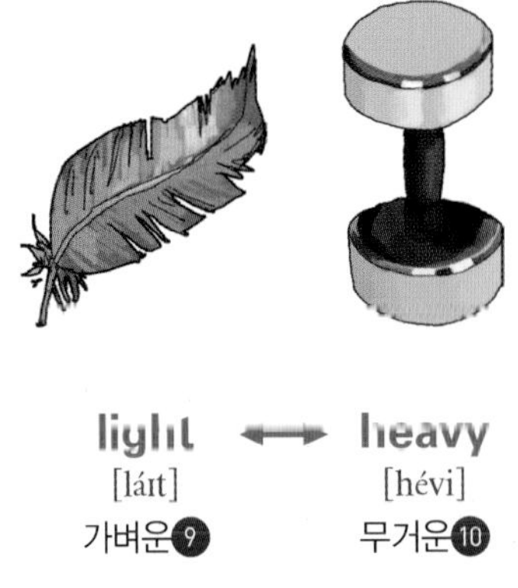

light ↔ heavy
[láit] [hévi]
가벼운❾ 무거운❿

thin ↔ thick
[θín] [θík]
얇은⓫ 두꺼운⓬

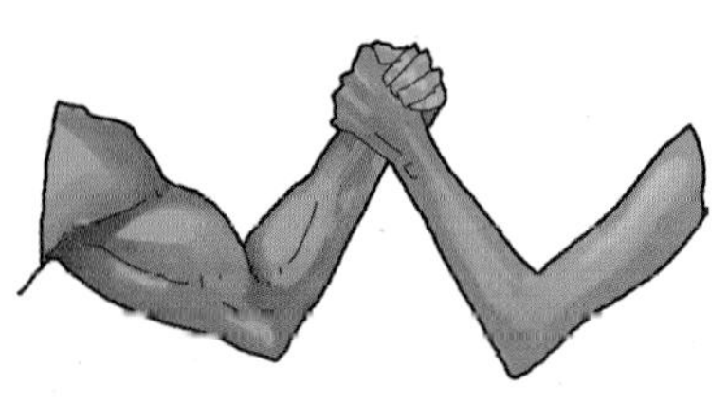

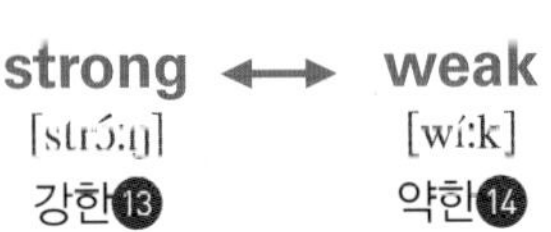

strong ↔ weak
[strɔ́:ŋ] [wí:k]
강한⓭ 약한⓮

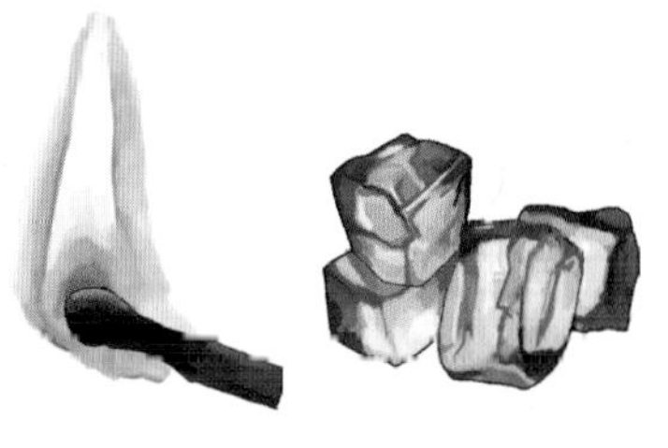

hot ↔ cold
[há:t] [kóuld]
뜨거운⓯ 차가운⓰

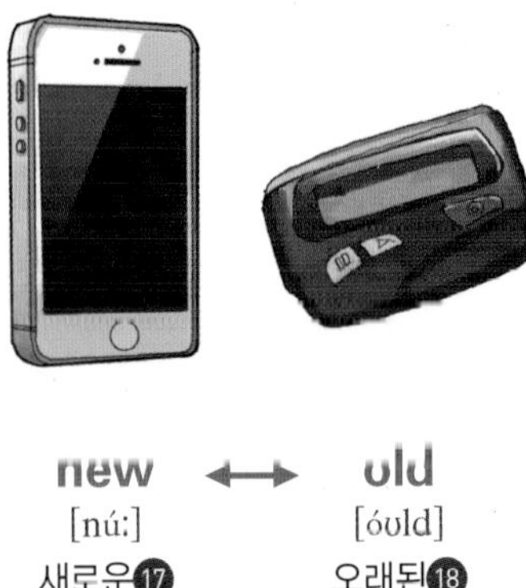

new ↔ old
[nú:] [óuld]
새로운⓱ 오래된⓲

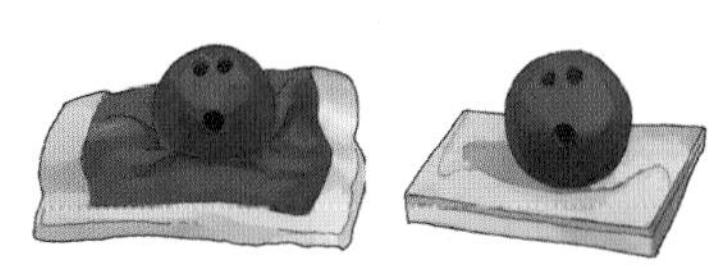

soft ↔ **hard**
[sɔ́:ft] [hɑ́:rd]
부드러운, 푹신한 19 단단한 20

beautiful ↔ **ugly**
[bjú:tɪfəl] [ʌ́gli]
아름다운 21 못생긴 22

young ↔ **old**
[jʌ́ŋ] [óʊld]
젊은 23 늙은 24

full ↔ **empty**
[fʊ́l] [émpti]
가득찬 25 빈, 비어 있는 26

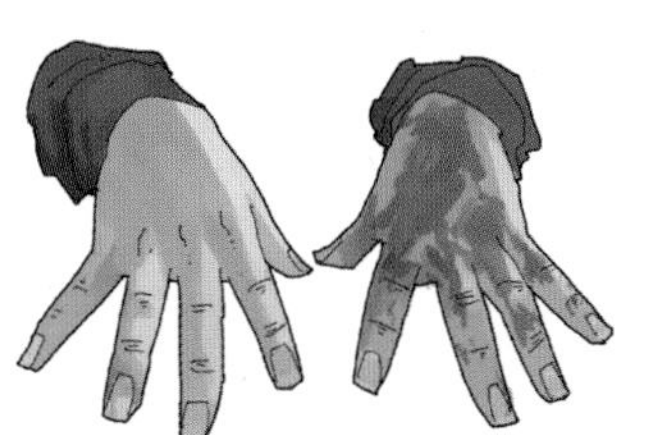

clean ↔ **dirty**
[klí:n] [dʒ́ɜ:rti]
깨끗한 27 더러운 28

alive ↔ **dead**
[əláɪv] [déd]
살아 있는 29 죽은 30

quiet ↔ **noisy**
[kwáɪət] [nɔ́ɪzi]
조용한 31 시끄러운 32

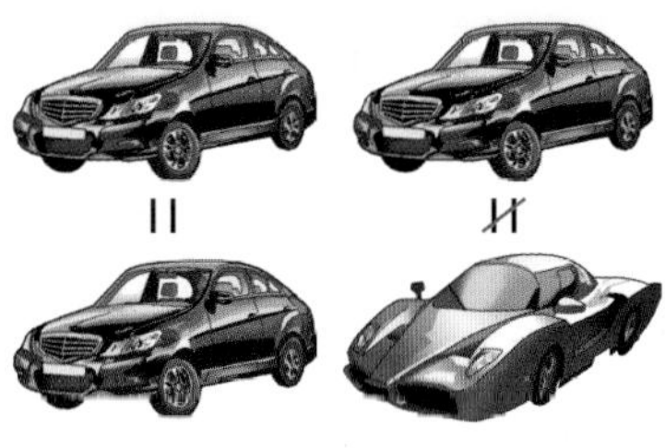

same ↔ **different**
[séɪm] [dífərənt]
같은 33 다른 34

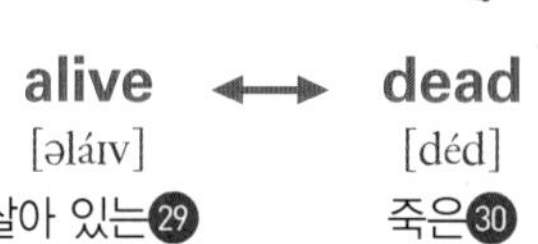

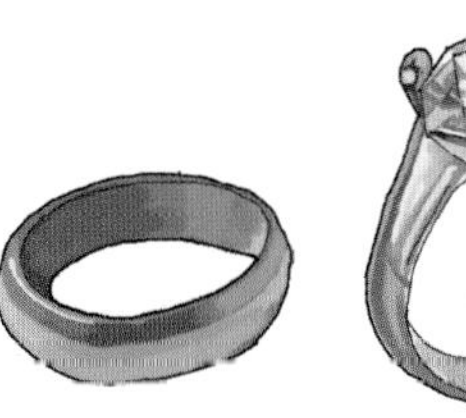

cheap ↔ **expensive**
[tʃí:p] [ɪkspénsɪv]
싼, 저렴한 35 비싼 36

closed ↔ **open**
[klóʊzd] [óʊpən]
닫힌 37 열린 38

easy ↔ **difficult**
[í:zi] [dífɪkəlt]
쉬운 39 어려운 40

rich ↔ **poor**
[rítʃ] [pʊ́r]
부유한 41 가난한 42

Index 색인

A

B

Index 색인

C

Index 색인

D

E

Index 색인

F

Index 색인

H

Index 색인

Index 색인

P

Index 색인

Q

R

S

Index 색인

Index 색인

T

U

V

W

X

Y

Z